EL ESPAÑOL PRÁCTICO

Also by J. P. Fitzgibbon

UNA FAMILIA ESPAÑOLA

El Español Práctico

by

J. P. FITZGIBBON
Lecturer for the British Council, Madrid

and

J. ROLDAN
University of Madrid

Illustrated by
GOÑI

Nelson

Thomas Nelson and Sons Ltd
Nelson House   Mayfield Road
Walton-on-Thames   Surrey
KT12 5PL   UK

51 York Place
Edinburgh
EH1 3JD   UK

Thomas Nelson (Hong Kong) Ltd
Toppan Building 10/F
22A Westlands Road
Quarry Bay   Hong Kong

Distributed in Australia by

Thomas Nelson Australia
480 La Trobe Street
Melbourne   Victoria 3000
and in Sydney, Brisbane, Adelaide and Perth

© Editional Alhombra, S.A., Madrid 1964

First published in Great Britain by Harrap Limited 1964
(under ISBN 0-245-53023-1)

Reprinted twelve times
Fourteenth impression published by Thomas Nelson and Sons Ltd 1985
Reprinted 1987 (twice)

ISBN 0-17-444677-2
NPN 04

Printed in Hong Kong

The cassette recordings (ISBN 0-17-445026-5) which accompany this
course were made in mastrish by OMNIVOX

All Rights Reserved. This publication is protected in the United
Kingdom by the Copyright Act 1956 and in other countries by
comparable legislation. No part of it may be reproduced or recorded by
any means without the permission of the publisher. This prohibition
extends (with certain very limited exceptions) to photocopying and
similar processes, and written permission to make a copy or copies
must therefore be obtained from the publisher in advance. It is
advisable to consult the publisher if there is any doubt regarding the
legality of any proposed copying.

INTRODUCTION

The importance of Spanish needs no emphasis. It gives access to colourful Spain and to the vast lands of South and Central America which day by day are taking a more active and vital part in world politics and economy. It throws open the treasures of one of the greatest of world literatures and is the key to the understanding of a highly original and intelligent people.

Spanish is a direct descendant of Latin and consequently it is a logical and ordered language, though it enjoys greater freedom than the tongue from which it is descended. It is also in time's melting pot and is undergoing radical changes, though this need not worry any student as such changes need many scores of years to become effective.

This course, if it is studied with attention and if due care is given to the text and explanations, will lead you to a good, sound working knowledge of Spanish so that you will be able to understand it when spoken, make yourself understood and read simple texts. I hope that you will profit from it and be able to enjoy the riches that Spanish offers you.

J.P.F.

ABBREVIATIONS

adj.	adjective
adv.	adverb
conj.	conjugation
f.	feminine
fam.	familiar
imp.	imperfect
ind.	indicative
inf.	infinitive
irr.	irregular
lit.	literally
m.	masculine
n.	neuter
pl.	plural
poss.	possessive
pres.	present
pron.	pronoun
resp.	respectful
s.	singular
subj.	subjunctive

CONTENTS

Lesson	*Page*
1.	1
2.	6
3.	11
4. En la habitación	16
5. La familia García	21
6. La casa	27
7. Los demostrativos	32
8. El cuarto de estar	37
9. Fumar como una chimenea	41
10. Novelas policíacas	46
11. Perros y gatos	51
12. El trabajo	55
13. La hora	59
14. En el teléfono	64
15. La familia	69
16. Hablan dos amigos	74
17. La semana que viene	79
18. Los días de la semana	85
19. Entre marido y mujer	89
20. Los niños se quedan en casa	95
21. De viaje	102
22. En el tren	106
23. Navajas de Albacete	112
24. En el hotel	118
25. Arréglate pronto	122
26. De compras	126
27. Los hombres también compran (1)	130

viii   **CONTENTS**

Lesson	*Page*
28. Los hombres también compran (2)	134
29. Una mañana en la playa	139
30. Lo que cuesta un hotel	144
31. La compra diaria	151
32. En el mercado	155
33. La mejor fruta	159
34. Hay que llamar al médico	164
35. La visita del médico	169
36. ¡Qué rabia tener que lavarse!	174
37. En el café	180
38. El fútbol	186
39. No me tomes el pelo	191
40. Los deberes	196
41. La cena	202
42. Marido y mujer	207
43. Una visita al Museo del Prado	212
44. Los grandes pintores españoles	216
45. La hora del aperitivo	223
46. Modistas y sastres	229
47. Los transportes en Madrid	234
48. Vamos al teatro	239
49. En el bar del teatro	244
50. Un hombre perfecto	251
51. A los toros	257
52. La corrida	263
53. Una carta	269
VERB TABLES	275
KEY TO EXERCISES	296
VOCABULARY	319
INDEX	336

LESSON 1

VOCABULARY

el armario	cupboard, wardrobe
la caja	box
corto, -a	short
el (*m.*)	the
es	(it) is
grande	big, large
la (*f.*)	the
el lápiz	pencil
largo, -a	long
el libro	book
la mesa	table
no	no; not
nuevo, -a	new
pequeño, -a	small
la pluma	pen
sí	yes
viejo, -a	old

Text of record

1   Libro.
El libro.
Es el libro.

Caja.
5   La caja.
Es la caja.

Pluma.
La pluma.
Es la pluma.

Armario.
El armario.
Es el armario.

Mesa.
La mesa.
Es la mesa.

El libro es pequeño.
Sí, es pequeño, no es grande.

La caja es grande.
Sí, es grande, no es pequeña.

¿Es corto el lápiz?
No, el lápiz no es corto, es largo.

¿Es larga la pluma?
No, la pluma no es larga, es corta.

¿Es vieja la mesa?
No, la mesa no es vieja, es nueva.

¿Es nuevo el armario?
No, el armario no es nuevo, es viejo

LESSON I

3

GRAMMAR

A. The Noun. Nouns in Spanish are either masculine or feminine. With a few exceptions, nouns ending in o are masculine and those ending in a are feminine. In the singular, the definite article is el for the masculine and la for the feminine:

el libro	la caja
el armario	la pluma
el lápiz	la mesa

B. The Adjective. Adjectives in Spanish agree in gender with the noun they qualify. Adjectives ending in o in the masculine change their ending to a in the feminine. Most adjectives which do not end in o have the same form for masculine and feminine. Generally adjectives are placed after the noun they qualify:

el libro pequeño	the small book
la caja pequeña	the small box
el armario nuevo	the new wardrobe
la mesa vieja	the old table
el lápiz grande	the big pencil
la pluma grande	the big pen

C. The Interrogative. The interrogative is formed by inverting subject and verb, but, as the subject is frequently omitted when it is a personal pronoun, very often the only way of distinguishing a question is by the question marks, if written, or the tone of voice, if spoken. Note that an inverted question mark is placed at the beginning of the question. Notice the difference in word order between English and Spanish:

El libro es nuevo.	The book is new.
¿Es nuevo el libro?	Is the book new?

LESSON I

La mesa es pequeña.	The table is small.
¿Es pequeña la mesa?	Is the table small?
El armario es grande.	The cupboard is large.
¿Es grande el armario?	Is the cupboard large?

D. THE NEGATIVE. The negative is formed by placing **no** immediately before the verb:

¿Es larga la pluma?	Is the pen long?
No, la pluma no es larga.	No, the pen is not long.

NOTES

2. **El libro:** note the joining of the definite article to the noun so that **el** and **libro** are pronounced as one word with only one l.
3. **Es el libro:** the three words are pronounced together as one word. Note that 'it' is not required in Spanish.
4. **Caja:** j in Spanish is like 'ch' in 'loch' as pronounced by Scots.

EXERCISES

I. *Answer the following questions:*

1. ¿Es grande el libro? Sí, ... 2. ¿Es vieja la caja? Sí, ...
3. ¿Es nuevo el lápiz? Sí, ... 4. ¿Es larga la mesa? Sí, ...
5. ¿Es pequeño el armario? 6. ¿Es corta la pluma?
Sí, ...

II. *Answer the following questions:*

1. ¿Es viejo el libro? No, ... 2. ¿Es nueva la caja? No, ...
3. ¿Es grande la mesa? No, ... 4. ¿Es pequeña la pluma?
No, ... 5. ¿Es largo el armario? No, ... 6. ¿Es corto el lápiz? No, ...

LESSON I

5

III. *Make the following negative:*

1. El libro es corto. 2. La pluma es larga. 3. El armario es grande. 4. La mesa es pequeña. 5. El lápiz es viejo. 6. La caja es nueva.

IV. *Make the following interrogative:*

1. La pluma es grande. 2. El libro es nuevo. 3. La caja es pequeña. 4. El armario es corto. 5. La mesa es vieja. 6. El lápiz es largo.

LESSON 2

VOCABULARY

alto, -a	high, tall
bajo, -a	low, short
bonito, -a	pretty, nice
la botella	bottle
bueno, -a	good
el cuadro	picture
de	of
feo, -a	ugly
la habitación	room
las (*f. pl.*)	the
los (*m. pl.*)	the
malo, -a	bad
el papel	(piece of) paper
la puerta	door
la silla	chair
son	(they) are
el vaso	glass

Text of record

1   Botellas.
Las botellas.
Son las botellas.

Vasos.
5   Los vasos.
Son los vasos.

Sillas.
Las sillas.
Son las sillas.

10 Cuadros.
Los cuadros.
Son los cuadros.

Puertas.
Las puertas.
15 Son las puertas.

Papeles.
Los papeles.
Son los papeles.

¿Es feo el cuadro?
20 Sí, el cuadro es feo.

¿Son bonitos los cuadros?
No, los cuadros no son bonitos, son feos.

¿Son altas las sillas de la habitación?
Sí, las sillas son altas.

25 ¿Son bajas las puertas de la habitación?
No, las puertas de la habitación no son bajas, son altas.

LESSON 2

¿Son nuevos los libros del armario?
Sí, los libros del armario son nuevos.

¿Es bueno el papel de los libros?
30   No, el papel de los libros es malo.

GRAMMAR

THE PLURAL.

A. The plural of nouns is formed by adding **s** to those which end in a vowel, and **es** to those which end in a consonant:

botella	botellas
cuadro	cuadros
habitación	habitaciones
lápiz	lápices

Note: (1) that the **z** of **lápiz** changes to **c** when **es** is added.
(2) that the plural of **habitación** bears no accent.

B. **Los** is the plural form of the definite article **el**, and **las** is the plural of **la**:

el libro	los libros
la silla	las sillas
el papel	los papeles
la mesa	las mesas .

C. Adjectives agree in number as well as in gender with the nouns they qualify. The plural of adjectives ending in a vowel is formed by adding **s** to the singular:

el vaso grande	los vasos grandes
la puerta nueva	las puertas nuevas
el cuadro feo	los cuadros feos

D. **Son** is the plural of **es**. Both are generally used without a personal pronoun:

LESSON 2

El libro es nuevo.	The book is new.
Es nuevo.	It is new.
Los libros son nuevos.	The books are new.
Son nuevos.	They are new.

NOTES

27. **del: de** and **el** are joined together to form **del** (of the); this does not occur with **la, los** and **las**:

del armario	of the cupboard
de la habitación	of the room
de los armarios	of the cupboards
de las habitaciones	of the rooms

EXERCISES

I. *Answer the following questions:*

1. ¿Es bonito el cuadro? Sí, ... 2. ¿Es grande la botella? No, ... 3. ¿Es feo el vaso? Sí, ... 4. ¿Es nueva la silla? No, ... 5. ¿Es alto el armario? Sí, ... 6. ¿Es baja la puerta? No, ... 7. ¿Es bueno el papel? Sí, ... 8. ¿Es mala la habitación? No, ...

II. *Answer the following questions:*

1. ¿Son buenos los cuadros? Sí, ... 2. ¿Son grandes las botellas? No, ... 3. ¿Son feos los vasos? Sí, ... 4. ¿Son nuevas las sillas? No, ... 5. ¿Son altos los armarios? Sí, ... 6. ¿Son bajas las puertas? No, ... 7. ¿Son bonitas las habitaciones? Sí, ... 8. ¿Son malos los papeles? No, ...

III. *Put the following into the plural and answer each question:*

1. ¿Es pequeña la botella? 2. ¿Es grande el cuadro? 3. ¿Es grande la silla? 4. ¿Es alta la puerta? 5. ¿Es baja la silla? 6. ¿Es grande la caja? 7. ¿Es bueno el libro? 8. ¿Es grande la habitación?

LESSON 2

IV. *Put the following into the singular :*

1. ¿Son bonitos los libros? 2. ¿Son viejos los papeles?
3. ¿Son feas las mesas? 4. ¿Son nuevas las plumas? 5. ¿Son grandes las mesas? 6. ¿Son viejos los cuadros? 7. ¿Son grandes los vasos? 8. ¿Son viejas las sillas?

V. *Put the following into the interrogative and then answer each question :*

1. El libro es grande. 2. Los vasos son pequeños. 3. La pluma es corta. 4. Las sillas son grandes. 5. El cuadro es bonito. 6. Los armarios son bajos. 7. La mesa es vieja. 8. Los libros son feos.

LESSON 3

VOCABULARY

cinco	five
¿cuánto, -a?	how much?
¿cuántos, -as?	how many?
cuatro	four
debajo de	under
diez	ten
dos	two
en	in, on, at
hay	there is, there are
nueve	nine
ocho	eight
la pared	wall
seis	six
siete	seven
sobre	on, over
solamente	only
el suelo	floor
también	also
tres	three
un(o), -a	a, an; one; *pl.* some, a few
y	and

Text of record

1 Uno.
Dos.
Tres.
Cuatro.

5   Cinco.
       Seis.
       Siete.
       Ocho.
       Nueve.
10   Diez.

       ¿Hay un libro sobre la mesa?
       Sí, y también hay una caja.

       ¿Hay unas sillas en la habitación?
       Sí, hay seis sillas en la habitación.

15   ¿Hay un libro en el suelo?
       Sí, hay un libro en el suelo, debajo de la mesa.

       ¿Hay unos cuadros en la pared?
       Sí, hay cinco cuadros en la pared.

       ¿Hay diez libros en el armario?
20   Sí, hay diez libros en el armario.

       ¿Hay tres mesas en la habitación?
       No, no hay tres mesas.   Hay solamente dos.

       ¿Hay ocho vasos sobre la mesa?
       No, no hay ocho vasos sobre la mesa.   Hay nueve.

25   ¿Hay siete botellas en la habitación?
       No, no hay siete, hay cuatro.

LESSON 3

¿Cuántas sillas hay en la habitación?
Hay seis.

¿Cuántos cuadros hay en la pared?
30   Hay cinco.

GRAMMAR

A. Hay. 'There is' and 'there are' are translated into Spanish by the one word **hay**, which is used for both singular and plural. It is an impersonal verb and is never used with a subject:

Hay un libro.	There is a book.
Hay dos libros.	There are two books.
Hay una caja.	There is a box.
Hay cinco cajas.	There are five boxes.

Only the tone of voice, when speaking, or the question marks, when writing, distinguish the question from the statement. As already stated, the negative is formed by putting **no** before the verb:

Hay dos libros.	There are two books.
¿Hay dos libros?	Are there two books?
No hay dos libros.	There are not two books.

B. Uno. There is no distinction in Spanish between the indefinite article 'a' and the numeral 'one.' Note, however, that before a noun **uno** is always shortened to **un**:

Hay un libro en la mesa.	There is a (*or* one) book on the table.
Hay uno en la mesa.	There is one on the table.

Una is the feminine form for both 'a' and 'one' and is never shortened:

Hay una silla en la habitación.	There is a (*or* one) chair in the room.
Hay una en la habitación.	There is one in the room.

14 LESSON 3

Note that, of the numbers one to ten, only **uno** has a feminine form.

In the plural, the indefinite articles **un** and **una** become **unos** and **unas**:

un libro	a book
unos libros	some books
una mesa	a table
unas mesas	some tables

C. En AND sobre. These both mean 'on' but **sobre** means 'on' in the sense of 'on top of.' For 'on the table' we could, therefore, equally well say **sobre la mesa** and **en la mesa**, but **sobre** could not be used in the following sentence:

Hay cuadros en la pared. There are pictures on the wall.

NOTES

11. **¿Hay un libro sobre la mesa?:** We know that this sentence is a question because of the slight rise at the end, when spoken, or because of the double question marks in the printed text.

12. **también:** adverbs in Spanish have no fixed place in the sentence, but are usually placed next to the word they emphasize. This sentence could also be said in the following ways:

    Sí, y hay también una caja.
    Sí, y hay una caja también.

15. **en el suelo:** instead of **en, sobre** could be used:

    ¿Hay un libro sobre el suelo?

22. **Hay solamente dos:** this could also have been:

    Solamente hay dos.
    Hay dos solamente.

LESSON 3

EXERCISES

I. *Answer the following questions:*

1. ¿Son nuevos los libros? Sí, ... 2. ¿Son viejas las mesas? No, ... 3. ¿Son bonitos los papeles? Sí, ... 4. ¿Son feas las plumas? No, ... 5. ¿Son bajos los armarios? Sí, ... 6. ¿Son largos los cuadros? No, ... 7. ¿Son cortos los libros? Sí, ... 8. ¿Son grandes las cajas? No, ...

II. *Answer the following questions:*

1. ¿Es pequeña la botella? Sí, ... 2. ¿Es grande el vaso? No, ... 3. ¿Es largo el armario? Sí, ... 4. ¿Es mala la silla? No, ... 5. ¿Es buena la puerta? Sí, ... 6. ¿Es pequeño el cuadro? No, ... 7. ¿Es fea la habitación? Sí, ... 8. ¿Es bonita la botella? No, ...

III. *Put the following into the interrogative:*

1. En la mesa hay tres vasos. 2. En el suelo hay ocho cajas. 3. El cuadro es nuevo. 4. Las puertas son altas. 5. El papel es corto. 6. Las plumas son largas. 7. En la pared hay siete cuadros. 8. En la silla hay un lápiz grande.

IV. *Translate into Spanish:*

1. There is a box on the floor and under the table. 2. There are some pictures on the walls. 3. There is a chair in the room. 4. There aren't any glasses on the table. 5. There is only one table in the room. 6. How many books are there in the cupboard? 7. Is the picture ugly? 8. Are the cupboards low?

V. *Count from one to ten and back again:*

1, 2, 3, 4, 5, 6, 7, 8, 9, 10. 10, 9, 8, 7, 6, 5, 4, 3, 2, 1.

LESSON 4

VOCABULARY

el centro	centre
cerca de	near
claro, -a	clear, light
¿dónde?	where?
él	he
ella	she
ellos, -as	they
estar	to be
la lámpara	lamp
lejos de	far from
limpio, -a	clean
muy	very
la niña	girl, child
el niño	boy, child
niños, -as	children
nosotros, -as	we
oscuro, -a	dark
sucio, -a	dirty
todo -a	all, every
tú	you (*s.*)
la ventana	window
vosotros, -as	you (*pl.*)
yo	I

En la habitación

1 PEDRO: ¿Es oscura la habitación?
CARMEN: No, es muy clara.

LESSON 4

PEDRO: ¿Dónde está la mesa?
CARMEN: La mesa está en el centro de la habitación, debajo de la lámpara.
PEDRO: ¿Dónde estás tú?
CARMEN: Yo estoy en la habitación, cerca de la puerta.
PEDRO: ¿Niños, dónde estáis?
PILAR: Nosotros estamos en la habitación, lejos de la ventana.

CARMEN: ¿Es grande la ventana?
JUAN: Sí, la ventana es muy grande.
CARMEN: ¿Dónde están los libros?
PEDRO: Los libros están en el armario.
CARMEN: ¿Es alta Pilar?
PEDRO: No, ella es baja.
CARMEN: ¿Está limpia la mesa?
PEDRO: No, la mesa no está limpia, está sucia.
PILAR: ¿Dónde estamos?
JUAN: Estamos todos en la habitación.
PEDRO: ¿Dónde está Juan?
CARMEN: El está cerca de la puerta.
PEDRO: ¿Dónde están los niños?
CARMEN: Ellos están lejos de la ventana.

LESSON 4

GRAMMAR

A. PRESENT TENSE OF **estar** (to be):

(yo)	**estoy**	I am
(tú)	**estás**	you are
(él)	**está**	he is, it is
(nosotros)	**estamos**	we are
(vosotros)	**estáis**	you are
(ellos)	**están**	they are

B. SUBJECT PRONOUNS. **Yo** and **tú** are used for both masculine and feminine; **él, nosotros, vosotros** and **ellos** are masculine only and have the feminine forms **ella, nosotras, vosotras** and **ellas**. Note, though, that in the plural the masculine form is always used even if there is only one masculine element in the group.

Thus Pilar and Juan would say:
    Nosotros estamos en la habitación.
Pilar and Carmen would say:
    Nosotras estamos en la habitación.
The whole family—father, mother, son and daughter—would say:
    Nosotros estamos en la habitación.

However, as the verb endings are different for each person, there is generally no need to use the subject pronoun, for the verb endings tell us which person it is:

    Estoy en la habitación *can only mean:* I am in the room.
    Estamos cerca de la ventana *can only mean:* We are near the window.

C. **Ser** AND **estar**. There are two verbs in Spanish meaning 'to be.' The verb **estar** is used to indicate position and temporary state—answering the questions 'where?' and 'how?'; the verb **ser** (of which we have so far learnt **es** and **son**) is used

LESSON 4

to indicate identity, inherent qualities and permanent state—
answering the questions 'who?' and 'what?':

Es una mesa.	It is a table. (*identity*)
La mesa está en la habitación.	The table is in the room. (*position*)
Madrid es una ciudad.	Madrid is a city. (*identity*)
Madrid está en España.	Madrid is in Spain. (*position*)
La mesa es grande.	The table is big. (*permanent state*)
La mesa está sucia.	The table is dirty. (*temporary state*)

NOTES

6. **¿Dónde estás tú?:** 'Where are you?' Although often
omitted, the subject pronoun is sometimes used for emphasis.
Pedro has been asking where the table is and now he turns to
Carmen.

20. **Estamos todos en la habitación:** 'We are all in the room.'
Note that the masculine form is used even though two
women are included in the **todos** (all). **Estamos todas en
la habitación** would mean there are no men in the room.

22. **El:** used for emphasis. Although **él** (with an accent) means
'he' and **el** (without an accent) means 'the,' the capital E
does not require the accent, so in such cases we have to tell
the meaning from the context.

¿Está él en la habitación?	Is he in the room?
El libro está en el armario.	The book is in the cupboard.

LESSON 4

EXERCISES

I. *Answer the following questions:*

1. ¿Es clara la habitación? No, ... 2. ¿Es bonito el cuadro? Sí, ... 3. ¿Son grandes las ventanas? No, ... 4. ¿Son nuevos los libros? Sí, ... 5. ¿Está limpia la habitación? Sí, ... 6. ¿Está Juan cerca de la puerta? No, ... 7. ¿Están los libros en el armario? Sí, ... 8. ¿Están limpias las botellas? No, ...

II. *Give the opposite of:*

1. cerca de; 2. claro; 3. limpio; 4. debajo de; 5. alto; 6. bonito; 7. bueno; 8. corto; 9. grande; 10. nuevo.

III. *Translate into Spanish:*

1. The room is very dark. 2. Is the table dirty? 3. Are the books new? 4. The glasses aren't clean. 5. Is John near the cupboard? 6. Are we all in the room? 7. John and Pilar are near the table. 8. The cupboard is very big.

IV. *Give all forms of the following adjectives:*

1. feo; 2. grande; 3. largo; 4. nuevo; 5. pequeño; 6. viejo; 7. alto; 8. bueno; 9. bonito; 10. corto; 11. bajo; 12. malo.

V. *Make the adjectives agree with the nouns:*

1. La botella (alto). 2. Un armario (grande). 3. La habitación (claro). 4. Vasos (sucio). 5. La pluma (nuevo). 6. Los cuadros (oscuro). 7. La mesa (limpio). 8. Los libros (grande).

LESSON 5

VOCABULARY

la familia	family
la hermana	sister
el hermano	brother
la hija	daughter
el hijo	son; *pl.* children
la madre	mother
mi	my
nuestro, -a	our
el padre	father
los padres	parents
¿quién? ¿quiénes?	who?
el señor	gentleman; sir, Mr
la señora	lady, wife, Mrs
ser	to be
su	his, her, its, their
tu	your (*s.*)
vuestro, -a	your (*pl.*)

La familia García

1 PEDRO: Yo soy Pedro García.
CARMEN: Yo soy Carmen González, la señora de García.
JUAN: Yo soy Juan, el hijo.
PILAR: Y yo soy Pilar, la hija.
5 PEDRO: Tú eres mi hijo, Juan.
CARMEN: Tú, Pilar, eres mi hija.
PEDRO: Nosotros, Carmen y Pedro, somos los padres, y vosotros, Juan y Pilar, sois los hijos.

LESSON 5

PILAR: Pedro García es mi padre.
JUAN: El es mi padre. Carmen González es mi madre.
PILAR: Ella es mi madre.
JUAN: Ellos son nuestros padres.
CARMEN: Juan y Pilar son nuestros hijos.
PEDRO: Nosotros somos vuestros padres.
CARMEN: Pilar es nuestra hija y Juan nuestro hijo.
PILAR: Nosotros, Juan y Pilar García González, somos hermanos.

JUAN: Tú, Pilar, eres mi hermana.
PILAR: Y tú, Juan, eres mi hermano.
PEDRO: ¿Quién soy yo?
PILAR: Tú eres mi padre, Pedro García.
PEDRO: ¿Quién es Carmen?
JUAN: Es mi madre.
CARMEN: ¿Quién soy yo?
PILAR: Tú eres mi madre.

GRAMMAR

A. PRESENT TENSE OF ser (to be):

| (yo) | **soy** | I am |
| (tú) | **eres** | you are |

LESSON 5

(él)	es	he is, it is
(nosotros)	somos	we are
(vosotros)	sois	you are
(ellos)	son	they are

B. Ser AND estar. As pointed out in Lesson 4, C, ser is used to indicate a permanent state, estar a temporary state:

Soy el padre.	I am the father.
Estoy en la habitación.	I am in the room.
Eres mi hija.	You are my daughter.
Estás cerca de la ventana.	You are near the window.
Son hermanos.	They are brothers.
Están debajo de la lámpara.	They are under the lamp.

C. POSSESSIVE ADJECTIVES:

mi	my
tu	your (*s.*)
su	his, her, its
nuestro, -a	our
vuestro, -a	your (*pl.*)
su	their

Possessive adjectives agree in number and gender with the person or object possessed; the plural is formed by adding s:

mi libro	my book
mis libros	my books
tu botella	your bottle
tus botellas	your bottles
nuestro libro	our book
nuestros libros	our books
nuestra botella	our bottle
nuestras botellas	our bottles

LESSON 5

Su (sus) is used for the third persons both singular and plural and consequently can mean 'his,' 'her,' 'its' or 'their.' Su libro can therefore mean 'his book,' 'her book,' 'its book' or 'their book,' and sus libros 'his books,' 'her books,' 'its books' or 'their books.'

Normally we can tell quite easily from the context what su and sus mean, but if there is any doubt, we can make it clear by adding one of the following expressions after the noun:

de él	of him
de ella	of her
de ellos	of them (*m*.)
de ellas	of them (*f*.)
su libro de él	his book
sus libros de ella	her books

NOTES

2. **Carmen González**: in Spain married women retain their maiden names; hence Carmen is Carmen González (her maiden name) de García (her husband's surname).

la señora de: followed by a name means 'the wife of' or 'Mrs':

La señora de García.   García's wife, Mrs García.

La señora by itself means 'the lady':

La señora alta está en la habitación.   The tall lady is in the room.

Señora can also be used, without an article, as a form of address; in this case it would be rendered in English by 'madam':

Sí, señora.   Yes, madam.

Señor is the masculine form of señora.   Note the following uses:

LESSON 5

El señor García.	Mr García.
Sí, señor.	Yes, sir.
Hay un señor en la habitación.	There is a gentleman in the room.

5. **Tú**: used for emphasis, as are the other subject pronouns in this lesson. **Tú** (with an accent) means 'you'; **tu** (without an accent) means 'your':

| Tú eres alto. | You are tall. |
| Tu libro está sobre la mesa. | Your book is on the table. |

Both words are pronounced the same.

20. **¿Quién?**: 'Who?' The plural is **quiénes**; masculine and feminine have the same form:

¿Quién es?	Who is he?
¿Quién es Carmen?	Who is Carmen?
¿Quiénes son?	Who are they?

EXERCISES

I. *Answer the following questions:*

1. ¿Quién es Pedro? 2. ¿Quién es la señora de García? 3. ¿Quién es Juan? 4. ¿Quién es la hija de Pedro? 5. ¿Quién es el padre de Pilar? 6. ¿Quién es la madre de Juan? 7. ¿Quién es el hermano de Pilar? 8. ¿Quién es el marido de Carmen?

II. *Translate into Spanish:*

1. He is her father. 2. She is his mother. 3. She is your (*s.*) sister. 4. Carmen is the wife of Mr García. 5. Carmen is his mother. 6. She is my sister. 7. Who are you? 8. Juan is her brother. 9. They are your (*pl.*) daughters. 10. Who am I?

III. *Give the required definite article:*

1. hijo; 2. madre; 3. hermano; 4. hijas; 5. padres; 6. hija; 7. padre; 8. hermana; 9. hermanos; 10. hijos.

C+E.E.P.

26 LESSON 5

IV. *Give the plural of:*

1. él; 2. la; 3. padre; 4. señor; 5. quién; 6. el; 7. hija;
8. ella; 9. madre; 10. hermana.

V. *Put in the missing words:*

1. Juan es el ____ de Pedro. 2. Carmen es la ____ de García.
3. Ellos ____ los hijos. 4. ¿____ soy yo? 5. ____ es mi madre.
6. ____, Juan, eres ____ hermano. 7. Vosotros, Juan y Pilar,
____ los hijos. 8. ¿Quién eres ____? 9. Yo ____ tu hermano.
10. Vosotros ____ los hijos.

LESSON 6

VOCABULARY

la alfombra	carpet
el balcón	balcony
el baño	bath, bathe
bastante	quite; a lot of
la cama	bed
la casa	house, home
la cocina	kitchen
el comedor	dining-room
¿cómo?	how? what . . . like?
con	with
la cortina	curtain
el cuarto	room
el cuarto de baño	bathroom
el cuarto de estar	sitting-room
la chimenea	fireplace, chimney
el despacho	study
el dormitorio	bedroom
entre	between, among
la luz	light
mucho, -a	much, a lot of
muchos, -as	many, a lot of
poco, -a	little
pocos, -as	few
el sillón	arm-chair
tener (*irr.*)	to have
varios	several

La casa

1 PEDRO: Nuestra casa es grande. Tiene ocho habitaciones.
CARMEN: Las habitaciones son: la cocina, el comedor, el cuarto de estar, el despacho, el cuarto de baño y tres dormitorios.
5 JUAN: Mis padres tienen un dormitorio muy grande, con dos camas.
PEDRO: Vosotros tenéis un dormitorio grande, con dos camas y dos ventanas.
CARMEN: Mi cocina es fea; tiene una ventana pequeña y
10 poca luz.
PILAR: Nuestro cuarto de estar es muy bonito; tiene un balcón grande y mucha luz.
JUAN: Hay también una alfombra en el suelo y varios cuadros en las paredes.

15 CARMEN: La puerta del cuarto de estar está entre la chimenea y la ventana.
PEDRO: En mi despacho tengo una mesa, un armario, dos sillones y varias sillas.
JUAN: En las ventanas de todas las habitaciones hay
20 cortinas.
PILAR: La cocina está cerca del comedor y lejos de los dormitorios.

LESSON 6   29

CARMEN: Los dormitorios están lejos de la cocina y cerca del cuarto de baño.
25 JUAN: En nuestro dormitorio las camas son muy pequeñas y bonitas.
PILAR: Tiene una alfombra nueva y bastante grande.
PEDRO: El armario de mi despacho tiene muchos libros.
CARMEN: Y tu mesa, bastantes papeles.
30 PEDRO: ¿Cómo están los sillones de mi despacho?
JUAN: Los sillones de tu despacho están viejos.
PILAR: ¿Y la alfombra también?
CARMEN: La alfombra de su despacho no está vieja. Está solamente un poco sucia.

GRAMMAR

A. PRESENT TENSE OF **tener** (to have):

(yo)	**tengo**	I have
(tú)	**tienes**	you have
(él)	**tiene**	he has, it has
(nosotros)	**tenemos**	we have
(vosotros)	**tenéis**	you have
(ellos)	**tienen**	they have

B. **Poco** and **poca** mean 'little,' **pocos** and **pocas** mean 'few' Their opposites are **mucho** and **mucha** meaning 'much' and **muchos** and **muchas** meaning 'many':

poca luz	little light
pocos libros	few books
mucha luz	much light
muchos libros	many books

Note that **muy** can be used with **poco**, etc., but not with **mucho**, etc.:

| muy poca luz | very little light |
| muy pocos libros | very few books |

30 LESSON 6

BUT

muchos libros	very many books

C. **Todo el (toda la)** can be translated by 'all the' or 'the whole':

todo el papel	all the paper
toda la casa	the whole house

The plural **todos los (todas las)** can be translated by 'all the' or 'every':

todos los niños	all the children, every child
todas las habitaciones	all the rooms, every room

In the singular the pronoun **todo** means 'everything' and in the plural **todos, -as** means 'everybody' or 'all':

Todo está en la cocina.	Everything is in the kitchen.
Todos están en el comedor.	Everybody is in the dining-room.

NOTES

1. **Tiene:** notice that this has no need of a subject pronoun.
27. **una alfombra nueva y bastante grande:** notice that the adjective (**nueva**) and the adjectival phrase (**bastante grande**) come after the noun. **Bastante** is here an adverb and therefore does not agree; an adverb in Spanish never changes its ending.
29. **bastantes:** here an adjective (meaning 'a lot of') and consequently taking an **s** in the plural. There is no change for the feminine:

Hay bastante luz.	There is a lot of light.
Hay bastantes papeles.	There are a lot of papers.

30. **¿Cómo están los sillones?:** 'What state are the armchairs in?' **Cómo** means:

(1) how?

¿Cómo estás?	How are you?
¿Cómo está tu padre?	How is your father?

LESSON 6

(2) what ... like?

¿Cómo es tu padre?	What is your father like?
¿Cómo son tus cigarrillos?	What are your cigarettes like?
¿Cómo es el libro de tu madre?	What is your mother's book like?

Notice that ¿Cómo está? is usually translated by 'How is?' which indicates a temporary state, and ¿Cómo es? by 'What is ... like?' which indicates more permanent characteristics.

EXERCISES

I. *Translate into Spanish:*

1. Your house has six rooms. 2. How many pictures have they? 3. She is in the sitting-room. 4. It is a big house. 5. What is your bedroom like? 6. He has ten cigarettes. 7. Have you (*pl.*) a big bedroom? 8. Is it near the door? 9. How many boxes has she? 10. She has three pencils and one pen.

II. *Give the masculine of:*

1. ellas; 2. una; 3. nosotras; 4. señora; 5. madre; 6. bonitas; 7. la; 8. hija; 9. vosotras; 10. las.

III. *Put in the missing words:*

1. Mis padres ____ un dormitorio grande. 2. Yo ____ en la cocina. 3. La mesa ____ cerca ____ la puerta. 4. ¿____ sillas ____ el despacho? 5. ¿____ es el cuarto de estar? 6. El libro ____ sobre la mesa. 7. Ellos ____ en casa. 8. Juan y Pilar ____ hermanos. 9. ¿____ (vosotros) un libro? 10. ¿Quién ____ yo?

IV. *Make questions with these words and answer them:*

1. ¿Cuántas ...? 2. ¿Cómo es ...? 3. ¿Están ...? 4. ¿Tienes ...? 5. ¿Eres ...? 6. ¿Tenéis ...? 7. ¿Dónde ...? 8. ¿Cómo son ...? 9. ¿Es grande ...? 10. ¿Tiene ...?

LESSON 7

VOCABULARY

aquel, –ella (*adj.*)	that
aquél, –élla (*pron.*)	that one
el demostrativo	demonstrative
ese, –a (*adj.*)	that
ése, –a (*pron.*)	that one
este, –a (*adj.*)	this
éste, –a (*pron.*)	this one
el juguete	toy
lleno, –a	full
el mío, la mía	mine
la muchacha	girl; servant
el nuestro, la nuestra	ours
otro, –a	another, other
el plato	plate
¿de quién?	whose?
la revista	magazine
el suyo, la suya	his, hers, its, theirs
la taza	cup
el tuyo, la tuya	yours (*s.*)
vacío, –a	empty
el vuestro, la vuestra	yours (*pl.*)

Los demostrativos

1 PEDRO: ¿Es este plato tuyo?
CARMEN: Sí, ese plato es mío.
PEDRO: Y aquel plato, ¿es de Juan?
CARMEN: Sí, aquel plato es suyo.

LESSON 7

5 PEDRO: ¿Es esta revista tuya?
   CARMEN: Sí, esa revista es mía.
   PEDRO: Y aquella revista, ¿es de Pilar?
   CARMEN: Sí, aquélla es suya.
   JUAN: ¿Son nuestros estos juguetes?
10 CARMEN: Sí, esos juguetes son vuestros.
   PILAR: Y aquéllos, ¿son de los otros niños?
   CARMEN: Sí, aquéllos son suyos.
   PILAR: ¿De quién es esta taza llena?
   PEDRO: Esa taza llena es de la muchacha; es suya.

15 JUAN: ¿Y aquélla vacía?
   CARMEN: Aquella vacía es de Pilar; es suya.
   PEDRO: ¿De quién es este plato?
   CARMEN: Ese es mío.
   PEDRO: ¿Y aquél?
20 PILAR: Aquél es de mi hermano.

GRAMMAR

A. DEMONSTRATIVE ADJECTIVES. In Spanish there are three kinds of demonstrative adjective:

(1) **Este** (*m. s.*), **esta** (*f. s.*), **estos** (*m. pl.*) and **estas** (*f. pl.*) mean 'this' and 'these' and are used for things and persons which are near to the person speaking:

LESSON 7

Este niño es alto.	This boy is tall.
Esta señora es baja.	This lady is short.
Estos libros son buenos.	These books are good.
Estas sillas son grandes.	These chairs are big.

(2) Ese, esa, esos and esas mean 'that' and 'those' and are used for things and persons near the person to whom we are speaking:

Ese cuadro es bonito.	That picture (near you) is pretty.
Esa niña no tiene juguetes.	That girl (near you) has no toys.
Esos libros son buenos.	Those books (near you) are good.
Esas sillas están limpias.	Those chairs (near you) are clean.

(3) Aquel, aquella, aquellos and aquellas mean 'that' and 'those' and are used for things and persons which are near neither the speaker nor the person spoken to:

Aquel vaso está sucio.	That glass (over there) is dirty.
Aquella botella está limpia.	That bottle (over there) is clean.
Aquellos armarios tienen vasos.	Those cupboards (over there) have glasses (in them).
Aquellas niñas son hermanas.	Those girls (over there) are sisters.

B. DEMONSTRATIVE PRONOUNS. Similarly, there are three kinds of demonstrative pronoun, which are the same as the demonstrative adjectives except that they are written with an accent:

(1) éste, -a	this one	éstos, -as	these
(2) ése, -a	that one	ésos, -as	those
(3) aquél, -élla	that one (over there)	aquéllos, -as	those (over there)

LESSON 7

Esta revista es buena; ésa también es buena, pero aquélla es mala.

This magazine is good; that one near you also is good, but that one over there is bad.

Esa revista es grande; ésta y aquélla son pequeñas.

That magazine is big; this one and that one over there are small.

C. POSSESSIVE PRONOUNS: (1)

el mío	la mía	los míos	las mías	mine
el tuyo	la tuya	los tuyos	las tuyas	yours (s.)
el suyo	la suya	los suyos	las suyas	his, hers, its
el nuestro	la nuestra	los nuestros	las nuestras	ours
el vuestro	la vuestra	los vuestros	las vuestras	yours (pl.)
el suyo	la suya	los suyos	las suyas	theirs

(2) As can be seen, each possessive pronoun has four forms; like the possessive adjective it must agree in gender and number with the noun possessed:

Ese libro es mío; tú tienes el tuyo.
Esa revista es mía; él tiene la suya.
Esos juguetes son míos; ellos tienen los suyos.
Esas tazas son mías; vosotros tenéis las vuestras.
Ese cuadro es tuyo; yo tengo el mío.
Esas plumas son vuestras; nosotros tenemos las nuestras.

After any form of the verb **ser**, the article of the possessive pronoun is generally omitted except for emphasis.

(3) **El suyo, la suya,** etc. often lend themselves to confusion as they can mean 'his,' 'hers,' 'its' or 'theirs.' In cases of doubt, **de él, de ellas, de ellos** or **de ellas** can be used either in place of or following **el suyo,** etc.:

Este libro es (el suyo) de ella.

That is her book.

Esas revistas son (las suyas) de ellas.

Those magazines are theirs (f.).

LESSON 7

NOTES

1. ¿Es este plato tuyo?: as there is no strict word order in Spanish, this could also have been: ¿Es tuyo este plato?
13. ¿De quién?: 'Whose?' 'Of whom?'
   ¿De quién es esta taza llena? 'Whose is this full cup?'
15. ¿Y aquélla vacía?: 'And that empty one over there?'

EXERCISES

I. *Translate into Spanish:*

1. This house is big; that one is small and that one over there is also small. 2. Those toys over there are good; those near you and these are bad. 3. Those chairs near you are old; those over there and these are new. 4. This pencil is small; that one is big and so is that one over there.

II. *Translate into Spanish:*

1. My plate. 2. Your (*s.*) magazine. 3. His toys. 4. Our cups. 5. My parents. 6. Your (*pl.*) mothers. 7. Their sons. 8. Her toys.

III. *Complete the following:*

Example: Yo tengo un libro; es mi libro; es mío.

1. Tú tienes un libro; es ... libro; es ... 2. El tiene un libro; es ... libro; es ... 3. Ella tiene un libro; es ... libro; es ... 4. Nosotros tenemos un libro; es ... libro; es ... 5. Vosotros tenéis un libro; es ... libro; es ... 6. Ellos tienen un libro; es ... libro; es ... 7. Yo tengo unas plumas; son ... plumas; son ... 8. Tú tienes unas plumas; son ... plumas; son ... 9. El tiene unas plumas; son ... plumas; son ... 10. Ella tiene unas plumas; son ... plumas; son ... 11. Nosotros tenemos unas plumas; son ... plumas; son ... 12. Vosotros tenéis unas plumas; son ... plumas; son ... 13. Ellos tienen unas plumas; son ... plumas; son ...

IV. *Count from one to ten and back again:*

1, 2, 3, 4, 5, 6, 7, 8, 9, 10. 10, 9, 8, 7, 6, 5, 4, 3, 2, 1.

LESSON 8

VOCABULARY

ahora	now
bien	well
el cigarrillo	cigarette
cómodo, -a	comfortable
el gato	cat
gracias	thanks; thank you
la mano	the hand
el marido	husband
la mujer	woman, wife
la muñeca	doll
el paquete	packet
la pelota	ball
el perro	dog
¿qué?	what?
la radio	radio

IDIOMATIC EXPRESSIONS

en casa	at home
estar bien	to be comfortable, all right
muchas gracias	many thanks; thank you very much

El cuarto de estar

1 PEDRO: Ahora estamos en casa, en el cuarto de estar.
CARMEN: El cuarto de estar es muy cómodo, tiene varios

LESSON 8

sillones grandes, una mesa en el centro de la habitación, varios cuadros en las paredes y la radio.
5 PEDRO: En casa estamos muy bien. Nuestra casa es bastante bonita y muy cómoda.
CARMEN: ¿Qué tienes en la mano, Juan?
JUAN: Tengo la muñeca de Pilar. Es su muñeca.
CARMEN: Pilar, ¿dónde está la pelota?
10 PILAR: Está en el suelo, debajo de la mesa.
CARMEN: Juan, ¿dónde está el perro?

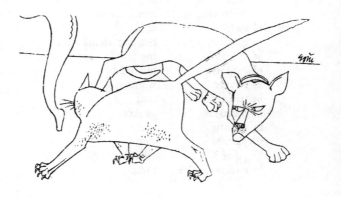

JUAN: Está también debajo de la mesa y el gato está sobre una silla.
PEDRO: Hay un libro debajo de mis cigarrillos. El libro
15 es de mi mujer. Es su libro.
CARMEN: El paquete de cigarrillos está sobre mi libro. Los cigarrillos son de mi marido. Son sus cigarrillos.
PEDRO: ¿Hay muchos cigarrillos en mi paquete?
JUAN: No, solamente tres.
20 PILAR: Sobre la mesa del despacho tienes un paquete nuevo.
JUAN: Y hay otro con diez cigarrillos en esa caja.
PEDRO: Está bien, hijos míos. Muchas gracias.

LESSON 8

39

NOTES

1. **Ahora estamos en casa**: the subject pronoun is not necessary because the verb ending tells us it is **nosotros**.

3. **en**: notice the different translations:

en casa	at home
en el cuarto de estar	in the sitting-room
en el centro	in the middle
en las paredes	on the walls

4. **radio**: feminine, although it ends in o.

5. **En casa estamos muy bien**: this could have been written: **Estamos muy bien en casa**.

7. **¿Qué tienes en la mano?**: 'What have you got in your hand?' In Spanish, particularly with parts of the body and with clothing, the definite article is frequently used instead of the possessive adjective. Here it is quite obvious that it must be *your* hand.

   Mano, though it ends in o, is feminine.

20. **la mesa del despacho**: 'the study table' (or 'desk'). Similarly:

las sillas de la cocina	the kitchen chairs
la alfombra del comedor	the dining-room carpet

22. **otro**: can be an adjective or a pronoun:

Hay otro paquete.	There is another packet.
Hay otro.	There is another (one).

EXERCISES

I. *Translate into Spanish*:

1. My husband's cigarettes are on the table. 2. I am at home. 3. My book is small. 4. He is near the window. 5. The book is under the chair. 6. He is far from the table. 7. Where is Juan? 8. What is your book like? 9. Where is it? 10. They are small.

40 LESSON 8

II. *Give the feminine of:*

1. padre; 2. vosotros; 3. hijo; 4. pequeño; 5. él; 6. señor;
7. nosotros; 8. el; 9. marido; 10. un; 11. ellos; 12. unos.

III. *Give the plural of:*

1. casa; 2. cigarrillo; 3. está; 4. grande; 5. habitación;
6. estoy; 7. libro; 8. mujer; 9. estás; 10. muñeca; 11. un;
12. él.

IV. *Put in the missing words:*

1. Yo estoy ____ casa. 2. El está lejos ____ la ventana. 3. Las
sillas ____ cerca de la ventana. 4. Los cigarrillos ____ pequeños.
5. Los cigarrillos están ____ el libro. 6. El libro de mi madre
____ grande. 7. Los cigarrillos son de Pedro; son ____ cigarrillos. 8. La pelota está ____ ____ la mesa. 9. La muñeca
está ____ la silla. 10. ____ estoy en la habitación.

LESSON 9

VOCABULARY

además (de)	besides
el cajón	drawer
la ceniza	ash
la cerilla	match
como	like, as
comprar	to buy
el consuelo	consolation
la cosa	thing
el día	day
el estanco	State-controlled shop
exagerar	to exaggerate
fumar	to smoke
el humo	smoke
llenar	to fill
el mal	misfortune
mamá	mummy
papá	daddy
pero	but
¡qué!	what (a)! how!
quien	who
el sello	stamp
tonto, -a	stupid, foolish

IDIOMATIC EXPRESSIONS

¡Qué barbaridad!

Mal de muchos, consuelo de tontos

How awful! Dear me!

The bane of many is the consolation of fools

Fumar como una chimenea

1 PEDRO: Yo fumo un cigarrillo.
 CARMEN: ¡Un cigarrillo! Tú fumas un paquete todos los días.
 JUAN: ¡Qué barbaridad! Papá fuma como una chimenea.
 PILAR: Tú eres tonto. Papá no es una chimenea.
5 CARMEN: No, no es una chimenea, pero llena la casa de humo y de ceniza.

 PEDRO: Exageráis un poco. Fumar un paquete de cigarrillos todos los días no es mucho. Hay quien fuma dos y tres paquetes.
10 CARMEN: Mal de muchos, consuelo de tontos.
 JUAN: Papá, ¿dónde compras los cigarrillos?
 PEDRO: En el estanco.
 PILAR: Mamá, ¿hay muchas cosas en el estanco, además de cigarrillos?
15 CARMEN: No muchas. Solamente cerillas y sellos.
 JUAN: Yo tengo una caja llena de sellos.
 PILAR: Pero tus sellos no son nuevos.
 JUAN: Y tengo en un cajón muchas cajas de cerillas.
 PILAR: Mamá, ¿están llenas las cajas de cerillas de Juan?
20 CARMEN: No, hija mía; están vacías.

LESSON 9 43

PEDRO: Las cajas de cerillas llenas están en el estanco.
CARMEN: Y también en mi cocina.

GRAMMAR

VERBS: THE FIRST CONJUGATION. There are three groups of regular verbs in Spanish. The first consists of verbs whose infinitives end in **-ar**; the present indicative is conjugated as follows:

fumar	to smoke
fumo	I smoke, am smoking
fumas	you (*s.*) smoke, are smoking
fuma	he, she smokes, is smoking
fumamos	we smoke, are smoking
fumáis	you (*pl.*) smoke, are smoking
fuman	they smoke, are smoking

Note that only the ending changes while the stem (*i.e.* the infinitive without the **-ar** ending) remains the same. All regular verbs ending in **-ar** have the same endings as **fumar**.

NOTES

2. **todos los días**: 'every day.' **Día**, though it ends in **a**, is masculine.
3. **¡Qué barbaridad!**: *lit:* 'What an awful thing!' This is a popular exclamation of surprise or indignation at something unexpected or exaggerated.

   Qué followed by a noun in an exclamatory sentence means 'what a'; followed by an adjective, it means 'how':

¡Qué libro!	What a book!
¡Qué bonito!	How pretty!

   como una chimenea: 'like a chimney.' **Como** (without

LESSON 9

an accent) means 'like' or 'as'; cómo (with an accent) means 'how' or 'what ... like' (see lesson 6):

Es como el que tengo.	It is like the one I have.
¿Cómo estás?	How are you?
¿Cómo es tu habitación?	What is your room like?

8. **Hay quien fuma:** 'There are those who smoke.' In lesson 5 we learned the interrogative pronoun **¿quién?** **Quien,** *pl.* **quienes,** is the relative pronoun.

10. **Mal de muchos, consuelo de tontos:** one of Spain's many proverbs.

12. **estanco:** in Spain certain goods such as tobacco, matches and stamps are subject to a State monopoly and are sold only in officially recognized shops called **estancos.**

13. **además de cigarrillos:** 'besides cigarettes.' 'Besides,' when it stands alone, is translated by **además** without the **de:**

    ¿Qué hay además?   What is there besides?

16. **Yo tengo:** the subject pronoun is retained here for emphasis.

19. **están:** note the use of the verb **estar** to indicate a temporary state.

EXERCISES

I. *Answer the following questions:*

1. ¿Quién fuma cigarrillos? 2. ¿Cuánto fuma el señor García todos los días? 3. ¿Qué hay en el estanco? 4. ¿Dónde compra Pedro los cigarrillos? 5. ¿Fuman Juan y Pilar? 6. ¿Compran los niños cigarrillos? 7. ¿Exagera Carmen? 8. ¿Fuma la Sra. de García? 9. ¿Exageran los niños? 10. ¿Hay muchas sillas en el cuarto de estar?

II. *Translate into Spanish:*

1. He smokes a packet of cigarettes every day. 2. I do not exaggerate. 3. He does not smoke. 4. Does she exaggerate? 5. Who smokes like a chimney? 6. Where does he buy his cigarettes? 7. He buys his cigarettes at the estanco. 8. Is

LESSON 9   45

there a man in the room? 9. Are there (any) books in the study? 10. There are (some) chairs in the sitting room.

III. *Give the opposite of:*

1. grande; 2. sobre; 3. cerca de; 4. bonita; 5. debajo de; 6. mucho; 7. sí; 8. pocas; 9. lejos de; 10. feos.

IV. *Put into the negative form and then translate into English:*

1. Yo fumo. 2. Pedro compra cigarrillos. 3. Exageramos mucho. 4. Vosotros compráis muchas cosas. 5. ¿Exageráis? 6. ¿Tengo diez sillas? 7. ¿Ella compra libros? 8. Juan es mi hermano. 9. Tenemos tres hijos. 10. Ellos exageran.

V. *Put in the missing words:*

1. ¿Fuma _____ cigarrillo? 2. _____ hombres que fuman dos y tres paquetes todos los días. 3. _____ un paquete todos los días no es _____. 4. ¿_____ es el cuarto de estar, grande o pequeño? 5. Los dormitorios _____ lejos de la cocina. 6. ¿_____ (ellos) en casa? 7. La pelota _____ debajo _____ la mesa. 8. ¿_____ grandes las habitaciones? 9. Papá fuma _____ _____ chimenea. 10. Mal de muchos, _____ de _____.

LESSON 10

VOCABULARY

aburrido, -a	boring
el acuerdo	agreement
algo (*pron.*)	something, anything
el autor	author
la clase	type, kind
creer	to think, believe
la cuestión	question, problem
divertido, -a	amusing
escrito, -a	written
las ganas	desire, wish
la imaginación	imagination
leer	to read
mal	badly, bad
la novela	novel, story
pasar	to pass; to spend (time)
policíaco, -a	detective, police (*adj.*)
que	that
el rato	moment, some time, while
la razón	reason
si	if, whether

IDIOMATIC EXPRESSIONS

estar de acuerdo	to agree
pasar el rato	to pass the time, kill time
tener ganas de (+ *inf.*)	to want, wish (to do something)
tener razón	to be right
No hay libro malo que no tenga algo bueno	No book is so bad that it has not something good in it

Novelas policíacas

1 PEDRO: Tengo ganas de leer un rato.
CARMEN: ¿Dónde tienes el libro?
PEDRO: Está sobre la mesa del despacho.
CARMEN: Sobre la mesa hay varios libros.
5 PEDRO: El mío es el pequeño. Está en el centro de la mesa.
CARMEN: ¿Es este libro?
PEDRO: Sí, ese libro es.
CARMEN: ¿Qué clase de libro es?
PEDRO: Es una novela policíaca.
10 CARMEN: ¿Cómo es?
PEDRO: Bastante divertida.

CARMEN: ¡Divertida una novela policíaca! Creo que las novelas de esta clase son muy aburridas.
PEDRO: No estoy de acuerdo. Si el autor tiene imagina-
15 ción y están bien escritas son bonitas. Si no tiene imaginación y están mal escritas son aburridas.
CARMEN: ¿Y esta novela está bien escrita?
PEDRO: No está mal, pero la cuestión es pasar el rato.
CARMEN: Tienes razón, y sobre todo que « no hay libro malo
20 que no tenga algo bueno ».

LESSON 10

GRAMMAR

VERBS: THE SECOND CONJUGATION. This consists of verbs whose infinitives end in -er. As with the verbs of the first conjugation, only the ending changes when the verb is conjugated. Here is the present indicative of a second conjugation verb:

leer	to read
leo	I read, am reading
lees	you (*s.*) read, are reading
lee	he, she reads, is reading
leemos	we read, are reading
leéis	you (*pl.*) read, are reading
leen	they read, are reading

NOTES

1. **Tengo ganas de leer un rato**: 'I want (*or* I would like) to read for a while.'
5. **El mío es el pequeño**: 'Mine is the small one.' Adjectives become nouns simply by using them with the article:

el libro pequeño	the small book
el pequeño	the small one

Remember that in Spanish the possessive pronoun requires the definite article (except after the verb ser).

8. **¿Qué?**: 'What?' Note that this can be used interrogatively in two different ways:

(1) as a pronoun:

¿Qué tienes?	What have you got?
¿Qué lees?	What are you reading?

LESSON 10

(2) as an adjective:

¿Qué clase de libro es? What kind of book is it?
¿Qué libro lees? What book are you reading?

10. ¿Cómo es?: 'What is it like?'

12. ¡Divertida una novela policíaca!: 'A detective novel amusing!' In exclamatory sentences the adjective frequently comes at the beginning for emphasis.
Creo que las novelas de esta clase son muy aburridas: 'I think (that) novels of this kind are very boring.'

Note: (1) although 'that' may be omitted in English, que must never be omitted in Spanish.
(2) in Spanish the definite article must be used when referring to a whole class or kind.

14. Si: 'If.' Si (without an accent) means 'if' or 'whether'; sí (with an accent) means 'yes.'

15. Si no tiene ... aburridas: here the subject pronouns of tiene (el), and of están and son (ellas), have been omitted, but there is no confusion as tiene is singular and refers to el autor, while están and son, being plural and followed by feminine adjectives, obviously refer to las novelas.

19. Tienes razón: 'You are right.' Tener followed by a noun is often used as the equivalent of the verb 'to be' followed by an adjective. Thus tener razón is 'to be right.'

20. tenga: the subjunctive form of tiene. The subjunctive will be explained in later lessons.

EXERCISES

I. *Put the verb (the infinitive is in brackets) into its correct form:*

1. Ellas (leer) un libro bonito. 2. Pedro (fumar) cigarrillos. 3. Yo (exagerar) mucho. 4. Ellos (comprar) un libro. 5. Tú (tener) razón. 6. El no (creer) eso. 7. Vosotros (pasar) el rato. 8. Ella (ser) buena. 9. Tú (llenar) la casa. 10. Nosotros (tener) ganas de (leer).

LESSON 10

II. *Answer the following questions:*

1. ¿De qué tiene ganas Pedro? 2. ¿Dónde está su libro? 3. ¿Es divertida su novela? 4. ¿Está bien escrita? 5. ¿Qué clase de libro es? 6. ¿Es bonita esa clase de libros? 7. ¿Cuánto fuma Pedro todos los días? 8. ¿Es grande el dormitorio de los padres? 9. ¿Dónde compra Pedro los cigarrillos? 10. ¿Qué hay en el estanco?

III. *Put into the interrogative form:*

1. Nuestros padres son Carmen y Pedro. 2. Los cigarrillos están sobre la mesa del comedor. 3. Tú tienes un dormitorio grande con dos ventanas. 4. En nuestra casa hay nueve puertas. 5. Mis hijos no fuman. 6. Tengo razón. 7. Ella compra muchas cosas. 8. Los niños son grandes. 9. La madre lee mucho. 10. Ellos exageran mucho.

IV. *Prefix the indefinite article to the following:*

1. autor; 2. clases; 3. cuestión; 4. imaginación; 5. novelas; 6. cocina; 7. padre; 8. habitación; 9. hermano; 10. chimeneas.

V. *Read and translate into English:*

1. El fuma muchos cigarrillos todos los días. 2. ¿Exageran mucho? 3. Esa novela policíaca es muy divertida. 4. ¿Quién tiene razón? 5. Ese autor tiene mucha imaginación y escribe bien. 6. ¿Dónde tienes los cigarrillos? 7. Esos libros son muy aburridos. 8. La cuestión es pasar el rato. 9. No hay libro malo que no tenga algo bueno. 10. Mal de muchos, consuelo de tontos.

LESSON 11

VOCABULARY

a	to
el animal	animal
difícil	difficult
enseñar	to teach
entonces	then
escribir	to write
eso (*n. pron.*)	that
fácil	easy
hablar	to speak
ladrar	to bark
listo, -a	clever
maullar	to mew
meter	to put (in)
la pata	leg (of animals and furniture)
la persona	person; *pl.* people
la pierna	leg (of persons)
¿por qué?	why?
porque	because
siempre	always
tampoco	neither
torpe	stupid, clumsy
la voz	voice

IDIOMATIC EXPRESSIONS

meter la pata	to put one's foot in it
¡Qué rabia!	How annoying!

Perros y gatos

1 PILAR: Juan, ¿por qué no hablan los gatos?
JUAN: Eso es muy fácil. Porque no tienen voz.
PILAR: Sí que tienen voz, porque maúllan.
JUAN: Bueno, maúllan, pero no hablan. También los
5 perros ladran y eso tampoco es hablar.
PILAR: Yo tengo ganas de enseñar a hablar a mi gato.
JUAN: Muy bien. Entonces yo enseño a escribir a mi perro.
PILAR: Eso es muy difícil, porque Canelo no tiene manos.
10 JUAN: ¿Y qué? Canelo es muy listo, y además tiene patas.
PILAR: No son patas, son piernas.
JUAN: Eres muy torpe. Los animales no tienen piernas. Solamente las personas tienen piernas.

PILAR: ¡Qué rabia! Siempre meto la pata.
15 CARMEN: Niños, ¿dónde está Canelo?
JUAN: Está con el gato en aquel sillón.
CARMEN: ¿Por qué ladra ahora?
PILAR: Porque no está cómodo.
JUAN: Tiene razón mi hermana. Ese sillón es muy
20 pequeño.

LESSON 11

53

GRAMMAR

VERBS: THE THIRD CONJUGATION. This consists of verbs whose infinitives end in **-ir**. As with the verbs of the first and second conjugations, only the ending changes when the verb is conjugated. This group has fewer verbs than the other two and only one, **escribir**, has been used in this lesson. Here is the present tense:

escribir	to write
escribo	I write, am writing
escribes	you (*s.*) write, are writing
escribe	he, she writes, is writing
escribimos	we write, are writing
escribís	you (*pl.*) write, are writing
escriben	they write, are writing

NOTES

1. **¿por qué no hablan los gatos?**: 'why don't cats (*i.e.* cats in general) talk?' Remember that the definite article must be used when referring to a whole class or kind.
   ¿Por qué? (two words with an accent on the qué) is 'why?'; **porque** (one word with no accent) is 'because':

¿Por qué lees novelas policíacas?	Why do you read detective novels?
Porque son divertidas.	Because they are amusing.

2. **Eso es muy fácil**: 'That is very easy.' Eso (neuter) is 'that' referring to abstract things or to sentences and is not used with a following noun as ese and esa are:

Ese libro es divertido.	That book is amusing.
Esa pluma es mía.	That pen is mine.
¿Qué es eso?	What is that?

LESSON II

54

Esto (this) and aquello (that) are similarly used (see lesson 7).

Porque no tienen voz: 'Because they haven't a voice.'

3. Sí que tienen voz: 'They *have* got a voice.'
Sí que + verb is an emphatic form of the affirmative and is usually used to contradict a negative statement:

No es difícil.	It is not difficult.
Sí que es difícil.	It *is* difficult.
Tú no fumas.	You don't smoke.
Sí que fumo.	I *do* smoke.

10. ¿Y qué?: 'So what?' This is a very common expression in Spanish.
16. aquel: denotes that the chair is neither near Carmen nor near Juan.
18. está: note the use of the verb estar to indicate a temporary state.

EXERCISES

I. *Translate into Spanish:*

1. Do dogs speak? 2. I do not agree. 3. Have cats a voice?
4. That is not very difficult. 5. Cats have legs. 6. Men have legs. 7. How annoying! 8. You always put your foot in it.
9. What are you writing? 10. I think that's very boring.

II. *Put in the definite article:*

1. animal; 2. gato; 3. mano; 4. voz; 5. patas; 6. perros;
7. autor; 8. clase; 9. cuestión; 10. imaginación.

III. *Finish these questions and answer them:*

1. ¿Cuántos cigarrillos ____? 2. ¿Por qué no hablan ____ ____?
3. ¿Es divertida una ____ policíaca? 4. ¿Dónde ____ ____ libro?
5. ¿Qué clase de libro ____? 6. ¿Está bien ____ ____ novela?
7. ¿Cómo fuma ____? 8. ¿Dónde compra ____ ____ cigarrillos?
9. ¿Tienen voz ____ ____? 10. ¿Tienen piernas ____ ____?

IV. *Give the plural of:*

1. Una casa bonita. 2. Cuarto de baño. 3. ¿Cuánto?
4. Mucha. 5. Autor. 6. Novela policíaca. 7. Clase. 8. Tengo razón. 9. Es grande. 10. La novela aburrida.

LESSON 12

VOCABULARY

algo (*adv.*)	somewhat, rather
barrer	to sweep
callado, -a	quiet, silent
cansado, -a	tired
cansar	to tire
el compañero	companion
coser	to sew
cuando	when
guisar	to cook, stew
lavar	to wash
limpiar	to clean
llegar	to arrive
más	more
la noche	night
que	than
seguro, -a	sure
trabajar	to work
el trabajo	work

IDIOMATIC EXPRESSIONS

cuando llega la noche	when night falls
de noche	at night
desde luego	of course
tener que	to have to

LESSON 12

El trabajo

1 CARMEN: Estoy muy cansada.
PEDRO: Y ¿por qué?
CARMEN: Porque trabajo mucho.
PEDRO: ¿En qué trabajas?
5 CARMEN: En casa.
PEDRO: Pero el trabajo de casa no cansa.
CARMEN: Eso crees tú. Las mujeres trabajamos mucho más que los hombres. Tenemos que lavar, coser, limpiar, guisar . . .
10 PEDRO: Eso no cansa como nuestro trabajo. Las mujeres lavan y hablan, barren y hablan, limpian . . .
CARMEN: Y tú también hablas con tus compañeros, escribes, fumas y pasas el rato divertido. De eso estoy segura.

15 PEDRO: Desde luego, no estoy todo el día callado, pero cuando trabajo, trabajo mucho, y cuando llega la noche . . .
CARMEN: Estás también muy cansado.
PEDRO: Tienes razón. Por eso de noche solamente estoy
20 bien en la cama.

LESSON 12

PILAR: Mamá, ¿están mis manos limpias?
CARMEN: No, hija mía. Están algo sucias.
PEDRO: Creo que ahora tienes un nuevo trabajo: lavar las manos de tu hija.

GRAMMAR

COMPARISONS OF INEQUALITY. These are formed by putting **más** (more) before the adjective and **que** (than) after it:

Soy más alta que mi hermana.	I am taller than my sister.
Este vaso está más limpio que aquél.	This glass is cleaner than that one.
Tiene más hijos que su hermana.	She has more children than her sister.

NOTES

6. **el trabajo de casa:** 'housework.'
7. **Eso crees tú:** 'That's what you think.' The neuter **eso** is used here because it refers to a statement and not to a specific noun. **Tú** is used for emphasis.
   Las mujeres trabajamos mucho más: 'We women work much harder (*lit:* much more).'
8. **Tenemos que lavar:** 'We have to wash.' **Tener que** means 'to have to' or 'must' and is followed by an infinitive:

Tengo que escribir una carta.	I must write a letter.
Tiene que coser.	She has to sew.

10. **Eso:** here refers to the idea of washing, cleaning, etc.
19. **Por eso:** 'That is why.'

LESSON 12

EXERCISES

I. *Put the verb in brackets into the correct form:*

1. El (trabajar) mucho. 2. El trabajo (cansar) bastante. 3. Las mujeres (coser). 4. Yo (lavar) las manos de mi hija. 5. Nosotros (limpiar) la casa. 6. Cuando (llegar) la noche. 7. Vosotros (escribir) poco. 8. Tú (tener) que (limpiar) la habitación. 9. El perro (ladrar) mucho. 10. Ella (meter) la pata.

II. *Put in the missing words:*

1. ____ es muy fácil. 2. ¿____ ____ no hablan los perros? 3. Tengo ganas____ enseñar____ hablar____ mi gato. 4. También ____ los perros. 5. Los animales no tienen piernas; tienen ____. 6. Escribo ____ la mano. 7. La cuestión es pasar el ____. 8. No estoy ____ acuerdo. 9. Creo que ____ razón. 10. ¿Está bien ____ esta novela?

III. *Answer the following questions:*

1. ¿Por qué está Carmen cansada? 2. ¿Dónde trabaja Carmen? 3. ¿Hablan mucho las mujeres? 4. ¿Fuma Pedro? 5. ¿Fuma Juan? 6. ¿Trabajan más los hombres que las mujeres? 7. ¿Cosen los hombres? 8. ¿Hablan los gatos? 9. ¿Por qué no escriben los perros? 10. ¿Tienen piernas los animales?

IV. *Translate into Spanish:*

1. They (*f.*) are very tired. 2. Do you work hard? 3. They (*f.*) have to wash, sew and clean the house. 4. He is speaking to his companion. 5. Housework does not tire. 6. When they work, they work hard. 7. They have to wash their hands. 8. Do women speak a lot? 9. Yes, they speak more than men do. 10. Why is daddy tired?

LESSON 13

VOCABULARY

la **aguja**	hand (of clock)
¡ay!	oh!
cada	each
¿cuándo?	when?
el **cuarto**	quarter
doce	twelve
entender (ie)	to understand
esto (*n. pron.*)	this
el **hambre** (*f.*)	hunger
la **hora**	hour; time
indicar	to indicate, show
lo	it
medio, -a	half
menos	to (of time)
merendar (ie)	to have an afternoon snack
el **minuto**	minute
mirar	to look (at)
el **número**	number
para	for
el **punto**	dot
el **reloj**	watch, clock
ver (*irr.*)	to see
ya	already

IDIOMATIC EXPRESSIONS

en punto	sharp, exactly (of time)
¿Qué hora es?	What time is it? What is the time?
tener hambre	to be hungry

La hora

1 PILAR: Juan, ¿qué hora es?
JUAN: ¿No ves el reloj?
PILAR: Sí, pero no lo entiendo.
JUAN: Son las seis en punto. ¿No ves que la aguja
5   pequeña está en las seis y la grande en las doce?
PILAR: ¿Y eso indica que son las seis?
JUAN: Desde luego. Cuando la aguja grande está en las doce, siempre indica que es la hora en punto
PILAR: ¿Y cuándo es la media?
10 JUAN: Cuando la aguja está en las seis. Mira, ya son las seis y cinco.

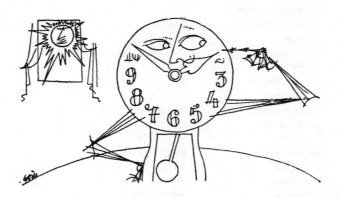

PILAR: Pero la aguja grande no está en las cinco; está en la una.
JUAN: ¡Pero qué torpe eres! Cada número en el reloj
15   son cinco minutos para la aguja grande y una hora para la pequeña.
PILAR: ¿Y cuándo son las seis y cuarto?
JUAN: Cuando la aguja grande está en las tres. Y son menos cuarto cuando está en las nueve.
20 PILAR: Esto es muy difícil. ¿Es la hora de merendar?

LESSON 13

JUAN: Sí.
PILAR: Yo tengo hambre.
JUAN: Y yo también.

GRAMMAR

A. RADICAL-CHANGING VERBS. Many verbs, while remaining the same as regular· verbs in their endings, change the vowel of their stem when the word stress falls upon it. In the present indicative this occurs in the singular and in the third person plural. The vowel e changes to ie, as in **merendar** (to have an afternoon snack) and in **entender** (to understand):

-ar endings	-er endings
meriendo	entiendo
meriendas	entiendes
merienda	entiende
merendamos	entendemos
merendáis	entendéis
meriendan	entienden

(Radical-changing verbs will in future be indicated in the vocabulary, the stressed form of the vowel being shown in brackets after the verb.)

B. Ver (to see) is an irregular verb. In the present tense its only irregularity is in the first person singular:

veo
ves
ve
vemos
veis
ven

C. TIME. ¿Qué hora es?: 'What is the time?' When it is one o'clock the answer is: Es la una. For all the other hours the verb in the plural is used: Son las dos, son las tres, etc.

LESSON 13

For the minutes after the hour **y** is used; for the minutes to the hour **menos**.

Es la una	It is one o'clock
,, ,, **una y cinco**	,, ,, 1.5
,, ,, **una y diez**	,, ,, 1.10
,, ,, **una y cuarto**	,, ,, 1.15
,, ,, **una y veinte**	,, ,, 1.20
,, ,, **una y veinticinco**	,, ,, 1.25
,: ,, **una y media**	,, ,, 1.30 '
Son las dos menos veinticinco	,, ,, 1.35
,, ,, **dos menos veinte**	,, ,, 1.40
,, ,, **dos menos cuarto**	,, ,, 1.45
,, ,, **dos menos diez**	,, ,, 1.50
,, ,, **dos menos cinco**	,, ,, 1.55
,, ,, **dos**	,, ,, two o'clock
,, ,, **dos y cinco**	,, ,, 2.5
,, ,, **dos y diez**	,, ,, 2.10

NOTES

4. **Son las seis . . . la aguja pequeña está en las seis:** 'It is six o'clock . . . the small hand is on six.' Notice that the definite article is used with the hour.

6. **eso:** refers to the previous sentence and consequently the neuter form is used.

9. **¿Y cuando es la media?:** 'And when is it half-past?'

10. **Mira:** 'Look.' This is the imperative which will be explained in later lessons.

   ya: 'already.' This can be placed before or after the verb.

14. **Cada número en el reloj son cinco minutos:** 'Each number of the clock is five minutes.' The verb 'to be' usually agrees with the subject, but when the complement is plural, the verb is often plural also. Notice that **cada,**

LESSON 13   63

though an adjective, has the same form for masculine and
feminine.

20. **Esto es muy difícil:** 'This is very difficult.' The use of
the neuter **esto** is similar to that of **eso** (see lesson 11, line 2).
¿Es la hora de merendar? 'Is it tea-time?' As supper is
not generally had until about ten o'clock, all children and
many adults have a snack at about six.

22. **Yo tengo hambre:** 'I'm hungry.' This is another example
of **tener** followed by a noun where in English we use the
verb 'to be' followed by an adjective. Note the emphatic
use of **yo**.

EXERCISES

I. *Put in the missing words:*

1. Ellos ____ hambre. 2. ¿Qué hora ____? 3. Son las cuatro
____ ____. 4. La aguja ____ indica las horas. 5 La aguja ____
indica los minutos. 6. Pilar siempre ____ la pata. 7. ¡____
rabia! 8. El enseña ____ su hijo. 9. Tengo ____ mano sobre
la mesa. 10. ¿____ la hora de merendar?

II. *Translate into Spanish:*

1. What time is it? 2. It is one o'clock. 3. It is a quarter past
two. 4. It is half past seven. 5. It is a quarter to nine. 6. I
am very hungry. 7. She is looking at the book. 8. They don't
understand. 9. Can you see the clock? 10. Yes, it is on the
table.

III. *The time:*

¿Qué hora es? Son las: 2,5; 6,55; 12,50; 3,10; 4,30; 7,50;
6,15; 9,45; 8,20; 5,25; 9,30; 10,40.
(Note that a comma is used where in English we use a full stop.)

IV. *Give the opposite of:*

1. difícil; 2. listo; 3. porque; 4. aburrido; 5. esto; 6. vacío;
7. bien; 8. marido; 9. mucho; 10. hermano.

LESSON 14

VOCABULARY

adiós	good-bye
hasta	until
¡hola!	hullo!
ir (*irr.*)	to go
luego	then, afterwards, soon
llamar	to call; to knock
mismo, -a	same, very
el momento	moment
la oficina	office
poder (ue)	can, may, to be able
querer (ie)	to want; to love
la tarde	afternoon, early evening
el teléfono	telephone
terminar	to end, finish
el timbre	bell (of telephone, door, etc.)
usted	you (*s. resp.*)
venir (*irr.*)	to come

IDIOMATIC EXPRESSIONS

ahora mismo	this very minute, at once
buenos días	good morning
del todo	completely
hasta luego	until later, so long
¿Qué tal estás?	How are you?

En el teléfono

1 CARMEN: Juan, ¿llaman a la puerta?
  JUAN: No, mamá. Es el timbre del teléfono.

  CARMEN: ¿Con quién hablo?
  CARLOS: Soy Fernández.
5 CARMEN: Buenos días, señor Fernández. Soy Carmen. ¿Cómo está usted?

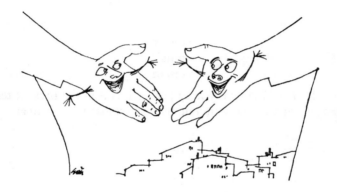

  CARLOS: Muy bien, señora; ¿y usted?
  CARMEN: Muy bien, gracias.
  CARLOS: ¿Puedo hablar un momento con su marido?
10 CARMEN: Sí, ahora mismo viene. Pedro...

  PEDRO: ¡Hola, Carlos! ¿Qué tal estás?
  CARLOS: No del todo mal. ¿Puedes venir esta tarde a casa? Quiero que hablemos de una cosa.
  PEDRO: Esta tarde no puedo. Tengo que ir a la oficina.
15 CARLOS: ¿A qué hora terminas en la oficina?
  PEDRO: Termino a las seis y media.
  CARLOS: ¿Entonces podemos hablar a esa hora?
  PEDRO: De acuerdo. Voy a tu casa a las ocho menos cuarto.

LESSON 14

20 CARLOS: Hasta la noche, entonces.
 PEDRO: Adiós. Hasta luego.

GRAMMAR

A. (1) **Venir** (to come) is an irregular verb and is conjugated in the present tense as follows:

> **vengo**
> **vienes**
> **viene**
> **venimos**
> **venís**
> **vienen**

(2) **Ir** (to go) is a very irregular verb and in the present tense changes not only the stem but also the regular verb endings:

> **voy**
> **vas**
> **va**
> **vamos**
> **vais**
> **van**

Ir followed by **a** and an infinitive translates 'to be going to':

> **Voy a comprar un libro.** I am going to buy a book.
> **Van a telefonear.** They are going to telephone.

B. THE SECOND PERSON. In Spanish there are two forms of addressing the second persons singular and plural. The first form, which we have already learnt, is the familiar one (**tú**, **vosotros** and **vosotras**), used among friends and relatives. The second form is **Vd.** (singular), which is short for **usted**, and **Vds.** (plural), which is short for **ustedes**; this form is used among strangers and acquaintances and where there is any kind of difference in rank or society. The difficulty is that though **Vd.**

LESSON 14

and **Vds.** are second person pronouns they always go with the third person of the verb:

Tú estás en la casa.	You (*s. fam.*) are in the house.
Vd. está en la casa.	You (*s. resp.*) are in the house.
Vosotros tenéis razón.	You (*pl. fam.*) are right.
Vds. tienen razón.	You (*pl. resp.*) are right.

The possessive adjectives and pronouns are also those of the third person:

Vd. tiene un libro; es su libro; el libro es suyo.
Vds. tienen un libro; es su libro; el libro es suyo.

De Vd. and **de Vds.** may be used in the same way as **de él, de ella,** etc., if the meaning of **su** and **suyo** is not clear from the context:

¿Es éste su libro (de Vd.)?   Is this your book?

NOTES

1. **¿llaman a la puerta?**: 'is somebody knocking at the door?' The impersonal subject which is expressed in English by 'it,' 'they' or 'somebody' is often expressed in Spanish by the third person plural without a subject.

3. **¿Con quién hablo?**: 'Who's speaking?' (*lit*: 'With whom am I speaking?')

5. **Buenos días**: 'Good morning.' This is used until lunch which in Spain is taken at about two o'clock; after lunch and until night falls **Buenas tardes** is used; after dark the greeting is **Buenas noches**.

9. **¿Puedo hablar?**: 'May I speak?' **Poder** means 'can,' 'may' and 'to be able' and is followed by the infinitive.

11. **¿Qué tal estás?**: 'How are you?' Very often the verb is omitted leaving just **¿Qué tal?** The more formal way of saying this is **¿Cómo está Vd.?** (line 6).

68 LESSON 14

12. **No del todo mal:** 'Not too bad.' **Del todo** means 'completely.'

13. **Quiero que hablemos de una cosa:** 'I want us to speak about something.' **Hablemos** is the subjunctive mood; see lesson 30, A (1).

18. **De acuerdo:** 'I agree.' The verb (**estoy**) is often omitted. **Voy a tu casa:** 'I shall go to your house.' The present tense in Spanish can very often be used for the future.

21. **Adiós. Hasta luego:** 'Good-bye. So long.' This combination, though a redundancy, is quite common in Spanish.

EXERCISES

I. *Answer the following questions:*

1. ¿Con quién habla Carmen? 2. ¿Cómo está Vd.? 3. ¿Con quién quiere hablar el Sr. Fernández? 4. ¿Puede ir Pedro a casa del Sr. Fernández? 5. ¿Qué quiere el Sr. Fernández? 6. ¿Qué tiene Pedro que hacer? 7. ¿A qué hora termina Pedro en la oficina? 8. ¿A qué hora va Pedro a casa del Sr. Fernández? 9. ¿Quiénes hablan por teléfono? 10. ¿Está Pedro de acuerdo?

II. *Give the opposite of:*

1. bien; 2. aburrido; 3. difícil; 4. bueno; 5. limpio; 6. listo; 7. por qué; 8. pequeña; 9. venir; 10. sucios.

III. *Translate into Spanish choosing between the familiar and the respectful forms:*

1. You're quite tall. 2. This is not your book. 3. How do you do? 4. May I speak to your husband? 5. How stupid you are! 6. Where are you, Pilar? 7. Are you in the sitting-room, John? 8. Children, what are you buying?

IV. *Give the correct verb form for the infinitive in brackets:*

1. Tú (ser). 2. Vds. (estar). 3. Vosotras (vivir). 4. Vd. (tener). 5. Vosotros (estar). 6. Vds. (ser). 7. Tú (trabajar). 8. Vd. (coser).

LESSON 15

VOCABULARY

la abuela	grandmother
el abuelo	grandfather
los abuelos	grandparents
allí	there
aquí	here
casado, -a	married
hacer (*irr.*)	to do; to make
el lado	side
el mar	sea
ni ... ni	neither ... nor
la nieta	grand-daughter
el nieto	grandson
pobre	poor
el primo, la prima	cousin
rico, -a	rich
la sobrina	niece
el sobrino	nephew
soltero, -a	unmarried, single
la tía	aunt
la tienda	shop
el tío	uncle
la verdad	truth
vivir	to live

IDIOMATIC EXPRESSIONS

al otro lado	on the other side
claro (que sí)	of course
¿(no es) verdad?	isn't it? (etc.)

LESSON 15

La familia

1 PILAR: Mamá, ¿tengo abuela?
CARMEN: Claro que sí.
PILAR: ¿Y dónde está?
CARMEN: La abuela vive en América, con el abuelo.

5 PILAR: ¿Dónde está América?
CARMEN: Al otro lado del mar.
PILAR: ¿Qué hacen allí?
CARMEN: Viven con los tíos, que tienen una tienda.
PILAR: ¿También tengo tíos en América?
10 CARMEN: Sí, tienes un tío casado y dos tías solteras.
PILAR: ¿Són ricos?
CARMEN: Ni ricos ni pobres. Son como nosotros.
PILAR: Y aquí en España, ¿tengo tíos?
CARMEN: Sí, tienes dos tíos y dos tías.
15 PILAR: ¿Son casados también?
CARMEN: Los tíos, sí; pero las tías, no.
PILAR: ¿Qué son tuyos los tíos?
CARMEN: Los de América son mis hermanos, y los de España son hermanos de papá.
20 PILAR: ¿Y tienen hijos los tíos de América?

LESSON 15

CARMEN: Sí, tienen dos hijos, que son tus primos.
PILAR: Y tuyos, ¿qué son?
CARMEN: Son mis sobrinos.
PILAR: ¿Tengo muchos primos?
25 CARMEN: Sí, tienes tres primos y cuatro primas.
PILAR: ¿Y yo qué soy de la abuela?
CARMEN: Tú eres su nieta. Tu abuela tiene nueve nietos;
tú, Juan y tus siete primos.
PILAR: Somos una familia muy grande, ¿verdad?
30 CARMEN: Sí, hija, bastante grande.

GRAMMAR

Hacer (to do, to make) is an irregular verb. In the present tense its only irregularity is in the first person singular:

> hago
> haces
> hace
> hacemos
> hacéis
> hacen

NOTES

1. ¿tengo abuela?: 'have I a grandmother?' The indefinite article un(o), -a, so closely associated with the numeral, is omitted when a class of people or things is being referred to and when there is no emphasis on the number:

| | Tengo abuela. | I have a grandmother. |
| BUT | Tengo una abuela. | I have one grandmoth⸗ |

2. Claro que sí: 'Of course you have.'
4. La abuela vive en América, con el abuelo⸗

LESSON 15

grandmother lives in America, with your grandfather.'
Notice the use of the definite article in preference to the
possessive adjective.

6. **Al:** a and **el** are joined together to form **al** (to the). This
   does not occur with the other articles:

Voy al comedor.	I am going to the dining-room.
Voy a la oficina.	I am going to the office.

8. **los tíos:** notice again the use of the definite article instead
   of the possessive adjective.

16. **Los tíos, sí; pero las tías, no:** 'Your uncles are, but your
    aunts aren't.' Very often **sí** and **no** are used alone where
    in English we use a verb.

17. **¿Qué son tuyos los tíos?:** 'What relationship have my
    uncles to you?' This is a very idiomatic expression; it is
    repeated in line 22: **Y tuyos, ¿qué son?** and in line 26: **¿Y
    yo qué soy de la abuela?**

18. **Los de América:** 'The ones in America.' In the same way
    we have **el de, la de** and **las de:**

El de papel es mío.	The paper one is mine.
La del despacho es buena.	The one in the study is good.
Las del comedor son tuyas.	Those in the dining-room are yours.

26. **yo:** used for emphasis.
29. **¿verdad?:** 'aren't we?'

EXERCISES

I. *Give the correct verb forms:*

1. El (comprar, escribir, leer). 2. Yo (fumar, vivir, creer).
3. Nosotros (trabajar, escribir, coser). 4. Tú (ser, hablar, ir).
5. Vosotros (estar, hacer, poder). 6. Ellos (tener, venir,
terminar).

LESSON 15

73

II. *Give the feminine of:*

1. poco; 2. fácil; 3. niños; 4. sucio; 5. limpios; 6. todo; 7. unos; 8. feos; 9. cuánto; 10. bonitos.

III. *Put the verb in brackets into the correct form:*

1. Yo (ir) a casa. 2. Tú (poder) fumar. 3. El (querer) ir. 4. Vd. (venir) todos los días. 5. Nosotros (terminar) a las ocho. 6. Vosotros (poder) comprar un libro. 7. Vosotros (venir) ahora. 8. Vds. (comprar) mucho. 9. Ellos (leer) un libro. 10. Ellas (escribir) poco.

IV. *Conjugate in the present tense:*

1. estar; 2. tener; 3. escribir; 4. comprar; 5. coser; 6. querer; 7. venir; 8. ir.

LESSON 16

VOCABULARY

beber	to drink
casi	nearly
la copa	glass
dejar	to leave
dulce	sweet
encantado, -a	delighted
el favor	favour
la idea	idea
el jerez	sherry
mañana	tomorrow
por	by
pronto	soon, early
el pueblo	village
pues	then
puntual	punctual
salir (*irr.*)	to go out
seco, -a	dry
tarde	late
el viaje	journey
el vino	wine

IDIOMATIC EXPRESSIONS

¡Caramba!	Good heavens!
por favor	please

Hablan dos amigos

1 CARLOS: Caramba, Pedro, ¡qué puntual eres!
PEDRO: ¿Qué hora es, pues?
CARLOS: Son casi las ocho menos cuarto.
PEDRO: Ahora tenemos poco trabajo en la oficina y salimos
5 muy pronto.
CARLOS: ¿A qué hora sales, entonces?
PEDRO: A las siete y media.
CARLOS: ¿Quieres una copa de vino?
PEDRO: Sí, muchas gracias; pero, por favor, solamente
10 una. Es muy tarde para beber.

CARLOS: ¿Qué vino quieres?
PEDRO: Un poco de jerez.
CARLOS: ¿Dulce o seco?
PEDRO: Seco, por favor. Bueno, ¿y qué quieres?
15 CARLOS: Mi mujer y yo vamos a hacer un viaje a Alicante.
¿Queréis venir con nosotros?
PEDRO: Encantados, pero creo que no podemos. ¿Qué
hacemos con los niños?
CARLOS: Los nuestros van a ir al pueblo mañana, a casa de
20 los abuelos. ¿Por qué no dejáis a los vuestros
con la muchacha?
PEDRO: No es mala idea. Si Carmen quiere, de acuerdo.

LESSON 16

GRAMMAR

A. THE PERSONAL **a.** The direct object is preceded by **a** when it is a noun or a strong pronoun referring to a particular person; when referring to animals, **a** is used only if the animal is a particular known one, and is therefore considered to possess a personality:

Vemos a tu hermana.	We can see your sister.
Vemos el gato.	We can see the cat.
El niño quiere a su perro.	The boy loves his dog.

B. The following object pronouns are used after prepositions:

mí	me
ti	you (*s. fam.*)
Vd.	you (*s. resp.*)
él	he, it
ella	she, it
nosotros	us
vosotros	you (*pl. fam.*)
Vds.	you (*pl. resp.*)
ellos	them

Ella tiene lápices para mí.	She has pencils for me.
Vamos a venir con vosotros.	We are going to come with you.

C. **Salir** (to go out, to leave) is an irregular verb. In the present tense its only irregularity is in the first person singular when it adds a **g** to the stem:

salgo
sales
sale
salimos
salís
salen

LESSON 16

77

NOTES

1. **Caramba**: 'I say!' 'Good heavens!' This is a very common exclamation of surprise.
   ¡qué puntual eres!: 'how punctual you are!'
17. **¿Qué hacemos con los niños?**: 'What shall we do with the children?' This is another instance of the present tense used for the future.
20. **a los vuestros**: note the use of the personal **a** before the pronoun referring to particular children.

EXERCISES

I. *Put in the correct possessive pronoun instead of the personal pronoun shown in brackets:*

1. Esos libros son (yo). 2. Esas casas son (ella). 3. Los cigarrillos son (tú). 4. Esta habitación es (nosotros). 5. La silla es (ellos). 6. Los cuadros son (vosotros). 7. El despacho es (vosotras). 8. La pelota es (yo). 9. Las casas son (tú). 10. Las muñecas son (él).

II. *Put into the third person (a) singular masculine; (b) plural feminine:*

1. Yo salgo pronto de la oficina. 2. Tú haces un viaje. 3. Yo puedo escribir a mis abuelos. 4. Nosotros vamos a nuestra casa. 5. Vosotros venís pronto. 6. Queremos nuestros libros. 7. Llamáis a vuestros amigos. 8. Leo mi libro. 9. Vosotros pasáis el rato. 10. Tú tienes razón.

III. *Give the masculine of:*

1. Ella deja a las niñas con la abuela. 2. La madre habla mucho. 3. Vosotras sois malas. 4. Nosotras estamos aburridas. 5. La niña pequeña es lista. 6. La hija lee mal. 7. La gata maúlla. 8. Ella escribe bien. 9. La mujer es mala. 10. Ella habla con la señora.

LESSON 16

IV. *Translate into Spanish:*

1. Are they knocking at the door? 2. He is just coming. 3. Good-bye, until tonight. 4. Hullo, how are you? 5. May I speak to Sr. Fernández? 6. He must go to the office. 7. She is clever. 8. You don't smoke a lot. 9. I must go home. 10. It is half-past two.

LESSON 17

VOCABULARY

andar (*irr*.)	to walk
aunque	although
entretenido, -a	entertaining
la fiesta	public holiday, feast, fiesta
fuera	away
gustar	to please
menos	less
o	or
pensar (ie)	to think
por	because of
rápidamente	quickly
saber (*irr*.)	to know
la semana	week
el sitio	place, room
tan	so
el tiempo	time
el tren	train
viajar	to travel

IDIOMATIC EXPRESSIONS

a propósito	by the way
buenas noches	good night
en tren	by train
la semana que viene	next week
puede ser	perhaps, maybe

LESSON 17

La semana que viene

1 PEDRO: ¿Cuántos días pensáis estar fuera?
CARLOS: Unos cinco días más o menos.
PEDRO: No sé si voy a poder, por la oficina.
CARLOS: Hay dos fiestas la semana que viene.
5 PEDRO: Pues entonces sí, porque la idea me gusta mucho.
CARLOS: A nosotros también nos gusta y creo que le va a gustar a tu mujer.
PEDRO: No estoy muy seguro. A ella no le gusta mucho viajar.
10 CARLOS: Pero es muy poco tiempo. De aquí a Alicante solamente son diez o doce horas.
PEDRO: ¡Tan poco! Creo que es algo más.
CARLOS: Puede ser, pero el viaje en tren a Alicante es bastante entretenido.
15 PEDRO: Sí, es entretenido, aunque los viajes en tren cansan.
CARLOS: Pero hay sitio para andar y el tiempo pasa rápidamente.

PEDRO: A propósito, ¿qué hora es?
20 CARLOS: Son casi las nueve y media.
PEDRO: Entonces tengo que ir a casa. Ya es tarde.

LESSON 17

81

CARLOS: Buenas noches.
PEDRO: Adiós, hasta mañana.

GRAMMAR

A. INDIRECT OBJECT PRONOUNS:

me	(to) me
te	(to) you
le	(to) him, her, it, you
nos	(to) us
os	(to) you
les	(to) them, you

These precede the verb except when it is an infinitive, gerund or imperative, in which cases they not only come after the verb, but are joined to it to form a single word:

Yo les hablo.	I speak to them (*or* you).
Ella nos enseña español.	She is teaching us Spanish.
Quiero hablarle.	I want to speak to him (*or* her *or* you).
Mi amigo va a escribirme una carta.	My friend is going to write me a letter.

They may also be used in certain cases where in English we use 'for' or 'from':

Ella va a prepararme la comida.	She is going to get lunch for me.
Ellos le compran tabaco.	They buy tobacco for him (*or* her *or* you).
Queremos comprarte la casa.	We want to buy the house from you.

To avoid any confusion as to the meaning of **le** and **les**, a followed by a pronoun is sometimes placed after the verb:

LESSON 17

| Ella quiere escribirle una carta a Vd. | She wants to write you a letter. |
| Yo les hablo a ellos. | I speak to them. |

B. The verb **gustar** (to please) is commonly used to express the verb 'to like'; it takes an indirect object:

Le gustan los cigarrillos.	He likes cigarettes. (*lit*: Cigarettes are pleasing to him.)
¿Te gusta la idea?	Do you like the idea? (*lit*: Is the idea pleasing to you?)
Sí, me gusta.	Yes, I do. (*lit*: Yes, it is pleasing to me.)

C. **Saber** (to know) is an irregular verb; in the present tense its only irregularity is in the first person singular:

> sé
> sabes
> sabe
> sabemos
> sabéis
> saben

NOTES

1. **¿Cuántos días pensáis estar fuera?**: 'How many days do you intend to be away?' Pensar is often used in Spanish with the idea of 'to intend' or 'to propose.'
2. **Unos cinco días más o menos**: 'About five days more or less.'
3. **No sé si voy a poder, por la oficina**: 'I don't know whether I shall be able to, on account of the office.'
4. **la semana que viene**: *lit*: 'the week that is coming,' *i.e.* 'next week.'
5. **entonces sí**: 'in that case, I shall be able to.' Note the use of **sí** instead of the verb.
6. **le va a gustar a tu mujer**: 'your wife is going to like it.'

LESSON 17

If an object noun (or strong pronoun) *precedes* the verb, it *must* be repeated in pronoun form:

A tu mujer le va a gustar.

This repetition is usual, however, especially in conversation, even when the object noun (or strong pronoun) *follows* the verb, as here:

Le va a gustar a tu mujer.

8. **A ella**: used to make it quite clear that **le** does refer to Carmen.

12. **¡Tan poco!**: 'So little!' **Tan** can be used with adverbs and with singular and plural adjectives:

tan bien	so well
tan mal	so badly
tan interesante	so interesting
tan grandes	so big

17. **hay sitio**: 'there is room.'

¿Hay sitio para cinco personas?	Is there room for five people?
Sí, hay mucho sitio.	Yes, there is plenty of room.

EXERCISES

I. *Translate into Spanish:*

1. We are going home. 2. They aren't very sure. 3. I like walking. 4. It's almost half past four. 5. Do you like that idea? 6. She doesn't like smoking. 7. We must go home now. 8. Is there plenty of room? 9. The boy's dog is under the table. 10. Your mother's book is on the table.

II. *Use* su *or* sus *to translate:*

1. His books. 2. Your pens. 3. Your mother. 4. Their dog. 5. Your rooms. 6. Her cat. 7. Their maids. 8. Her doll. 9. His matches. 10. Your telephone.

LESSON 17

III. *Answer the following questions using a minimum of five words in your answers:*

1. ¿Le gusta a Pedro la idea? 2. ¿Le gusta a usted viajar? 3. ¿Es entretenido viajar en tren? 4. ¿Cansan los viajes en tren? 5. ¿Viaja usted mucho? 6. ¿Qué hora es ahora? 7. ¿Le gusta andar? 8. ¿Tiene mucho trabajo? 9. ¿Qué hace ahora? 10. ¿Es muy tarde?

IV. *The time:*

¿Qué hora es? Son las: 9,15; 1,25; 6,45; 2,35; 5,10; 11,30; 1,40; 7,50; 3,50; 7,55; 4,15; 3,10; 12,20; 6,15; 9,00.

LESSON 18

VOCABULARY

abrir	to open
decir (*irr.*)	to say, tell
domingo	Sunday
el **hombre**	man
el **ingeniero**	engineer
invitar	to invite
jueves	Thursday
lunes	Monday
la **mañana**	morning
martes	Tuesday
miércoles	Wednesday
nada	nothing
próximo, -a	next, nearest
el **puente**	bridge
sábado	Saturday
seguido, -a	one after the other, following
siguiente	next, following
viernes	Friday

IDIOMATIC EXPRESSION

hacer puente   to take a day off between two holidays

Los días de la semana

1 CARMEN: Juana, ¿llaman a la puerta?
JUANA: Sí, señora; ahora mismo abro.

PEDRO: Buenas noches, Carmen; ¿cómo estás?
CARMEN: Cansada; es ya muy tarde.
PEDRO: Tienes razón; son casi las diez y cuarto. ¿Y los niños?
CARMEN: Están en la cama. ¿Vienes de casa de Carlos?
PEDRO: Sí; él y su mujer nos invitan a ir con ellos la semana que viene a Alicante. ¿Te gusta la idea?
CARMEN: Me gusta. Pero... ¿qué van a decir en tu oficina?
PEDRO: Nada. Vamos a tener dos días de fiesta casi seguidos; el jueves de la semana próxima y el martes de la siguiente.
CARMEN: Muy bien; ¿y los otros días?
PEDRO: Es muy fácil. Del jueves al domingo hago puente.
CARMEN: Creo que eso no está bien.
PEDRO: ¿Por qué no? Como el sábado trabajamos medio día, solamente dejo de trabajar el viernes y la mañana del sábado.
CARMEN: Sí, y además el lunes.

PEDRO: De acuerdo; también el lunes, pero como el martes hay otra fiesta, hago otro puente.
CARMEN: Y el miércoles van a decirte que son muchos puentes para un hombre que no es ingeniero.

LESSON 18

87

GRAMMAR

A. **Decir** (to say, to tell) is a very irregular verb and is conjugated in the present tense as follows:

> **digo**
> **dices**
> **dice**
> **decimos**
> **decís**
> **dicen**

B. THE DAYS OF THE WEEK:

lunes	Monday	**viernes**	Friday
martes	Tuesday	**sábado**	Saturday
miércoles	Wednesday	**domingo**	Sunday
jueves	Thursday		

They are masculine, and are not spelt with a capital letter. The definite article is generally used instead of the preposition 'on':

el viernes de la semana próxima y el martes de la siguiente	Friday of next week and the following Tuesday
el lunes	on Monday

NOTES

1. **llaman**: impersonal. See lesson 14, line 1.
2. **ahora mismo abro**: 'I'm just going to open it.' This is another example of the present tense used for the future.
3. **Buenas noches**: 'Good evening.' This expression is used at night for arrival (as here) and for departure (as in lesson 17).
7. **Están en la cama**: 'They are in bed.' **Están en cama**, without the definite article, means 'They are ill (in bed).'
   ¿Vienes de casa de Carlos?: 'Have you come from Carlos' house?' Here is another example of the versatile Spanish present tense, this time used where in English we would use the past.

88 LESSON 18

12. **casi seguidos**: 'almost one after the other.'
16. **hago puente**: hacer **puente** is to take a working day between two holidays as another holiday and thus have a very long weekend. Literally it means 'to make a bridge.'
17. **eso no está bien**: 'that's not right'. This expression implies censure.
19. **solamente dejo de trabajar**: 'I'll only leave off working.'

EXERCISES

I. *Answer the following questions:*
1. ¿Por qué no hablan los gatos? 2. ¿Maúllan los perros? 3. ¿Escribe Canelo? 4. ¿Por qué no escribe? 5. ¿Tienen patas las personas? 6. ¿Es fácil enseñar a hablar a un animal? 7. ¿Es listo el perro de Juan? 8. ¿Mete Juan la pata? 9. ¿A qué hora va Pedro a casa de su amigo?

II. *Put the verb in brackets into the correct form:*
1. Yo (dejar) la casa a las ocho. 2. Nosotros (hacer) el trabajo. 3. Vosotros (salir) pronto. 4. Yo (hacer) muchas cosas. 5. Ellos (tener) poco trabajo. 6. Tú no (abrir) la puerta. 7. El (decir) que va a venir. 8. Carmen (invitar) a sus amigos. 9. Yo (salir) pronto. 10. Vosotras (vivir) cerca.

II. *Put in the correct possessive pronoun:*
1. Yo tengo libros; los libros son ____. 2. Nosotros tenemos un amigo; el amigo es ____. 3. Ellos tienen sillas; las sillas son ____. 4. Tú tienes cigarrillos; los cigarrillos son ____. 5. El tiene amigos; los amigos son ____. 6. Vosotros tenéis perros; los perros son ____. 7. Ella tiene una pelota; la pelota es ____. 8. Vd. tiene un gato; el gato es ____. 9. Nosotros tenemos paquetes; los paquetes son ____. 10. Vds. tienen una novela; la novela es ____.

IV. *Put the following sentences into the (a) negative; (b) interrogative; (c) interrogative-negative:*
1. El es puntual. 2. Son las nueve en punto. 3. Tienen poco trabajo. 4. Quiere una copa de vino. 5. Mi mujer y yo vamos a hacer un viaje. 6. Ellos quieren venir con nosotros. 7. Es mala idea. 8. Tengo que ir a casa. 9. Es la una de la tarde. 10. Ellos hacen poco.

LESSON 19

VOCABULARY

el año	year
el cine	cinema
la compra	purchase
dar (*irr.*)	to give
decidido, -a	decided
el dinero	money
durante	during, for (of time)
faltar	to be missing; to be absent; to lack
gastar	to spend
llevar	to take; to carry
el mes	month
necesitar	to need
para	(in order) to
pasado, -a	past
el paseo	walk
el permiso	permission; annual leave
preguntar	to ask
tanto, -a	so much
tantos, -as	so many
todavía	still
el vestido	dress
el zapato	shoe

IDIOMATIC EXPRESSIONS

dar un paseo	to go for a walk
el año pasado	last year
salir de compras	to go shopping

por la mañana	in the morning
ya está bien	enough, that's enough

Entre marido y mujer

1 PEDRO: Bueno, ¿quieres ir a Alicante, sí o no?
   CARMEN: Claro que sí. Me gusta la idea de dejar los trabajos de casa durante unos días. Es tan aburrido... Pero, ¿sabes si puedes faltar tanto
5   tiempo de la oficina?
   PEDRO: Creo que sí, pero para estar más seguro lo pregunto mañana por la mañana. Tengo todavía unos días del permiso del año pasado. Además, como sabes, tenemos ahora poco trabajo.
10 CARMEN: ¡Qué bien! Voy a salir de compras. Necesito un vestido, unos zapatos...

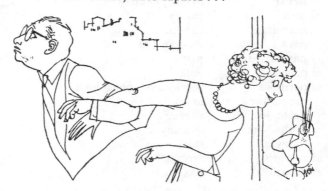

   PEDRO: Ya está bien, mujer. Solamente vamos para dos o tres días y no todo un mes. No necesitas tantas cosas nuevas. Además, no tenemos mucho dinero
15   y vamos a gastar bastante en el viaje. Si vamos, dejamos los niños con la muchacha, ¿verdad?
   CARMEN: Sí. Ella los entiende bien y los niños la quieren mucho. Además, mi hermana puede venir a

LESSON 19

91

20

    verlos todos los días y llevarlos al cine o a dar un
paseo.

PEDRO: Esa es una gran idea. Puedes llamarla por
teléfono ahora mismo para ver si está de acuerdo.

CARMEN: A esta hora no está en casa. Más tarde la llamo.

PEDRO: Bueno. ¿Entonces está decidido?

25 CARMEN: Sí, vamos a Alicante.

GRAMMAR

A. DIRECT OBJECT PRONOUNS:

me	me
te	you
le (lo)	him, you
la	her, you
lo	it
nos	us
os	you
les (los)	them, you (*m.*)
las	them, you (*f.*)

(1) Note that in the masculine **le** and **les** are preferred for
persons, but that **lo** and **los** may also be used:

Le quiero mucho.	I like him very much.
Los compramos.	We buy them.

If a verb has both a direct and an indirect object, the indirect
precedes the direct:

Me lo da.	He gives it to me.
Nos los compran.	They buy them for us.

(2) When both the object pronouns are in the third person,
the indirect object (**le** or **les**), which must come first, is changed
to **se** in order to avoid the awkward combination of **le lo, les la**,
etc:

    Se lo damos. We give it to him (*or* her *or* you).

        (Here **se** takes the place of **le**.)

LESSON 19

Se lo damos.   We give it to them (*or* you).
(Here **se** takes the place of **les**.)

As with **le** and **les**, to avoid any confusion as to the meaning of **se**, **a** followed by a pronoun may be placed after the verb:

Se lo vendo a Vd.	I sell it to you.
Se lo vendo a él.	I sell it to him.
Se lo vendo a ella.	I sell it to her.

Remember that the object pronouns are placed before the verb except in the cases of the infinitive, imperative and gerund when they are placed after and joined to the verb.   Note that the original stress on the verb must be maintained; consequently the new word must be accentuated accordingly:

Quieren comprar.	They want to buy.
Quieren comprarlo.	They want to buy it.
Quieren comprármelo.	They want to buy it for me.

B. **Faltar** (to be missing) is commonly used to express the verb 'to lack,' in which case the construction is the same as for **gustar** used to express the verb 'to like' (see lesson 17, B):

Falta el hijo de Pedro.	Pedro's son is missing.
A Juan le faltan muchas cosas.	Juan lacks many things.

NOTES

2. **Me gusta la idea de dejar los trabajos de casa:** 'I like the idea of leaving the housework.'   Notice how the indirect object pronoun in Spanish is the equivalent of the subject pronoun in English:

me gusta	I like	*lit:* pleases (to) me
te gusta	you like	*lit:* pleases (to) you

4. **si puedes faltar tanto tiempo de la oficina:** 'if you can be away from the office so long.'

LESSON 19

93

6. **para**: before an infinitive means 'to' or 'in order to.'
   lo pregunto: 'I shall ask.' Here the present has been used with the idea of the future. The **lo** refers back to the previous sentence.

7. **mañana por la mañana**: 'tomorrow morning.' Where in English we use 'in' or 'at' for parts of the day, in Spanish **por** is used:

por la mañana	in the morning
por la tarde	in the afternoon
por la noche	in the evening, at night

   However, when we state the hour first, the preposition **de** is used instead of **por**:

   | a las seis de la mañana | at six in the morning |
   | a las cinco de la tarde | at five in the afternoon |

   Note also the adverbial phrases:

   | de día | by day, in the daytime |
   | de noche | by night, during the night |

15. **Si vamos, dejamos los niños**: 'If we go, we shall leave the children.' In conditions of future probability the present indicative is often used in both clauses:

    | Lo hago si vienes. | I shall do it if you come. |
    | Lo compramos si tenemos bastante dinero. | We shall buy it if we have enough money. |

16. **¿verdad?**: 'won't we?'

17. **Ella los entiende bien**: 'She understands them well.' Remember that when a pronoun stands for a masculine and a feminine noun, as here, the masculine form is used.

21. **Esa es una gran idea**: 'That's a great idea.' **Gran** is the shortened form of **grande** (see lesson 44).

22. **para ver**: see note to line 6.

23. **Más tarde**: 'Later.'

LESSON 19

EXERCISES

I. *Translate into Spanish:*

1. What time is it? 2. It is a quarter past one. 3. You must not speak. 4. What a book! 5. He makes tables and chairs. 6. What does he do? 7. That book is his. 8. Mine (book) is very big. 9. Would you like (do you want) a glass of wine? 10. What are they going to do?

II. *Answer the following questions:*

1. ¿Quiere Carmen ir a Alicante? 2. ¿Qué idea le gusta? 3. ¿Qué es tan aburrido? 4. ¿Puede faltar Pedro de la oficina? 5. ¿Qué va a preguntar Pedro? 6. ¿Cuándo va a preguntarlo? 7. ¿Qué tiene él todavía? 8. ¿Tienen mucho trabajo en la oficina? 9. ¿Qué va a hacer Carmen? 10. ¿Qué necesita? 11. ¿Por cuánto tiempo van a Alicante? 12. ¿Tienen mucho dinero? 13. ¿Cómo lo van a gastar? 14. ¿Con quién dejan los niños? 15. ¿Quién entiende a los niños? 16. ¿Quién puede venir a verlos? 17. ¿A dónde puede llevarlos? 18. ¿Qué está decidido?

III. *Put in the correct direct and indirect object pronouns:*

1. Nosotros estamos aquí; _____ ven y _____ dan nuestro dinero. 2. Juan está aquí; _____ veo y _____ doy su pelota. 3. Tú estás aquí; _____ ven y _____ dan tu muñeca. 4. Pilar está aquí; _____ veo y _____ doy su gato. 5. Las muchachas están aquí; _____ ven y _____ dan sus vestidos. 6. Vd. está aquí; _____ veo y _____ doy su botella. 7. Yo estoy aquí; _____ ven y _____ dan mi paquete. 8. Vd. está aquí; _____ veo y _____ doy su vaso. 9. Vosotros estáis aquí; _____ veo y _____ doy vuestros zapatos. 10. Vds. están aquí; _____ ven y _____ dan sus cuadros.

IV. *Put in the missing words:*

1. Quiero _____ un paseo. 2. Me gusta la _____ de dejar los trabajos de casa. 3. ¿Puedes _____ tanto tiempo de la oficina? 4. No _____ seguro. 5. Iré a tu casa mañana _____ la mañana. 6. Tenemos _____ poco trabajo. 7. Voy a salir _____ compras. 8. Solamente vamos _____ dos o tres días. 9. Vamos _____ gastar mucho. 10. Mi hermana los llevará _____ cine.

LESSON 20

VOCABULARY

acostar (ue)	to put to bed
acostarse (ue)	to go to bed
el amigo	friend
antes de	before
el calor	heat
la cara	face
el coche	car
comer	to eat
el diente	tooth
doblar	to fold
el frío	cold
meterse	to get (into)
obedecer	to obey
quedarse	to stay, to remain
el regalo	present, gift
la ropa	clothes
sólo	only
traer (*irr.*)	to bring
vestir (i)	to dress
vestirse (i)	to get dressed

IDIOMATIC EXPRESSIONS

dar de comer	to feed
en coche	by car
hacer calor	to be hot (of weather)
hacer frío	to be cold (of weather)

Los niños se quedan en casa

1 CARMEN: La semana que viene, papá y yo nos vamos unos días a Alicante con unos amigos.
   JUAN: ¿Quiénes son?
   CARMEN: Los señores de Fernández.
5 JUAN: Quiero ir con vosotros.
   PILAR: Y yo también.
   CARMEN: No. Tenéis que quedaros en casa con Juana y tenéis que obedecerla en todo.
   PILAR: ¿Y ella nos va a dar de comer?
10 CARMEN: Claro que sí. Juan, tú tienes que lavarte la cara y los dientes antes de acostarte. Y tú, Pilar, tienes que vestirte por la mañana y doblar la ropa antes de meterte en la cama.
   PILAR: ¿Y no tengo que lavarme los dientes?

15 CARMEN: Desde luego. Los dos tenéis que lavaros los dientes, la cara y las manos antes de acostaros.
   JUAN: ¿Vais en coche?
   CARMEN: No. Vamos en tren.
   PILAR: ¿Hace frío en Alicante?
20 JUAN: No, mujer. En Alicante hace calor. Mamá, ¿cuánto tiempo estaréis fuera?

LESSON 20   97

CARMEN: Sólo cuatro o cinco días.
PILAR: ¿Qué nos vais a traer?
CARMEN: Si sois buenos, os traigo un regalo.

GRAMMAR

A. THE REFLEXIVE. **Lavarse** (to wash oneself) is the reflexive form of **lavar** (to wash):

me lavo	I wash (myself)
te lavas	you wash (yourself) (*s. fam.*)
se lava	you wash (yourself) (*s. resp.*)
se lava	he washes (himself)
se lava	she washes (herself)
nos lavamos	we wash (ourselves)
os laváis	you wash (yourselves) (*pl. fam.*)
se lavan	you wash (yourselves) (*pl. resp.*)
se lavan	they wash (themselves)

As can be seen, the reflexive pronouns are the same as the indirect object pronouns, except for the third persons where **se** is used for both singular and plural. Like these, they are joined to the verb when it is an infinitive, gerund or imperative.

Note the following uses of the reflexive in Spanish:

(1) with many verbs which do not require a reflexive form in English:

Se lava en el cuarto de baño. He washes in the bathroom.

Se acuesta a las nueve. He goes to bed at nine.

(2) with the definite article where in English we generally use the possessive:

Se lavan las manos. They are washing their hands.

LESSON 20

(Ella) se hace los vestidos.	She makes her dresses.
Me lavo los dientes.	I wash my teeth.

(3) in the third person, where in English we would use the passive voice or the impersonal 'you,' 'they' or 'one':

Se habla español.	Spanish is spoken.
Se llama Juan.	He is called John.
Se venden cigarrillos aquí.	Cigarettes are sold here
Se dice.	It is said, they say.
Se puede viajar en tren.	One can go by train.

B. **Vestir(se)** (to dress) is a radical-changing verb of the third conjugation. In lesson 13 we saw how a stem vowel **e** when stressed changes to **ie** in the first and second conjugations. This is true of some of the verbs of the third conjugation also, but in others, such as **vestir**, the **e** changes to **i**. Here is the present tense:

> (me) visto
> (te) vistes
> (se) viste
> (nos) vestimos
> (os) vestís
> (se) visten

Viste a la muñeca.	She dresses the doll.
Me visto en el dormitorio.	I get dressed in the bedroom.

C. **Obedecer** (to obey) is an orthography-changing verb. It is an example of the verbs of the second and third conjugations whose infinitive ends in a vowel + **-cer** or **-cir**. In these verbs, **z** is placed before the **c** when it is followed by **o** or **a**. The present tense is as follows:

> obedezco
> obedeces
> obedece
> obedecemos
> obedecéis
> obedecen

LESSON 20

D. **Traer** (to bring) is an irregular verb. In the present tense its only irregularity is in the first person singular:

traigo
traes
trae
traemos
traéis
traen

E. The third person singular of the verb hacer (**hace**) is used with a noun to describe the weather, where we use the verb 'to be.' For people, the verb **tener** is used:

¿**Hace mucho frío?**	Is it very cold?
No, no hace frío, hace calor.	No, it is not cold, it is hot.
¿**Tienes calor?**	Are you hot?
No, no tengo calor ni frío.	No, I am neither hot nor cold.

NOTES

1. **nos vamos unos días a Alicante:** 'we are going (away) for a few days to Alicante.' The verb **ir** is often used reflexively, especially when it means 'to go away,' 'to leave':

    ¿**Te vas?**   Are you leaving?

4. **señores:** the plural of **señor**; it is also used for **señor y señora**, meaning 'Mr and Mrs.'

5. **vosotros:** notice how the masculine form is used because Juan, though addressing his mother, is referring to both his parents.

7. **Tenéis que quedaros en casa:** 'You must stay at home.' **Quedarse** is another verb that is reflexive in Spanish but not in English. Note how the reflexive pronoun is joined to the infinitive.

100   LESSON 20

10. **tú tienes que lavarte la cara:** 'you must wash your face.'
    Here we have a good example of the Spanish reflexive being
    used instead of the English possessive.

11. **antes de acostarte:** 'before going to bed.'

15. **Los dos:** 'Both.' The feminine is **las dos.**

20. **mujer:** a very common exclamation when addressing a
    woman or a girl; **hija** is also used. **Hombre** and **hijo** are
    similarly used for addressing a man or a boy.

21. **¿cuánto tiempo estaréis fuera?:** 'how long will you be
    away?' **Estaréis** is the future of the verb **estar** (see lesson
    22).

22. **Sólo:** 'Only.' **Sólo** (with an accent) is the same as **sola-
    mente:**

> **sólo unos días** ⎫
> **solamente unos días** ⎬ only a few days

24. **Si sois buenos, os traigo un regalo:** 'If you are good, I'll
    bring you a present.' Here again the masculine gender
    takes precedence. Remember that in conditions of future
    probability the present tense is used in Spanish in both
    clauses.

EXERCISES

I. *Answer the following questions:*

1. ¿Cuándo van Carmen y Pedro a Alicante? 2. ¿Cuánto tiempo
van a estar fuera? 3. ¿Con quiénes van? 4. ¿Qué dice Juan?
5. ¿También quiere ir Pilar? 6. ¿Pueden ir con ellos? 7. ¿Qué
tienen que hacer los niños? 8. ¿Con quién tienen que quedarse?
9. ¿Es Juana la muchacha? 10. ¿Tienen que obedecerla?
11. ¿Quién les va a dar de comer a los niños? 12. ¿Qué tiene
que hacer Juan antes de acostarse? 13. ¿Tiene que hacerlo
también Pilar? 14. ¿Qué tiene que hacer Pilar por la mañana?
15. ¿Qué tiene que hacer Pilar por la noche? 16. ¿Dobla Vd.
la ropa antes de meterse en la cama? 17. ¿Van Carmen y Pedro
en coche? 18. ¿Hace frío en Alicante? 19. ¿Tiene Vd. frío?
20. ¿Qué les va a traer Carmen a los niños?

LESSON 20

II. *Use the following words and phrases in sentences of your own:*

1. dar un paseo; 2. ir al cine; 3. vestirse; 4. por la tarde; 5. ir de compras; 6. hacer frío; 7. me gusta; 8. la semana que viene; 9. en coche; 10. tener que.

III. *Substitute object pronouns for the direct object nouns and place them in the correct position:*

1. Veo la casa. 2. Visten al niño. 3. Quieren beber agua. 4. Van a hacer la cama. 5. Ven a la niña. 6. Escribimos las cartas. 7. Dan vino al hombre. 8. El compra cigarrillos a la mujer. 9. Se lava la cara. 10. Me trae un regalo.

IV. *Give the correct verb forms:*

1. Yo (acostarse, comprender, andar). 2. El (tener frío, obedecer, gustar). 3. Nosotros (comer, faltar, salir). 4. Vd. (decir, quedarse, saber). 5. Tú (doblar, hacer, decir). 6. Ellos (necesitar, traer, ser). 7. Vosotros (salir, lavarse, meterse). 8. Vds. (preguntar, vestirse, andar).

LESSON 21

VOCABULARY

abajo	below; down
arriba	above, on top, up
bajar	to take down; to go down, come down
el bolso	bag
la calle	street
el equipaje	luggage
la gente	people
hoy	today
el invierno	winter
la maleta	case, suitcase
mismo, -a	self
el otoño	autumn
la playa	beach
poner (*irr.*)	to put
el portaequipajes	luggage rack
preferir (ie)	to prefer
la primavera	spring
el taxi	taxi
el verano	summer

IDIOMATIC EXPRESSION

de bote en bote   overcrowded, chock-a-block

De viaje

1 PEDRO: Carmen, nuestros amigos ya están abajo, en la calle, con el taxi.
CARMEN: Juana, por favor; ¿quiere bajar el equipaje?
JUANA: Sí, señora; ahora mismo lo bajo.

5 CARMEN: Buenos días; ¿cómo estáis?
MARÍA: Bien, gracias; ¿y vosotros?
JUANA: ¿Dónde pongo esta maleta?
CARLOS: Arriba, en el portaequipajes.
CARMEN: El bolso de viaje, no; lo llevo yo misma.
10 MARÍA: Qué día tan bueno hace hoy, ¿verdad?
PEDRO: Sí; casi hace calor.
CARLOS: Yo creo que mañana vamos a poder ir a la playa.

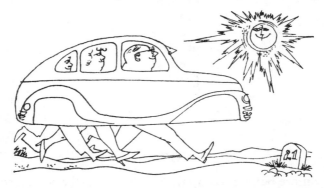

MARÍA: Hombre, ¡exageras! En otoño hace ya frío.
CARLOS: No estoy de acuerdo. En Alicante no hace frío ni
15 en invierno.
PEDRO: Pues Carmen y yo preferimos ir a la playa en primavera.
MARÍA: ¿Por qué os gusta ir en primavera?
CARMEN: Porque no hace frío y hay poca gente en la playa.
20 CARLOS: Eso es verdad. En verano las playas están de bote en bote.

GRAMMAR

A. **Poner** (to put) is an irregular verb. In the present tense its only irregularity is in the first person singular, when it adds a **g** to the stem:

> pongo
> pones
> pone
> ponemos
> ponéis
> ponen

B. **Preferir** (to prefer) is a radical-changing verb of the third conjugation in which the stem vowel **e** changes to **ie** when stressed:

> prefiero
> prefieres
> prefiere
> preferimos
> preferís
> prefieren

NOTES

3. **¿quiere bajar el equipaje?**: Carmen uses the polite form of the verb for addressing the maid.
9. **lo llevo yo misma**: 'I shall carry it myself.'
10. **Qué día tan bueno**: 'What a fine day.' This is a very common construction:

> ¡Qué silla tan pequeña!   What a small chair!
> ¡Qué niña tan bonita!   What a pretty girl!

13. **Hombre**: see lesson 20, line 20.
14. **ni**: here means 'not even.'

LESSON 21 105

19. **hay poca gente en la playa:** 'there are few people on the beach.'

Gente is feminine singular and goes with a singular verb:

La gente habla mucho.   People speak a lot.

EXERCISES

I. *Translate into Spanish:*

1. Where does Juana put the bag? 2. She puts it on the luggage rack. 3. Do you work on Saturday afternoons? 4. No, I don't work on Saturday afternoons. 5. Is it cold where you live? 6. No, it isn't cold where I live. 7. Are you hot? 8. No, I am not hot. 9. Where is your friend? 10. He is at home.

II. *Put in the missing word:*

1. El coche ____ tu amigo ____ en la calle. 2. Juana, ____ favor, ¿ ____ bajar el equipaje? 3. Sí, señora, ahora ____ ____ bajo. 4. ¿ ____ pone Juana la maleta? ____ ____ arriba, en el portaequipajes. 5. El bolso ____ viaje, no; ____ llevo yo ____. 6. ¡ ____ día ____ bueno hace hoy! 7. Creo que mañana ____ a ____ buen día. 8. No ____ frío en otoño ____ Alicante. 9. ____ prefieren ____ a la playa ____ primavera. 10. En invierno ____ poca ____ en la playa.

III. *Give the opposite of:*

1. arriba; 2. hacer frío; 3. primavera; 4. corto; 5. pronto; 6. feo; 7. grande; 8. poco; 9. algo; 10. verano.

IV. *Put the verb into the correct form:*

1. Yo (poner) la maleta en el coche. 2. Juana (bajar) el equipaje. 3. Hoy (hacer) calor. 4. Nosotros (tener) frío. 5. Ella (llevar) la maleta. 6. Vosotros (poner) el coche en la calle. 7. Nosotros (ir) a Alicante. 8. Ella (ser) buena. 9. Yo (vivir) en Madrid. 10. Me (gustar) fumar.

LESSON 22

VOCABULARY

amable	kind
el andén	platform
antes	before(hand)
el billete	ticket
el café	coffee
la carbonilla	coal dust, soot
cerrar (ie)	to close
la clase	class
comprender	to understand
eléctrico, -a	electric
entrar	to enter, go in, come in
la estación	station
la importancia	importance
molestar	to annoy, be annoying
el mozo	young man; porter
que	who, which
el restaurante	restaurant
el retraso	delay
el revisor	ticket inspector
sacar	to take out
segundo, -a	second
la taquilla	booking-office
el trayecto	distance
la ventanilla	train window
el viajero	passenger

IDIOMATIC EXPRESSIONS

llevar retraso	to be late, delayed (of transport)
sacar un billete	to buy, take, a ticket

LESSON 22

tener frío   to be cold (of persons)
venir bien   to suit, agree with

En el tren

1 CARLOS: Mozo, por favor, ¿en qué andén está el tren de Alicante?
Mozo: En el segundo andén.
MARÍA: ¿Tienes los billetes?
5 CARLOS: Ya sabes que siempre saco los billetes unos días antes.
CARMEN: ¡Cuánta gente hay en la taquilla!
CARLOS: Sí, no comprendo cómo hay gente que saca el billete el mismo día en que viaja.
10 PEDRO: Como tenemos todavía media hora os invito a café aquí, en la estación.
CARLOS: Gracias, eres muy amable. Un café siempre viene bien por la mañana. Yo os invitaré a comer en el tren.
15 MARÍA: ¿Llevará el tren coche restaurante?

PEDRO: Desde luego. Estos trenes de largo trayecto siempre lo llevan. Los viajeros tienen que comer.

LESSON 22

CARMEN: ¿Qué clase tenemos?
CARLOS: Tenemos segunda. El viaje no es muy largo.
20 CARMEN: Tampoco es corto, y segunda es una clase que no me gusta.
MARÍA: Yo creo que segunda estará bien. En estos trenes que no son eléctricos lo que molesta es la carbonilla. La clase no tiene importancia.

25 PEDRO: Ya viene el revisor.
REVISOR: Por favor, los billetes, señores.
CARLOS: Aquí están. ¿Llevamos retraso?
REVISOR: No. Llegaremos a Alicante a la hora en punto.
CARMEN: Pedro, por favor, ¿quieres cerrar la ventanilla?
30 PEDRO: ¿Por qué? ¿Tienes frío?
CARMEN: No, pero entra mucha carbonilla.

GRAMMAR

A. THE FUTURE TENSE. The endings of the future tense are the same for all verbs, and in most the stem is the full infinitive:

-ar verbs	-er verbs	-ir verbs
compraré	leeré	escribiré
comprarás	leerás	escribirás
comprará	leerá	escribirá
compraremos	leeremos	escribiremos
compraréis	leeréis	escribiréis
comprarán	leerán	escribirán

B. NUMERALS.

(1) Cardinals:

11 once	16 diez y seis, dieciséis
doce	diez y siete, diecisiete
trece	diez y ocho, dieciocho
catorce	diez y nueve, diecinueve
15 quince	20 veinte

LESSON 22

21	veintiuno (*or* veinte y uno)	101	ciento uno
30	treinta	200	doscientos
31	treinta y uno		trescientos
40	cuarenta		cuatrocientos
50	cincuenta	500	quinientos
60	sesenta		seiscientos
	setenta		setecientos
	ochenta		ochocientos
	noventa		novecientos
100	ciento	1000	mil

The cardinal numbers do not change, except **uno** and numbers ending in **uno** (**veintiuno**, **treinta y uno**, etc.) and the hundreds from **doscientos** to **novecientos**, which have a feminine form:

cincuenta y una pesetas	fifty-one pesetas
trescientas mujeres	three hundred women
quinientos hombres	five hundred men

(2) Ordinals:

1st	**primero**		**sexto**
	segundo		**séptimo**
	tercero		**octavo**
	cuarto		**noveno**
5th	**quinto**	10th	**décimo**

From 11th onwards, cardinals are used.

The ordinal numbers have a feminine form:

la tercera puerta	the third door
la quinta maleta	the fifth suitcase

The final **-o** of **uno**, **primero** and **tercero** is omitted before a masculine singular noun, as is the **-to** of **ciento** before a noun:

el primer día	the first day
cien hombres	a hundred men

LESSON 22

C. THE RELATIVE PRONOUN. **Que** can be translated by 'who,' 'which' and 'that'; it must never be omitted in Spanish:

El hombre que fuma.	The man who is smoking.
Ese es el libro que compraré.	That is the book (which) I shall buy.
El día que vienes.	The day (that) you come.

NOTES

5. **Ya sabes:** 'You know very well.' As well as having the meaning of 'already,' **ya** is often used in Spanish merely for emphasis.

8. **no comprendo:** 'I can't understand.' Many verbs that are normally used with 'can' in English do not need that auxiliary in Spanish:

      Veo a tu hermana.   I can see your sister.

12. **Un café siempre viene bien por la mañana:** 'A (cup of) coffee is always welcome in the morning.'

15. **¿Llevará el tren coche restaurante?:** 'Will the train have a dining-car?' Notice the use of **llevar** meaning 'to take, to carry.'

16. **trenes de largo trayecto:** 'long-distance trains.'

17. **lo:** refers to **el coche restaurante.**

23. **lo que molesta:** 'what is annoying.'

27. **¿Llevamos retraso?:** notice that in Spanish, instead of asking 'Are we on time?', one asks 'Are we behind time?' (*lit:* 'Are we carrying any delay?').

28. **a la hora en punto:** 'dead on time.'

29. **ventanilla:** the diminutive of **ventana** (window), used for train windows.

LESSON 22

EXERCISES

I. *Put the verb into the correct form of the present tense:*

1. Yo (ir) a Alicante. 2. Ellas (fumar) todos los días. 3. Tú (cerrar) la puerta. 4. Vd. (comer) mucho. 5. Nosotros (entrar) en la habitación. 6. El (llevar) los libros. 7. Vds. (sacar) los billetes. 8. Vosotros (ser) buenos. 9. Ellos (estar) aquí. 10. Yo (escribir) un libro.

II. *Put into the future tense:*

1. Yo soy feliz. 2. Tú estás aquí. 3. El va pronto. 4. Ellos comen mucho. 5. Vd. entra en la habitación. 6. Nosotras llevamos cigarrillos. 7. Ella saca la novela. 8. Vosotros fumáis mucho. 9. Vds. compran poco. 10. Nosotras vamos mañana.

III. *Translate into Spanish:*

1. I shall buy it tomorrow. 2. At what time do they close the booking-office? 3. Are you cold? 4. No, it is cold, but I am not cold. 5. What time is it? 6. It is twenty-five to three. 7. Is she right? 8. Yes, I think she's right. 9. Is this your book (Vd.)? 10. Yes, thank you, it is mine.

IV. *Use a pronoun in place of the words in italics:*

1. *Carmen y María* van de viaje. 2. Yo tengo *tu libro*. 3. Estos son *mis cigarrillos*. 4. Esa es *su silla*. 5. Ella tiene *su muñeca*. 6. Nosotros compramos *nuestras cerillas*. 7. *Juan* fuma mucho. 8. Vosotros hacéis *vuestros cigarrillos*. 9. ¿Es éste *su libro*? 10. No, es *mi libro*.

LESSON 23

VOCABULARY

allá	there
la ciudad	city, town
importar	to matter
lejos	distant, far off
la navaja	folding or pocket knife
parar	to stop
el pico	odd amount
el recuerdo	souvenir
reír(se) (i)	to laugh
sino	but
subir	to go up
el tabaco	tobacco
el vendedor	seller
vender	to sell

Navajas de Albacete

1 PEDRO: Carlos, ¿ves aquella ciudad allá lejos? Es Albacete.

CARLOS: Sí, ya la veo; ¿crees que podremos bajar a comprarnos navajas?

5 PEDRO: Creo que sí. El tren parará unos minutos y tendrás tiempo para hacerlo.

CARLOS: ¿Tú no quieres bajar?

PEDRO: Sí, bajaré también, pero no a comprarme una navaja, sino a comprar tabaco.

10 CARMEN: Si bajáis es porque queréis, porque las navajas y el tabaco los venderán en el tren.

LESSON 23

MARÍA: ¿En el tren? ¿Quién venderá las navajas en el tren? No será el revisor, ¿verdad?
CARMEN: No, mujer. Suben los vendedores o las venden desde el andén a los viajeros.
MARÍA: ¿Querrás comprarme una pequeña, Carlos?
CARLOS: ¿Para qué quieres una navaja?
MARÍA: Para llevarla a Madrid de recuerdo.
PEDRO: Entonces tienes que comprarle la navaja; a las mujeres les gustan mucho los recuerdos.

CARLOS: Muy bien. Te la compraré; y también podemos llevarles otra a tus padres.
MARÍA: No; porque las navajas no les gustan.
CARLOS: Si no es una navaja. Solamente es un pequeño recuerdo.
MARÍA: Bueno, tú cómprame la navaja y ríete. No me importa.
CARMEN: ¿Cuántas horas nos faltan para terminar el viaje?
CARLOS: Todavía nos faltan seis horas.
CARMEN: Pues, ¿qué hora es?
PEDRO: Las dos y pico. Casi las dos y media.
CARMEN: ¡Qué barbaridad! Todavía seis horas de viaje. Estoy ya muy cansada.

GRAMMAR

A. THE IMPERATIVE. Strictly speaking, the imperative exists only in the second person. This means that there are four forms in Spanish (**tú, Vd., vosotros, Vds.**), but here we shall explain only the familiar forms, **tú** and **vosotros**.

The imperative of the second person singular, in regular and in many irregular verbs, has the same form as the third person singular of the present tense:

compra	he buys	**compra un libro**	buy a book
come	he eats	**come**	eat
abre	he opens	**abre la puerta**	open the door

There is no rule for the imperative of the second person singular of irregular verbs. Each form has to be learned separately. See the appendix of irregular verbs at the end of the book.

The imperative of the second person plural, in both regular and irregular verbs, is formed by changing the final **r** of the infinitive to a **d**, which, however, is not pronounced at all clearly:

Bajad las maletas.	Take the cases down.
Id pronto.	Go soon.
Venid aquí.	Come here.

Object pronouns are joined to the imperative (see lesson 17, A). When the object pronoun **os** is joined to the verb, the final **d** is dropped, except with the verb **ir** when it is retained:

(*singular*)	**Lávate la cara.**	Wash your face.
	Cómprame un libro.	Buy me a book.
(*plural*)	**Lavaos las manos.**	Wash your hands.
	Idos pronto.	Go soon.

B. IRREGULAR FUTURES. The verbs **poder, querer** and **tener** undergo a change in their stems on forming the future:

| **podré** | **querré** | **tendré** |
| **podrás** | **querrás** | **tendrás** |

LESSON 23   115

podrá	querrá	tendrá
podremos	querremos	tendremos
podréis	querréis	tendréis
podrán	querrán	tendrán

C. **Reír** (to laugh) is a radical-changing verb like **vestir**, but in this case the **i** requires an accent:

río
ríes
ríe
reímos
reís
ríen

NOTES

2. **Albacete**: a small town between Madrid and the east coast of Spain, famous for its penknives and jack-knives.

3. **la**: (direct object) refers back to **la ciudad** in the previous sentence.

5. **Creo que sí**: 'I think so.' The opposite is **Creo que no**:

¿Llegamos a las ocho?	Do we arrive at eight?
Creo que sí.	I think so.
Creo que no.	I don't think so.

9. **sino**: 'but.' This is always used instead of **pero** after a negative:

No puedo ir por la mañana sino por la tarde.	I cannot go in the morning, but in the evening.
No es tuyo, sino mío.	It's not yours, but mine.

10. **Si bajáis es porque queréis**: 'If you get off, it is because you want to.' Note that this is a real condition and consequently both verbs are in the indicative.

116   LESSON 23

11. **los:** refers to **las navajas** and **el tabaco.** Remember that the masculine gender always predominates over the feminine.

14. **Suben los vendedores:** notice the inversion of subject and verb.

16. **una pequeña:** 'a small one.'

18. **de recuerdo:** 'as a souvenir.'

20. **los recuerdos:** remember that in Spanish the definite article must be used when referring to all of a kind.

22. **llevarles otra a tus padres:** note the use of the indirect object pronoun **les,** repeating the indirect object noun **tus padres** (see lesson 17, line 6).

24. **Si no es una navaja:** 'But it isn't a knife.' **Si** here means 'but.'

26. **No me importa:** 'I don't mind,' 'It doesn't matter to me.'

28. **¿Cuántas horas nos faltan para terminar el viaje?:** 'How many hours are there to go to the end of the journey?'

31. **Las dos y pico:** 'After two.' **Pico** is used to indicate an odd amount after a round figure.

EXERCISES

I. *Put into the future tense:*

1. Yo puedo hacerlo. 2. Tú tienes razón. 3. El quiere comprar un libro. 4. Falta mucho tiempo. 5. Reímos mucho. 6. ¿Veis bien? 7. Venden muchas cosas. 8. Compro cigarrillos todos los días. 9. El tren va a Alicante. 10. Eso no importa.

II. *Put in the correct form of the personal pronoun in brackets:*

1. Mi madre (tú) ve. 2. Tu madre (tú) ve tus novelas. 3. Ellos (nosotros) hacen un favor. 4. Mis amigos (yo) quieren mucho. 5. Ellos (Vds.) ven todos los días. 6. Vosotros (ellos) compráis cosas. 7. La puerta de la habitación (ella) cierra Pedro. 8. Ellos (ella) abren. 9. Ellos (nosotros) invitan a un viaje. 10. Mi marido (vosotros) da las gracias.

LESSON 23   117

III. *Answer the following questions:*

1. ¿En qué ciudad venden navajas? 2. ¿Dónde venden los billetes del tren? 3. ¿Qué llevan los trenes de largo trayecto? 4. ¿Quiénes venden las navajas de Albacete? 5. ¿Cuánto tiempo falta para llegar a Alicante? 6. ¿Quién quiere un recuerdo de Albacete? 7. ¿Fuma Carmen? 8. ¿Dónde comen los amigos? 9. ¿Es largo el viaje de Madrid a Alicante? 10. ¿Qué es lo que molesta en los viajes largos?

IV. *Give the plural of:*

1. Me. 2. Tú fumas mucho. 3. El tren es largo. 4. Yo le hablo. 5. La pone en la calle. 6. Ese hombre te llama. 7. Ella quiere una navaja. 8. Tú compras un libro. 9. Yo tengo frío. 10. La mujer habla mucho.

LESSON 24

VOCABULARY

el ascensor	lift
el aspecto	appearance
el botones	messenger boy, 'buttons'
completo, -a	complete, full
los demás	the others, the rest
doble	double
el gerente	manager
el hotel	hotel
individual	individual, single
libre	free, vacant
ocupado, -a	occupied
ocupar	to occupy
parecer	to seem
la pensión	board and lodging
permitir	to permit, allow
la peseta	peseta
sentir (ie)	to feel; to be sorry

IDIOMATIC EXPRESSIONS

lo siento	I'm sorry
la pensión completa	full board
tener buen (mal) aspecto	to look (un)attractive

En el hotel

1 GERENTE: Buenas noches, señores.
  CARLOS: Buenas noches. ¿Tienen ustedes habitaciones libres?
  GERENTE: ¿Cuántas quieren los señores?
5 CARLOS: Queremos dos habitaciones dobles, con baño.
  GERENTE: ¿Me permiten un momento? Voy a ver.
  CARMEN: No tiene mal aspecto este hotel, ¿verdad?
  MARÍA: Sí, parece bastante bueno.
  GERENTE: Lo siento, señores. Solamente hay libre una
10 habitación doble. Las demás están ocupadas.
  CARLOS: ¿Qué haremos entonces?
  PEDRO: ¿No tiene habitaciones individuales?
  GERENTE: Sí, señor. Podemos darles la doble y otras dos individuales.
15 PEDRO: ¿Cuánto es la pensión?
  GERENTE: 75 pesetas la habitación y 200 pesetas la pensión completa.
  CARLOS: ¿Qué os parece?
  PEDRO: De acuerdo.
20 CARLOS: María y yo ocuparemos las individuales y vosotros podéis ocupar la doble.

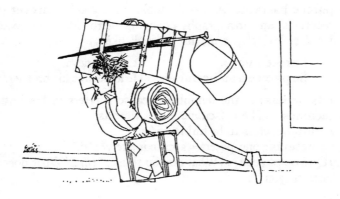

120   LESSON 24

GERENTE: Muy bien, señores. Las habitaciones, 20, 26 y
27. Pueden ustedes subir en el ascensor. El
botones les llevará luego el equipaje.

GRAMMAR

IRREGULAR FUTURE. In the future tense, the stem of **hacer**
changes to **har**:

> **haré**
> **harás**
> **hará**
> **haremos**
> **haréis**
> **harán**

NOTES

6. **¿Me permiten un momento?**: 'Would you excuse me a
moment?' Here the present tense is used where in English
we would use the conditional.

7. **No tiene mal aspecto este hotel**: 'This hotel doesn't look
too bad.'

8. **parece bastante bueno**: 'it looks quite good.' **Parecer** (to
seem) is an orthography-changing verb like **obedecer**.
Used reflexively, it means 'to look like':

> **Parece nuevo.**   It seems new.
> **Se parece a su hermano.**   He looks like his brother.

10. **Las demás**: in the feminine because it refers to **las habitaciones**. The masculine is **los demás**.

13. **la doble**: refers to **la habitación**.

16. **75 pesetas**: one peseta = approximately 1½d.

18. **¿Qué os parece?**: 'What do you think?' (*lit*: 'What does it
seem to you?')

LESSON 24

24. botones: though this ends in **s**, it is singular. It has the same form for the plural.

les: refers to **Vds.** ('for you').

EXERCISES

I. *Answer the following questions:*

1. ¿Cuántas habitaciones quiere Carlos? 2. ¿Qué aspecto tiene el hotel? 3. ¿Le parece malo a María? 4. ¿Hay libres dos habitaciones dobles? 5. ¿Hay libres habitaciones individuales? 6. ¿Cuánto es la pensión completa? 7. ¿Quiénes ocupan las individuales? 8. ¿Quiénes ocupan la habitación doble? 9. ¿Cómo suben a las habitaciones? 10. ¿Quién les lleva el equipaje?

II. *Translate into Spanish:*

1. He gives them (*m.*) to me. 2. I tell you. 3. I give it (*f.*) to her. 4. She brings them (*f.*) to us. 5. They can't sell them (*m.*) to me. 6. She gives them (*f.*) to him. 7. I'm going to give it (*f.*) to you. 8. She's going to bring it (*m.*) to us. 9. You sell it (*m.*) to him. 10. He sells it (*f.*) to us.

III. *Make questions with the following words and answer them:*

1. ¿Qué ...? 2. ¿Cuándo ...? 3. ¿Habla ...? 4. ¿Te gusta ...? 5. ¿Tienes ...? 6. ¿Dónde ...? 7. ¿Escribe él ...? 8. ¿Quién ...? 9. ¿Fuma ...? 10. ¿Compran ...?

IV. *Change the subject pronoun in brackets into an object pronoun and place it in the correct position:*

1. El habla (yo). 2. Yo escribo (él). 3. Ellos ven (ellos). 4. Nosotros preguntamos (ella). 5. Vd. ve (yo). 6. El habla (Vds.). 7. Nosotros queremos hablar (ellos). 8. Yo veo (él). 9. Ellas preguntan (Vd.). 10. Nosotros vemos (ella).

LESSON 25

VOCABULARY

afeitarse	to shave oneself
agradable	pleasant
el agua (*f.*)	water
arreglarse	to get oneself ready
arrugado, -a	creased, wrinkled
azul	blue
bañarse	to bath, bathe
buscar	to look for
caliente	hot
¿cuál?	which?
deshacer (*irr.*)	to undo, unpack
después	afterwards
encontrar (ue)	to find
la falta	lack
el jabón	soap
mientras	while
nadar	swim
peinarse	to comb one's hair
planchar	to iron
el sol	sun
tomar	to take
el traje	suit

IDIOMATIC EXPRESSIONS

tomar el sol	to sunbathe
hacer falta	to be needed, lacking

Arréglate pronto

1 PEDRO: Mientras deshaces las maletas voy a afeitarme y a tomar un baño. Estoy lleno de carbonilla.
CARMEN: Yo me bañaré después. Ahora sólo me lavaré las manos. ¿Está el agua caliente?

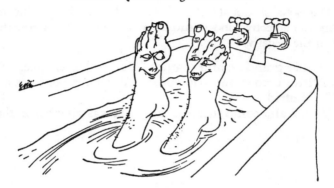

5 PEDRO: No está tan caliente como en casa, pero puede pasar.
CARMEN: Voy a plancharme un vestido. Si quieres, te plancho el traje.
PEDRO: No hace falta. Mis trajes no están arrugados.
10 CARMEN: Me parece que el baño ya está lleno. ¿Qué buscas, Pedro?
PEDRO: El jabón. No lo encuentro.
CARMEN: Está en la maleta.
PEDRO: ¿En cuál?
15 CARMEN: En ésa, en la pequeña.
PEDRO: Mira, desde este balcón se ve el mar.
CARMEN: Tienes razón. ¡Qué bonito está! ¡Y qué azul! ¿Podremos bañarnos mañana? Tengo muchas ganas de nadar.
20 PEDRO: Ya lo creo. Con el calor que hace será muy agradable, y también podremos tomar bien el sol.

LESSON 25

PEDRO: ¿Te falta mucho para terminar de arreglarte?
CARMEN: No, peinarme solamente.

GRAMMAR

COMPARISONS OF EQUALITY.   These are formed by putting **tan** before the adjective and **como** after it, both in the affirmative and in the negative:

Es tan grande como el mío.	It is as big as mine.
Alicante no es tan frío como Madrid.	Alicante is not as cold as Madrid.
Es tan alta como su hermano.	She is as tall as her brother.

NOTES

2. **tomar un baño:** 'to have a bath.'   Very often the Spanish verb **tomar** (to take) is used where in English we use the verb 'to have,' especially with reference to food and drink:

Voy a tomar un vaso de vino.	I'm going to have a glass of wine.

lleno de carbonilla: 'covered in soot' (*lit:* 'full of soot').

4. **Está:** temporary state.
el agua: although **agua** is feminine, it has the masculine article because **la** is never used with a stressed initial **a** or **ha** (cf. **el hambre**).

5. **puede pasar:** 'it's all right' (*lit:* 'it can pass').

9. **No hace falta:** 'There's no need.'

14. **¿En cuál?:** 'In which?'   **Cuál** (which) is never used with a noun.   It is then replaced by **qué**, which is very often used in preference to **cuál**:

LESSON 25 125

¿Qué libro quieres?	Which book do you want?
¿Cuál quieres?	Which do you want?
¿Qué quieres?	What do you want?

16. **se ve el mar**: 'you (one) can see the sea.' Here **se** is the impersonal subject (see lesson 20, A, 3).

20. **lo**: refers back to Carmen's question.

22. **¿Te falta mucho?**: 'Have you a lot left to do?'

EXERCISES

I. *Translate into Spanish:*
1. I wash in the bathroom. 2. He shaves every day. 3. It is said that they are Spanish. 4. We shall wash our hands. 5. You (*pl.*) will have a bath. 6. Spanish is spoken. 7. I'm going to buy a book for myself. 8. She will get ready. 9. It is thought that they will come. 10. She will wash herself.

II. *Put in* quién, cuánto, dónde, qué, cómo, cuántos, cuál *or* por qué:
1. ¿____ libro tienes? 2. ¿____ es el tuyo? 3. ¿____ coches hay en la calle? 4. ¿____ compra tabaco? 5. ¿____ vas tan pronto? 6. ¿____ dinero tienes? 7. ¿____ es tu libro, grande o pequeño? 8. ¿____ está mi libro?

III. *Choose the correct word in brackets:*
1. ____ libro es mío (aquel, aquél). 2. ____ son buenos (estos, éstos). 3. ____ casa es grande (esa, ésa). 4. ____ es la tuya (aquella, aquélla). 5. ____ son suyos (esos, ésos). 6. ____ traje es bonito (este, éste). 7. ____ no es mío (ese, ése). 8. ____ hombres son amigos (aquellos, aquéllos). 9. ____ es bonita (esta, ésta).

IV. *Give the opposite of:*
1. Corto. 2. Cerrar. 3. Entrar. 4. Sacar. 5. Allá. 6. Comprar. 7. Caliente. 8. Dar. 9. Deshacer. 10. Arriba.

LESSON 26

VOCABULARY

alegre	gay
ancho, -a	wide
aprovechar	to take advantage of
barato, -a	cheap
blanco, -a	white
caro, -a	dear, expensive
el centímetro	centimetre
el color	colour
el dependiente	shop assistant
desear	to want, desire
el escaparate	shop window
estrecho, -a	narrow
estupendo, -a	excellent, marvellous, wonderful
igual	equal, the same
el metro	metre
negro, -a	black
el precio	price
rojo, -a	red
la tela	cloth, material
verde	green

IDIOMATIC EXPRESSIONS

a su disposición	at your service
ir de compras	to go shopping

De compras

1 CARMEN: María, ¿qué te parece si aprovechamos la mañana para ir de compras?
MARÍA: Estupendo, vamos ahora mismo.

CARMEN: ¡Qué tela tan bonita tienen en esta tienda!
5 MARÍA: Sí, es verdad. Es muy bonita. Vamos a preguntar el precio.

CARMEN: Por favor, ¿qué precio tiene esa tela del escaparate?
DEPENDIENTE: ¿Qué tela? ¿La blanca o la negra?
10 CARMEN: La negra.
DEP.: Esa tela es a 90 pesetas el metro.
CARMEN: ¿Es ancha o estrecha?
DEP.: Es estrecha; tiene 75 centímetros de ancho.
CARMEN: Para ser estrecha es muy cara, ¿no te parece,
15 María?

MARÍA: Sí, creo que es más cara que otra casi igual que tengo yo en Madrid.
DEP.: Será otra clase, señora. Pero aquí tengo otra tela también de buena clase y más barata que esa.
20 Es a 60 pesetas el metro.

128 LESSON 26

MARÍA: Esta me gusta más. ¿En qué colores la tienen?
DEP.: La tenemos en casi todos los colores; blanco, negro, azul, rojo, verde...
CARMEN: ¿En qué color te gusta más, blanco o negro?
25 MARÍA: Yo prefiero el blanco. Es más alegre que el negro.
CARMEN: Muy bien. Me llevaré tres metros y medio para hacerme un vestido.
DEP.: ¿Desean las señoras algo más?
CARMEN: Nada más. Muchas gracias.
30 DEP.: A su disposición. Que ustedes lo pasen bien.

NOTES

3. **vamos ahora mismo:** 'let's go at once.'
11. **Esa tela es a 90 pesetas el metro:** 'This material is 90 pesetas a metre.' With expressions of price a is required; the definite article is always used for weights and measures.
    The metric system is used throughout Spain. A metre has 100 centimetres and is approximately 1 yard 3 inches.
12. **ancha o estrecha:** 'wide or narrow.' These are the two standard widths in which material is usually sold.
13. **tiene 75 centímetros de ancho:** 'it is 75 centimetres wide.'
14. **Para ser estrecha:** 'Considering it is narrow,' 'For a narrow material.'
16. **que otra casi igual:** 'than another almost the same.'
18. **Será otra clase:** 'It will be a different kind.'
26. **para hacerme:** 'to make myself.'
30. **Que ustedes lo pasen bien:** a polite way of saying good-bye.

EXERCISES

I. *Put into the third person masculine (a) singular and (b) plural:*

1. Yo doy mi libro. 2. Tú te arreglas. 3. Yo me afeito. 4. Tú tienes tus amigos. 5. Este libro es mío. 6. Nosotros vamos a

LESSON 26

129

nuestra casa. 7. El mío es muy bueno. 8. Tu libro está en tus manos. 9. Nosotros no tenemos el nuestro. 10. Ellas se arreglan por la mañana.

II. *Translate into Spanish:*

1. You are Spanish, aren't you? 2. He has a book, hasn't he? 3. She speaks well, doesn't she? 4. He will go, won't he? 5. That is yours, isn't it? 6. He can't come, can he? 7. They have friends, haven't they? 8. I shan't go, shall I? 9. You are right, aren't you? 10. It's cold, isn't it?

III. *Use a pronoun in place of the words in italics:*

1. Leo un libro *a los niños.* 2. Compro *un billete* en la estación. 3. Yo quiero mucho *a mis padres.* 4. Mis amigos terminan *el viaje.* 5. Tu padre ve *una ciudad.* 6. Vosotros tomáis *café.* 7. Carlos invita *a sus amigos* a un viaje. 8. Nosotros sacamos *el equipaje.* 9. Carlos da el libro *a Carmen.* 10. Ellos ponen *los coches* en la calle.

IV. *Put the verb into the correct form (a) in the present; (b) in the future:*

1. Yo (poder) hacerlo. 2. El (querer) ir a casa. 3. Nosotros (venir) a las seis. 4. ¿Qué (comprar) ellos? 5. (Faltar) dos horas para llegar a Valencia. 6. Yo (dar) lo que puedo. 7. Ella se (arreglar) por las mañanas. 8. Vosotros (ir) a las ocho. 9. El no (ser) tonto. 10. Yo no (parecer) español.

LESSON 27

VOCABULARY

acompañar	to accompany
alguno (algún), -a	some, any
así	so, in that way, thus
el billete	bank-note
el cambio	change
la derecha	right
despistado, -a	absent-minded
el duro	five peseta coin or note
la esquina	corner
hacia	towards
la izquierda	left
el periódico	newspaper
primero, -a	first
suficiente	enough, sufficient
el valor	value
la vuelta	change (of money)

Los hombres también compran (1)

1 CARLOS: Pedro, ¿vas a salir?
 PEDRO: Sí, voy a la esquina a comprar un periódico.
 CARLOS: Te acompaño. Así aprovecho para comprar yo también algunas cosas.

5 PEDRO: ¿Tienen ustedes algún periódico de Madrid?
 VENDEDOR: El ABC solamente.
 PEDRO: Está bien. ¿Tiene usted cambio de 100 pesetas?
 VENDEDOR: Lo siento. No tengo.

LESSON 27

PEDRO: ¿Tienes tú un billete de menos valor que éste?
CARLOS: Sí, creo que tengo alguno de cinco pesetas.
PEDRO: Muy bien; con un duro es suficiente.
VENDEDOR: Aquí tiene usted 3,50 de vuelta. Que ustedes lo pasen bien.

PEDRO: ¿Dónde quieres ir ahora?
CARLOS: Vamos al estanco. Quiero comprar tabaco y cerillas.
PEDRO: Muy bien, vamos; yo compraré sellos. Hay un estanco en la primera calle a la derecha.
CARLOS: ¿A la derecha o a la izquierda?
PEDRO: A la derecha. Estoy seguro.
CARLOS: Pues vamos hacia la derecha. Yo no estoy seguro y además soy un despistado.

GRAMMAR

A. COMPARISONS OF INFERIORITY. These are expressed by putting **menos** (less) before the noun or adjective and **que** (than) after it:

Ella es menos bonita que su hermana.	She is less pretty than her sister.

132   LESSON 27

B. **Alguno** (some, any) loses the final **o** when preceding a noun and becomes **algún**. The adjectives **bueno** and **malo** also lose the final **o** when they precede a masculine singular noun:

algún lapiz   any pencil
alguna pluma   any pen
un buen libro   a good book
una mala novela a bad novel

NOTES

3. **yo**: used after the verb for emphasis.
6. **ABC**: one of Spain's most important newspapers.
7. **Está bien**: 'That's all right.'
9. **¿Tienes tú un billete de menos valor que éste?**: 'Have you a smaller note than this?' Note the emphatic **tú**; Pedro turns from the shopkeeper to Carlos.
18. **a la derecha**: 'on the right.'
19. **a la izquierda**: 'on the left.'
21. **hacia la derecha**: 'to (towards) the right.'
22. **soy un despistado**: 'I am absent-minded.' Some Spanish adjectives used to describe people can also be used as nouns. Note the use of **ser** to indicate an inherent characteristic.

EXERCISES

I. *Answer the following questions:*

1. ¿Qué va a hacer Pedro? 2. ¿Quién le acompaña? 3. ¿Qué va a hacer Carlos? 4. ¿Qué periódico tiene el vendedor? 5. ¿Quién le da el billete de 100 pesetas? 6. ¿Tiene el vendedor cambio? 7. ¿Quién tiene un billete de menos valor? 8. ¿Cuántas pesetas tiene un duro? 9. ¿Cuánto le da el vendedor de vuelta a Carlos? 10. ¿Qué quiere comprar Carlos?

LESSON 27 133

II. *Put into the (a) negative; (b) interrogative; (c) interrogative-negative:*

1. Yo voy a salir pronto. 2. Ella aprovecha para comprar unas cosas. 3. Ella acompaña a su marido. 4. Los amigos quieren ir a la tienda. 5. Vosotros deseáis muchas cosas. 6. Ellos parecen bastante pequeños. 7. Este perro es más grande que aquél. 8. A Carmen le parece muy caro. 9. El blanco es más alegre que el negro. 10. Mis amigos terminan pronto.

III. *Put in the correct possessive pronouns:*

1. Este es mi billete; es _____. 2. Vd. fuma un cigarrillo; es _____. 3. Ellos tienen un periódico; es _____. 4. Tú lees tu libro; es _____. 5. El quiere a sus hijos; son _____. 6. Ella plancha su vestido; es _____. 7. Vosotras hacéis las camas; son _____. 8. Nosotros vendemos telas; son _____. 9. Vds. tienen sus amigos; son _____. 10. Ellas sacan sus billetes; son _____.

IV. *Use the following words in sentences of your own:*

1. alegre; 2. barato; 3. escaparate; 4. negro; 5. tela; 6. agua; 7. traje; 8. pesetas; 9. después; 10. lavarse.

LESSON 28

VOCABULARY

acordarse (ue)	to remember
agradecer	to be grateful (for), thank (for)
americano, -a	American
el avión	aeroplane
la carta	letter
conservar	to keep
costar (ue)	to cost
el chico	boy
español, -a	Spanish
el extranjero	abroad
la lotería	lottery
mejor	better
la memoria	memory
pagar	to pay
la parte	part
peor	worse
quedar	to remain, be left
rubio, -a	fair, blond(e)
sin	without
la suerte	luck
el total	total, all

IDIOMATIC EXPRESSIONS

de un momento para otro	from one moment to the next
en todas partes	everywhere
por avión	by air
tener suerte	to be lucky

Los hombres también compran (2)

1 PEDRO: ¿Lo ves? Aquí está el estanco.
   CARLOS: ¡Qué buena memoria tienes, chico! Yo, de un momento para otro, no me acuerdo dónde están los sitios.

5 VENDEDOR: Buenos días. ¿Qué desean los señores?
   CARLOS: Yo quiero un paquete de tabaco negro y una caja de cerillas.
   VEND.: Lo siento, señor. No me queda tabaco negro.
   CARLOS: Pues rubio, entonces.
10 VEND.: ¿Cómo lo quiere, americano o español?
   CARLOS: Démelo español, que es más barato, aunque es algo peor. ¿Cuánto cuesta?
   VEND.: Once pesetas. Y usted, ¿qué quiere?
   PEDRO: Un sello de una peseta y otro para una carta para
15   el extranjero.
   VEND.: ¿Va por avión?
   PEDRO: Sí.
   VEND.: Entonces son seis pesetas en total.
   PEDRO: ¿Tiene usted cambio de cien pesetas?
20 VEND.: Lo siento, señor. Estoy toda la mañana sin cambio.

136 LESSON 28

CARLOS: Tenga, cinco duros.
VEND.: Se lo agradezco, señor.
CARLOS: ¡Qué suerte tienes con ese billete! Así tengo que
25   pagar yo en todas partes.
PEDRO: Sí, creo que voy a comprar lotería con él.
CARLOS: Mejor será que lo conserves, que así estará más
        seguro.

NOTES

1. **Lo:** refers to the discussion in the previous lesson as to where the **estanco** was.
2. **chico:** often used as an exclamation among friends: 'old man,' 'old chap,' etc.
3. **no me acuerdo:** 'I can't remember.' Note that this verb is reflexive and is generally followed by **de:**

    Me acuerdo de él.   I remember him.

5. **¿Qué desean los señores?:** a rather old-fashioned formula used only by shop-keepers.
6. **tabaco negro:** two classes of tobacco are sold in Spain: **rubio** (Virginia) and **negro** (black).
8. **No me queda tabaco negro:** 'I've run out of black tobacco.'
10. **lo:** refers to **tabaco.**
11. **Démelo español:** 'Give me Spanish.' **Dé,** the polite form of the imperative of **dar** (see lesson 30), always has an accent to distinguish it from the preposition **de** (from). **Lo,** the object pronoun repeating the object noun (see lesson 17, line 6), follows and is joined to the verb because it is imperative.
12. **peor:** the irregular comparative of **malo.**
14. **Un sello de una peseta:** it costs one peseta to send a letter inside Spain. Air mail to Europe costs five pesetas.
20. **Estoy toda la mañana sin cambio:** 'I've been without change the whole morning.' Note that in Spanish the

LESSON 28   137

present tense is here used where in English we use the perfect.

22. **Tenga:** 'Here you are.' This is the subjunctive of **tener** used for the polite imperative (see lesson 30, A, 4).
23. **Se lo agradezco:** 'Thank you' (*lit:* 'I thank you for it'). **Agradecer** is an orthography-changing verb like **obedecer**.
24. **Así tengo que pagar yo en todas partes:** 'Like this *I* shall have to pay everywhere.'
26. **creo que voy a comprar lotería:** 'I think I am going to buy a lottery ticket.'
27. **Mejor:** the irregular comparative of **bien**, and also of **bueno:**

Este libro es mejor que el tuyo.   This book is better than yours.

EXERCISES

I. *Answer the following questions:*

1. ¿Dónde venden tabaco? 2. ¿Cuánto cuesta un periódico? 3. ¿Qué es el ABC? 4. ¿Dónde venden cerillas? 5. ¿Cuántas pesetas tiene un duro? 6. ¿Cuánto cuesta un sello para España? 7. ¿Qué clases de tabaco se venden en España? 8. ¿Cuánto cuesta un sello para Inglaterra? 9. ¿Dónde está el estanco, a la izquierda o a la derecha? 10. ¿Dónde venden sellos?

II. *Put into the feminine plural:*

1. El es alto y rubio. 2. Tú tienes un amigo muy bueno. 3. El hombre está alegre. 4. El tiene un hijo pequeño. 5. El padre está en el coche. 6. El hombre tiene un traje bonito. 7. El abuelo es muy viejo. 8. Este gato negro es muy malo. 9. El niño pequeño lee un libro. 10. El hermano es alto.

III. *¿Qué hora es?*

12,55; 7,25; 3,00; 5,20; 10,50; 8,35; 4,30; 6,10; 12,5; 2,15; 7,40; 10,45.

138 LESSON 28

IV. *Put in the missing word:*

1. ¿A qué hora ____ la taquilla? 2. Señor revisor, ¿____ retraso? 3. ¿Ves aquella ciudad? Si, ya ____ veo. 4. Las navajas ____ venden en Albacete. 5. Ella ____ lava en el cuarto ____ baño. 6. Es tan grande ____ el mío. 7. ¿____ es el hotel? 8. Voy a ____ un baño. 9. ¿Te ____ mucho para terminar? 10. Este vestido es mío y ____ es tuyo.

LESSON 29

VOCABULARY

ahogarse	to drown
el albornoz	bathing wrap
la arena	sand
el cuidado	care
el daño	harm
la hierba	grass
la mala hierba	weed
moreno, -a	brown, tanned
morir (ue)	to die
nadie	nobody
nunca	never
la ola	wave
la piedra	stone
ponerse	to become, get
preocupar(se)	to worry
presumir	to be vain, be proud
la resaca	undertow, undercurrent
la sombra	shade, shadow
sufrir	to suffer
temprano	early
el traje de baño	bathing-costume

IDIOMATIC EXPRESSIONS

a sus anchas	unrestrictedly, at one's ease
hacer daño	to harm, hurt
Hierba mala nunca muere	Weeds never die
ir bien	to suit, go well with

Quien quiere presumir tiene que sufrir	Pride knows no pain
tener cuidado	to take care, be careful

Una mañana en la playa

1   CARLOS: Tenemos suerte. No hay nadie en la playa. Vamos a poder nadar a nuestras anchas.
   MARÍA: Yo creo que no hace suficiente calor para bañarse.
   CARLOS: Porque todavía es temprano. No son más que las
5   diez y media. Ya verás a las doce el calor que hará.
   PEDRO: Carmen, ¿dónde está mi traje de baño?
   CARMEN: Lo tienes en el bolso. Saca también mi albornoz, por favor.
   PEDRO: ¡Pero cómo! ¿Vas a bañarte?
10 CARMEN: No, pero voy a tomar el sol y lo quiero para no llenarme de arena.
   MARÍA: No te preocupes por la arena. Solamente hay piedras.

   CARMEN: Es verdad. ¡Cuántas piedras hay! Desde luego,
15 son mejores las playas del Cantábrico que las del Mediterráneo.

LESSON 29   141

PEDRO: Pues yo creo que son peores. Hay muchas olas
y son tan grandes que no se puede nadar bien.
MARÍA: Carmen, ven un poco a la sombra. Tanto sol va
20   a hacerte daño.
CARMEN: No, el sol me gusta mucho y además quiero
ponerme morena. Me va muy bien y ... « quien
quiere presumir ...
PEDRO: ... tiene que sufrir ». ¡Estas mujeres!
25 CARLOS: Bueno, deja a las mujeres y vamos a bañarnos.
El agua está estupenda.
CARMEN: Pero venid pronto. Es ya muy tarde y tenemos
que comer.
MARÍA: Y tened cuidado. Hay un poco de resaca y
30   podéis ahogaros.
CARLOS: No te preocupes. Hierba mala nunca muere.

NOTES

1. **No hay nadie**: 'There is no-one,' 'There isn't anyone.'
When a verb is followed by a negative pronoun or adjective,
it must be preceded by **no**:

> No se bañaba nadie.   No-one was swimming.

If, however, the negative pronoun or adjective precedes the
verb, **no** is not required:

> **Nadie se bañaba.**   No-one was swimming.

4. **No son más que las diez y media. Ya verás a las doce
el calor que hará**: 'It's only half-past ten. You'll see how
hot it will be at twelve.'

9. **¡Pero cómo!**: 'What!' An exclamation of surprise not so
abrupt as ¡cómo! alone.

10. **para no llenarme de arena**: 'so as not to get covered in
sand.' (See lesson 25, line 2.)

LESSON 29

12. **No te preocupes por la arena:** 'Don't worry about (*lit:* because of) the sand.'

14. **¡Cuántas piedras hay!:** 'How many stones there are!' The verb **hay** could be omitted.

18. **no se puede nadar:** 'one cannot swim.' Here **se** is the impersonal subject (see lesson 20, A, 3).

19. **ven:** the irregular second person singular imperative of **venir**.

22. **Me va muy bien:** 'It suits me.'
   Quien quiere presumir tiene que sufrir: a Spanish proverb generalising such things as: 'If you want to slim, you must diet,' 'If you want to be brown, you must put up with sunbathing.' The English equivalent of this Spanish proverb might be 'Pride knows no pain.'

31. **muere: morir** is a radical-changing verb conjugated like **dormir**, except for its irregular past participle, **muerto**.

EXERCISES

I. *Change the infinitive into the second person of the imperative (a) singular and (b) plural:*

1. (Tomar) las sillas. 2. (Afeitarse) por la mañana. 3. (Leer) el libro. 4. (Venir) a las seis. 5. (Abrir) la puerta. 6. (Vender) la tela. 7. (Arreglarse) pronto. 8. (Planchar) los vestidos. 9. (Preguntar) al hombre. 10. (Lavarse) después.

II. *Make the following sentences comparative: (e.g.:* El mío es más ancho que el tuyo.)

1. Esta tela es (azul) ésa. 2. Ella es (bonita) su hermana. 3. Aquel libro es (malo) éste. 4. Tu amiga es (morena) tú. 5. El es (malo) yo. 6. Yo no estoy (bueno) él. 7. El agua de casa esta (caliente) ésta. 8. Ellas son (alegres) nosotras. 9. Estos no son (baratos) ésos. 10. Tenemos (buenos) libros ellos.

III. *Answer the following questions:*

1. ¿Te gusta la playa? 2. ¿Qué día de la semana es hoy? 3. ¿Dónde nada en verano? 4. ¿Cuántos días tiene la semana?

LESSON 29 143

5. ¿Qué día es mañana? 6. ¿Eres rubio o moreno? 7. ¿Te gusta tomar el sol? 8. ¿Qué hora es? 9. ¿Nadas bien? 10. ¿Te va bien el azul?

IV. *Put in the definite article:*

1. jueves; 2. estación; 3. albornoz; 4. andén; 5. pensión; 6. mar; 7. revisor; 8. ciudad; 9. agua; 10. tren.

V. *Put into the third person feminine (a) singular and (b) plural:*

1. Yo estoy alegre. 2. Tú te aprovechas de eso. 3. Nosotros nos compramos nuestros libros. 4. Parecemos ingleses. 5. Yo te lo agradezco. 6. Soy muy despistado. 7. Estamos seguros. 8. ¿Tienes tu libro? 9. Escribimos nuestras cartas. 10. ¿Vais a casa?

LESSON 30

VOCABULARY

ahorrar	to save
avisar	to warn
la cabeza	head
la cerveza	beer
la comida	meal, lunch
la costumbre	habit, custom
la cuenta	bill
enviar	to send (for)
esperar	to wait (for); to expect
exactamente	exactly
el final	end
incluido, -a	included
necesario, -a	necessary
el portero	doorman
preparar	to prepare
la propina	tip
el servicio	service
servir (i)	to serve

IDIOMATIC EXPRESSIONS

avisar un taxi	to engage a taxi
en el extranjero	abroad

Lo que cuesta un hotel

1 CARLOS: Nos vamos esta tarde a las 8,30. Por favor, prepare la cuenta. Habitaciones 20, 26 y 27.

GERENTE: Aquí está su cuenta.
CARLOS: Quiero que me diga qué son estas 116 pesetas del final.
GERENTE: Es el tanto por ciento del servicio.
PEDRO: ¿Y estas 58 pesetas de mi cuenta?
GERENTE: Son las cervezas y los vinos tomados por los señores en la comida.
10 PEDRO: Pues es verdad. No sé donde tengo la cabeza.
CARLOS: Por favor, ¿puede enviar al botones para que nos avise un taxi?
PEDRO: No, no es necesario. Hay uno libre en la puerta.
CARMEN: ¡Qué suerte! No pasa como en Madrid. Además de no esperar nos ahorramos la propina.
PEDRO: La del botones, sí; pero no la del portero.
CARMEN: ¿Por qué le das propina al portero? Ya está incluida en el tanto por ciento del servicio.
PEDRO: ¡Qué quieres, hija! Es la costumbre.
20 CARMEN: ¡Qué costumbre tan tonta!

LESSON 30

PEDRO: En los hoteles ya se sabe. Si uno quiere que le sirvan bien, tiene que dar propinas.

MARÍA: ¿Y pasará igual en el extranjero?

CARLOS: Claro, hija mía; exactamente igual.

25 MARÍA: Pues entonces, « mal de muchos ...

CARMEN: ... consuelo de todos ».

PEDRO: O de tontos. Que todo puede ser.

GRAMMAR

A. THE PRESENT SUBJUNCTIVE. The stem of the present subjunctive is the first person singular of the indicative without the final **o**:

comprar	hacer	subir
compre	haga	suba
compres	hagas	subas
compre	haga	suba
compremos	hagamos	subamos
compréis	hagáis	subáis
compren	hagan	suban

Note that **-er** verbs and **-ir** verbs have the same endings.

The subjunctive is used:
(1) after verbs of wishing, when the subject of the subordinate clause differs from that of the main clause:

Queremos que lo pongas aquí. We want you to put it here.

Quiero que lleve la maleta. I want him to take the bag.

BUT when there is only one subject, the second verb is an infinitive:

Queremos ponerlo aquí. We want to put it here.

Quiero llevar la maleta. I want to take the bag.

LESSON 30   147

(2) after impersonal expressions referring to the future or expressing doubt or obligation:

Es posible que lo haga.   It is possible that he will do it.

Es necesario que venga.   It is necessary that he comes.

(3) after **para que** (so that):

Te mando dinero para que compres un vestido.   I am sending you money so that you may buy a dress.

(4) for the polite imperative; remember that **Vd.** and **Vds.** always require the verb in the third person:

Abra la puerta.   Open the door.

Salgan del coche, por favor.   Please get out of the car.

Hágalo mañana.   Do it tomorrow.

(5) for negative commands, both familiar and polite:

No abras la ventana.   Don't open the window.

No abra la ventana.   Don't open the window.

Note that while in affirmative commands the object pronoun always follows the verb and is joined to it, in negative commands it precedes the verb:

(familiar)	Hazlo.	Do it.
	No lo hagas.	Don't do it.
	Dámelo.	Give it to me.
	No me lo des.	Don't give it to me.
(polite)	Hágalo.	Do it.
	No lo haga.	Don't do it.
	Démelo.	Give it to me.
	No me lo dé.	Don't give it to me.

N.B. There are six verbs which do not form the subjunctive as stated. These and other uses of the subjunctive will be explained in later lessons.

148   LESSON 30

B. RADICAL-CHANGING VERBS.   As we saw in lesson 13, certain
verbs change the vowel of their stem when the stress falls upon
it.   However, some verbs of the third conjugation change this
vowel in certain parts even when the stress falls upon the ending.

Servir (to serve) is such a verb; the stem vowel e changes to i
in all parts of the present subjunctive:

Indicative	*Subjunctive*
sirvo	sirva
sirves	sirvas
sirve	sirva
servimos	sirvamos
servís	sirváis
sirven	sirvan

NOTES

4. **diga**: the subjunctive of **decir**, taken from the first person
   singular of the present tense, **digo**, without the **o**.   See A.
   del final: 'at the end.'

6. **tanto por ciento del servicio**: 'so much per cent for
   service,' 'service charge.'   In Spain a percentage (varying
   from 10 to 15%) of the total is added to all hotel bills for
   service.

10. **No sé donde tengo la cabeza**: I don't know what I was
    thinking about.'

11. **al botones**: a is used because **botones** is a personal direct
    object (**a + el = al**).

14. **No pasa como en Madrid**: 'It doesn't happen like that in
    Madrid.'

15. **Además de no esperar**: 'Besides not waiting.'   After a
    preposition the infinitive is used:

Vengo a comprar.	I come to buy.
Esto es para vender.	This is for sale.
Viene de jugar.	He comes from playing.

LESSON 30   149

16. **La:** refers to **la propina.**

17. **le das propina al portero:** note the use of the indirect object pronoun **le** repeating the indirect object noun **al portero** (see lesson 17, line 6).

19. **¡Qué quieres, hija!:** 'What do you want me to do, dear?' (See lesson 20, line 20.)

21. **le sirvan:** **le** refers to the impersonal **uno; sirvan** is the subjunctive after **querer.**

23. **¿Y pasará igual en el extranjero?:** 'And does the same thing happen (pass = take place) abroad?' Very often the future is used in Spanish when there exists a probability:

¿Qué hora es?	What is the time?
Serán las tres.	It is probably, I think it is, three o'clock.

24. **hija mía:** 'my dear.'

25. **mal de muchos . . . :** see lesson 9.

27. **Que todo puede ser:** 'Anything is possible.'

EXERCISES

I. *Put into the subjunctive (the infinitive is given in brackets):*

1. Ella quiere que yo (tomar) el libro. 2. Tenemos ganas de que tú (venir). 3. Les gusta que vosotros (terminar) pronto. 4. Quiero que tú (dejar) eso. 5. Queremos que vosotros (hacer) el libro. 6. Ella tiene ganas de que tú (afeitarse). 7. Me gusta que ellos (fumar). 8. ¿Tienes ganas de que ellos (escribir). 9. ¿Quiere Vd. que él (sufrir) mucho? 10. Le gusta que nosotros (salir) pronto.

II. *Finish these questions and answer them:*

1. ¿Te afeitas . . . ? 2. ¿Qué dan . . . ? 3. ¿Se habla . . . ? 4. ¿Tienen Vds. . . . ? 5. ¿Se lava . . . ? 6. ¿Qué precio . . . ? 7. ¿Les gusta . . . ? 8. ¿Te va bien . . . ? 9. ¿Dónde está . . . ? 10. ¿Hace . . . ?

150 **LESSON 30**

III. *Use a pronoun in place of the words in italics:*

1. Su madre ve *a María*. 2. El da *un libro a Pedro*. 3. Yo veo *a mis amigos*. 4. Llevad *la silla*. 5. Yo compro *el periódico al hombre*. 6. Ellos dan *los coches a los hombres*. 7. Pasa *la caja a Carlos*. 8. Escriba *la carta* para *María*. 9. *Carlos* y *María* comprarán *los billetes*. 10. Hay mejores *playas* en el Cantábrico.

IV. *Give the plural of:*

1. Yo me afeito por la mañana. 2. Ese libro es muy bueno 3. El ascensor está aquí. 4. El agua está caliente. 5. Ella se peina en el ucarto de baño. 6. Este perro es más pequeño que aquél. 7. Mira el escaparate. 8. ¿Es estrecha esta tela? 9. ¿Cómo es tu amigo? 10. Se lo agradezco mucho.

LESSON 31

VOCABULARY

el aceite	oil
antes de que	before
el azúcar	sugar
la carne	meat
la docena	dozen
la fruta	fruit
el huevo	egg
igualmente	also, equally
el kilo	kilo
la leche	milk
la lechería	dairy
el litro	litre
el lugar	place
el pan	bread
la panadería	baker's shop
la patata	potato
el pescado	fish
la plaza	market place, public square
tinto	red (of wine)
el tocador	cloakroom
el tomate	tomato

La compra diaria

1 CARMEN: Vamos a ver, Juana. Antes de que vayamos a la plaza, dígame qué cosas hacen falta.

JUANA: Pues, en primer lugar, no tenemos ni aceite, ni azúcar.

LESSON 31

5 CARMEN: Muy bien; traeremos dos litros de aceite y dos kilos de azúcar.
JUANA: No hay tampoco jabón, ni de lavar, ni de tocador.
CARMEN: ¿Algo más?
JUANA: Sí, señora. Huevos...
10 CARMEN: Compraremos una docena.
JUANA: ... Fruta y tomates.
CARMEN: ¿Y patatas? ¿Quedan patatas?

JUANA: Sí, señora, patatas todavía quedan.
CARMEN: Podemos comprar al mismo tiempo el pan.
15 JUANA: No hace falta, señora. Lo traerán más tarde de la panadería. También hace falta comprar leche.
CARMEN: Irá usted más tarde a la lechería. Quiero que me traiga dos litros y medio.
JUANA: Y hay que comprar igualmente carne y pescado.
20 CARMEN: Desde luego. Y además, vino. Medio litro de vino tinto y un litro de vino blanco. Creo que eso es todo por hoy.

GRAMMAR

A. ADVERBS. These are generally formed by adding the ending -mente (-ly) to adjectives. The feminine form of the adjective is always used when it is different from the masculine:

LESSON 31
153

igual	equal	igualmente	equally
alegre	gay	alegremente	gaily
rápido	quick	rápidamente	quickly

Some adverbs, however, do not end in **-mente**; two we have learned are.

| bien | well |
| mal | badly |

B. ANOTHER USE OF THE SUBJUNCTIVE. Verbs and conjunctions referring to the future are always followed by the subjunctive:

Iré a casa cuando haga frío.   I shall go home when it is cold.

Deles de comer antes de que salgan.   Give them something to eat before they go out.

NOTES

1. **vayamos**: subjunctive after a conjunction referring to the future. **Ir** is one of the six verbs that form the subjunctive irregularly; see appendix of irregular verbs.
2. **dígame**: the subjunctive of **decir** used for the polite imperative.
3. **en primer lugar**: 'in the first place.' Note the loss of the final **o** of **primero** before the masculine singular noun.
5. **dos litros de aceite**: Spanish cooking is based on olive oil which is consumed in large quantities. 2 litres of oil would be a normal amount for a large family to buy at a time. (1 litre = 1·75 pints; 1 kilo = 2·2 lbs.)
7. **No hay tampoco jabón, ni de lavar, ni de tocador**: 'There's no soap either, neither household nor toilet.'
12. **¿Quedan patatas?**: 'Are there any potatoes left?'
18. **traiga**: the subjunctive of **traer** used for the polite imperative. It is derived from **traigo** (see lesson 30, A).
19. **hay que**: 'one must.' This is an impersonal expression, and is followed by the infinitive.

LESSON 31

EXERCISES

I. *Translate into Spanish:*

1. It is very cold. 2. What a fine day! 3. That is what I want. 4. Is it on the left or on the right? 5. I am not very cold. 6. What luck! 7. She thanks you for it. 8. What a pretty picture! 9. I give it to him. 10. We like sunbathing.

II. *Give the opposite of:*

1. aquí; 2. barato; 3. comprar; 4. estrecho; 5. derecho; 6. aburrido; 7. mejor; 8. moreno; 9. después; 10. llevar.

III. *Put into the negative:*

1. Tomad la carta. 2. Compra un libro. 3. Hazlo ahora. 4. Llena la maleta. 5. Preocúpate de los niños. 6. Sírvanos una copa. 7. Escribid una carta. 8. Preocupaos del equipaje. 9. Ven aquí. 10. Plánchame los trajes.

IV. *Answer the following questions:*

1. ¿Dónde se compra pan? 2. ¿Dónde venden la leche? 3. ¿Cuánto aceite quieren comprar? 4. ¿Tienen que comprar patatas? 5. ¿Cuánto azúcar van a comprar? 6. ¿Quién va a traer la leche? 7. ¿Qué hacen Carmen y Juana antes de salir? 8. ¿Van a comprar cerveza? 9. ¿Tienen mucho jabón en casa? 10. ¿Qué comprarán además de carne?

LESSON 32

VOCABULARY

la **carnicería**	butcher's (shop)
el **carnicero**	butcher
el **cerdo**	pig, pork
cobrar	to take, receive (money)
la **chuleta**	chop
duro, -a	hard, tough
el **filete**	fillet; steak
fresco, -a	fresh
el **gramo**	gramme
los **mariscos**	shellfish
la **merluza**	hake
la **ostra**	oyster
pesar	to weigh
la **pescadería**	fishmonger's (shop)
el **pescadero**	fishmonger
la **sardina**	sardine
el **solomillo**	surloin
la **ternera**	calf, veal
tierno, -a	tender

IDIOMATIC EXPRESSIONS

tener buena cara	to look well (of people), nice, attractive (of things)
tener mala cara	to look ill (of people), unattractive (of things)

En el mercado

1 CARMEN: ¿Tiene ternera?
   CARNICERO: Sí, señora, y muy tierna. Tengo también solomillo de primera clase.
   CARMEN: Póngame medio kilo en filetes de ternera y otro
5   medio de chuletas de cerdo, si no son duras.
   CARNICERO: No, señora. También están muy tiernas.
   CARMEN: Sí, tienen buen aspecto.
   CARNICERO: Los filetes pesan un poco más de medio kilo.
   CARMEN: ¿Cuánto más?
10 CARNICERO: Sólo cincuenta gramos, que son cinco pesetas más.
   CARMEN: Muy bien. Cobre usted.

   CARMEN: ¿Tiene usted merluza fresca?
   PESCADERA: ¿Cuánta desea?
   CARMEN: Tres cuartos de kilo, si no es muy cara.
15 PESCADERA: Es a cuarenta pesetas el kilo.
   CARMEN: Entonces llevaré sardinas, pero me parece que no tienen muy buena cara.

PESCADERA: No lo crea usted. Están frescas: son del día.
CARMEN: Y mariscos, ¿tiene?

LESSON 32   157

20 PESCADERA: Ostras, nada más. A 48 pesetas la docena.
   CARMEN: ¡Qué barbaridad! A ese precio no hay quien
              pueda comer ostras.

NOTES

1. **¿Tiene ternera?:** 'Have you any veal?'
4. **Póngame medio kilo en filetes:** 'Give me (put for me) half a kilo in fillets.' **Ponga** is the subjunctive of **poner** used for the polite imperative singular. The familiar form is **pon**.
7. **Sí, tienen buen aspecto:** 'Yes, they look quite nice.'
11. **Cobre usted:** this is the imperative; it is best translated by 'Here you are.'
18. **No lo crea usted:** 'Don't you believe it.'
20. **nada más:** 'nothing else.' Instead the fishmonger could have said **solamente** or **sólo**.
21. **no hay quien pueda comer ostras:** *lit:* 'there is nobody who can eat oysters.' The subjunctive (**pueda**) must always be used after a relative pronoun when the antecedent is indefinite; when it is specific, the indicative is used:

> **Aquí está el hombre que**   Here is the man who can
> **puede comer ostras.**   eat oysters.

EXERCISES

I. *Answer the following questions:*

1. ¿Qué carne tienen en la carnicería? 2. ¿Qué carne quiere Carmen? 3. ¿Son duras las chuletas? 4. ¿Qué aspecto tienen las chuletas? 5. ¿Cuánto más pesan de medio kilo? 6. ¿Y cuánto más es eso en dinero? 7. ¿A cómo es la merluza? 8. ¿Son frescas las sardinas? 9. ¿Qué mariscos tiene el pescadero? 10. ¿A cómo son?

158 LESSON 32

II. *Put into the future tense:*

1. El lo busca. 2. Nosotros servimos la comida. 3. Vosotros abrís las ventanas. 4. Vds. cierran la puerta. 5. Ella no puede venir. 6. Yo le doy el dinero. 7. Tú haces la comida. 8. Ellos lo sienten. 9. Se lo agradezco mucho. 10. Ella te lo dice.

III. *Put in the missing word:*

1. Compro sellos en el ____. 2. Quiero una ____ de cerillas. 3. Un ____ tiene cinco pesetas. 4. Quien quiere presumir tiene que ____. 5. Ella ____ mucha suerte. 6. Ya no ____ mucho calor. 7. Hierba ____ nunca muere. 8. Yo ____ mucho calor. 9. Podéis hablar a ____ anchas. 10. Tanto sol va a hacerte ____.

IV. *Put in* ser *or* estar:

1. Yo ____ en casa. 2. Ella ____ alegre ahora. 3. El no ____ aquí. 4. Nosotros no ____ españoles. 5. Ellos ____ en Alicante. 6. Vds. ____ hombres. 7. Tú no ____ en la playa. 8. Vosotras ____ mujeres. 9. Vd. ____ ingeniero. 10. Vds. no ____ en el coche.

LESSON 33

VOCABULARY

ácido, -a	acid, sour
aun	even, still
la cebolla	onion
la coliflor	cauliflower
demasiado	too (much, many)
la ensalada	salad
estropearse	to go bad
exacto, -a	exact
el frutero	fruiterer
el huevero	egg-seller
la lástima	pity
la lechuga	lettuce
el limón	lemon
maduro, -a	ripe
mayor	bigger
menor	smaller
la naranja	orange
el puesto	stall
único, -a	only, unique
la zanahoria	carrot

IDIOMATIC EXPRESSION

¡Qué lástima!   What a pity!

LESSON 33

La mejor fruta

1 CARMEN: Juana, vaya al puesto de los huevos y compre una docena. Diga al huevero que sean bien frescos.
JUANA: Sí, señora. Ya se lo diré.

CARMEN: ¿Qué precio tienen estas naranjas?
5 FRUTERO: Doce pesetas el kilo; son muy buenas y las más dulces que tengo.
CARMEN: No las quiero demasiado dulces.
FRUTERO: ¿Las prefiere ácidas?
CARMEN: No las quiero ácidas, pero tampoco muy dulces.
10 FRUTERO: Pues entonces le gustarán éstas. Y son del mismo precio. ¿Cuántas le pongo?
CARMEN: Póngame dos kilos. ¿A cómo son los tomates?

FRUTERO: A ocho pesetas el kilo.
CARMEN: ¡Qué caros! Están demasiado maduros y van a
15 estropearse.
FRUTERO: Tengo otros más verdes para ensalada, pero son aun más caros.
CARMEN: ¿A cómo son?
FRUTERO: A diez pesetas el kilo. Son de las Canarias.
20 CARMEN: Pues póngame un kilo.

LESSON 33

FRUTERO: Tenga usted. Un kilo exacto.

CARMEN: ¿Tiene limones mayores que éstos?

FRUTERO: Ni mayores ni menores. Estos son los únicos que hay.

25 CARMEN: ¡Qué lástima! No los quiero. Póngame una lechuga bien tierna, un kilo de cebollas, medio de zanahorias y una coliflor.

GRAMMAR

A. THE SUPERLATIVE.

(1) The absolute superlative is formed by adding the ending -ísimo to the adjective without the final vowel. This has the meaning of 'most' or 'very':

Esta mujer es listísima.	That woman is most clever.
Es un traje arrugadísimo.	It is a very creased suit.

(2) The relative superlative is formed by adding the definite article to the comparative of the adjective:

Esta es más dulce que aquélla.	This is sweeter than that.
Esta es la más dulce.	This is the sweetest.
Mi gato es más negro que el tuyo.	My cat is blacker than yours.
Mi gato es el más negro.	My cat is the blackest.

B. IRREGULAR FUTURE. In the future tense the stem of **decir** changes to **dir**:

diré
dirás
dirá
diremos
diréis
dirán

LESSON 33

NOTES

1. **vaya**: the subjunctive of **ir** used for the polite imperative singular. The familiar form is **ve**.
2. **bien frescos**: 'very fresh.' Here **bien** = **muy**.
3. **Ya se lo diré**: 'I will tell him' (*lit*: 'I will tell it to him'). Ya is used for emphasis. Se takes the place of the indirect **le** (see lesson 19, A).
4. **¿Qué precio tienen?**: 'How much are?'
7. **demasiado dulces**: 'too sweet.' **Demasiado** with an adjective means 'too'; alone in the singular it means 'too much,' in the plural 'too many':

> **Es demasiado pequeño.**   It is too small.
> **Es demasiado.**   It is too much.
> **Son demasiados.**   They are too many.

10. **Y son del mismo precio**: 'And they are the same price.'
12. **¿A cómo son los tomates?**: 'How much are the tomatoes?' The **a** is essential because the question refers to price (cf. line 13: **A ocho pesetas el kilo**; see also lesson 26, line 11).
16. **más verdes**: 'greener.'
17. **más caros**: 'dearer.'
21. **Tenga usted**: 'Here you are.' This is the subjunctive of **tener** used for the polite imperative singular. The familiar form is **ten**.
22. **mayores**: 'bigger.' **Mayor** is the irregular comparative of **grande**, though **más grande** may also be used.
23. **menores**: 'smaller.' **Menor** is the irregular comparative of **pequeño**, though **más pequeño** may also be used.
    Estos son los únicos que hay: 'These are the only ones there are.' **Único** can mean both 'only' and 'unique.'
25. **¡Qué lástima!**: 'What a pity!' Note that in Spanish the indefinite article is omitted.

LESSON 33   163

EXERCISES

I. *Put into the plural:*

1. Ella tiene algún libro. 2. Yo le advierto. 3. Creo que es peor. 4. Ven pronto. Estoy cansada. 5. No creo que puedas ahogarte. 6. Quiero que lleves la maleta. 7. Me da un billete. 8. La mujer es muy amable. 9. Yo se lo doy. 10. Tú me acompañarás.

II. *Put in the definite article:*

1. pan; 2. panadería; 3. suerte; 4. carne; 5. billete; 6. traje; 7. leche; 8. limón; 9. calor; 10. gente.

III. *Give the masculine of:*

1. La niña es muy bonita. 2. Ella es pequeña y morena. 3. Mi amiga tiene dos hijas. 4. La mujer escribe una carta a su amiga. 5. La abuela está muy cansada. 6. Ella tiene un vestido negro. 7. La hija pequeña es alegre. 8. Ellas tienen una gata. 9. La madre tiene las manos pequeñas. 10. Ella tiene una hija mayor.

IV. *Put in the correct possessive:*

1. Este libro es (yo). 2. Ella tiene (ella) traje. 3. Nosotros compramos (nosotros) cigarrillos. 4. Los cigarrillos son (Vds.) 5. El coche es (Vd.) 6. Ellas leen (ellas) novelas. 7. Ellos tienen (tú) coche. 8. El lava (él) manos. 9. Vosotros tenéis (vosotros) habitaciones. 10. Estas sillas son (Vds.)

LESSON 34

VOCABULARY

antipático, -a	unlikable, unattractive
brillante	bright
cobarde	coward
el colegio	school
desayunar	to have breakfast
el desayuno	breakfast
doler (ue)	to hurt, ache
enfermo, -a	ill, sick
la espalda	back
la fiebre	fever, temperature
la frente	forehead
la gripe	influenza
levantarse	to get up
el médico	doctor
la mejilla	cheek
el ojo	eye
el pecho	chest
simpático, -a	likable, charming, friendly
valiente	brave

IDIOMATIC EXPRESSIONS

en seguida	at once
pasarle a uno	to happen to one, be wrong with one
ponerse bueno	to get well

LESSON 34

Hay que llamar al médico

1 CARMEN: Niños, levantaos. Es la hora de ir al colegio.
JUAN: Ya voy, mamá.
PILAR: Mamá, yo no tengo ganas de levantarme; me duele la cabeza.
5 JUAN: Será que tienes hambre. Te traerán el desayuno a la cama y te pondrás buena.
PILAR: No tengo ganas de desayunar.
CARMEN: Entonces es que estás enferma.
PEDRO: ¿Qué le pasa a la niña?

10 CARMEN: Que está enferma. No quiere desayunar y dice que le duele la cabeza.
PEDRO: Parece que tiene fiebre; tiene las mejillas muy rojas y los ojos muy brillantes.
CARMEN: Y además mucho calor en la frente.
15 PEDRO: Vamos a ver, Pilar. ¿Sólo te duele la cabeza?
PILAR: No, papá. También me duelen la espalda y el pecho.
CARMEN: Creo que lo mejor será que llames al médico en seguida.
20 PILAR: No, papá; el médico no, que es muy antipático.

LESSON 34

PEDRO: Vamos, vamos, hija mía. No hay que ser cobarde. Tú sabes muy bien que don José es muy simpático y muy bueno.

PILAR: Sí, pero me hará daño.

25 JUAN: Eso lo crees porque no eres tan valiente como yo.

GRAMMAR

A. INFINITIVE AND IMPERATIVE. Frequently the infinitive (*e.g.* lavar) is used instead of the second person plural familiar imperative (*e.g.* lavad). This is because many Spanish people find the final **d** hard to pronounce, as is shown by the fact that when the true imperative is used this **d** is dropped before the object pronouns, except in the case of **id** (see lesson 23, A). The infinitive form used as an imperative is used colloquially but is not correct grammatically:

Abrid la puerta.	Open the door.
Abrir la puerta.	Open the door.
Lavad la tela.	Wash the cloth.
Lavaos.	Wash yourselves.
Lavaros.	Wash yourselves.

B. IRREGULAR FUTURE. In the future tense, the stem of **poner** changes to **pondr**:

> pondré
> pondrás
> pondrá
> pondremos
> pondréis
> pondrán

NOTES

1. **Es la hora de ir:** 'It is time to go.'
2. **Ya voy:** 'I'm coming' (*lit:* 'I'm going').

LESSON 34

167

3. **me duele la cabeza:** 'my head hurts' (*lit*: 'the head hurts (to) me'). **Doler** is most commonly used thus, in the third person; note the definite article where we would use the possessive pronoun.

5. **Será que tienes hambre:** 'You must be hungry.' Note the use of the future to express probability in the present (see lesson 30, line 23).

9. **¿Qué le pasa a la niña?:** 'What's wrong with the child?'

12. **tiene las mejillas muy rojas:** 'her cheeks are very red.' Note the use of **tener** where we use 'to be.'

16. **duelen:** the subjects are **la espalda** and **el pecho** and consequently the verb is plural.

18. **lo mejor será que llames al médico:** 'the best thing will be for you to call the doctor.' **Llames** is the subjunctive because the clause is not a statement of fact but depends on an expression of judgment: **lo mejor será.**

20. **el médico no:** 'not the doctor.'
 antipático: is very much used in Spanish. It means 'grumpy,' 'unfriendly,' 'unlikable' or 'unattractive.'

21. **Vamos, vamos:** 'Come, come.'

22. **don:** a courtesy title used with Christian names; the feminine is **doña,** which is used for married women only. As well as being used with Christian names, **don** and **doña** can also be used with **señor** and **señora:**

 Sr. don Pedro García. Mr Pedro García, Pedro
  García, Esq.
 Sra. doña Carmen Mrs Carmen García.
 González de García.

25. **lo:** refers to the previous sentence.
 no eres tan valiente como yo: 'you're not as brave as I am.'

EXERCISES

I. *Answer the following questions:*
 1. ¿A qué hora te levantas? 2. ¿A qué hora desayunas?
 3. ¿A qué hora vas a la oficina? 4. ¿Te levantas cuando estás

LESSON 34

enfermo? 5. ¿Estás bien si tienes fiebre? 6. ¿Desayunas en la cama? 7. ¿Tienes hambre antes de desayunar? 8. ¿A qué hora comes? 9. ¿A qué hora vienes de la oficina? 10. ¿Vives cerca de tu trabajo?

II. *Put in the correct tense of* tener *or* hacer:

1. En Alicante no ____ frío. 2. Antes de comer (yo) ____ hambre. 3. Quiero que ____ buen tiempo mañana. 4. La niña ____ mucho miedo. 5. El ____ la lengua muy sucia. 6. Tú ____ los ojos brillantes. 7. Mañana ____ buen tiempo. 8. Carmen ____ la maleta. 9. Nosotros no ____ fiebre. 10. ¿ ____ calor en Madrid?

III. *Use the following words in sentences of your own:*

1. mar; 2. peor; 3. sol; 4. buscar; 5. kilo; 6. ojo; 7. limón; 8. mayor; 9. maduro; 10. cara.

IV. *Give the noun derived from each of the following verbs:*

1. Desayunar. 2. Comer. 3. Servir. 4. Comprar. 5. Trabajar. 6. Enfriar.

LESSON 35

VOCABULARY

ahí	there
la alegría	happiness
las anginas	tonsilitis
la boca	mouth
el brazo	arm
cierto, -a	true
la cuchara	spoon
enfriarse	to catch a chill
la garganta	throat
la indigestión	indigestion
la lengua	tongue
el miedo	fear
quizá(s)	perhaps, maybe
sacar	to put out
sentarse	to sit down, sit up
la temperatura	temperature, fever
el vientre	stomach
la visita	visit
volver (ue)	to return

IDIOMATIC EXPRESSIONS

¡Cuidado!	Be careful!
en cambio	on the other hand
tener miedo	to be afraid

La visita del médico

1 CARMEN: Pilar, aquí está el médico para ver lo que tienes.
MÉDICO: Buenos días, Pilar, ¿qué te pasa?
PILAR: Me duele la cabeza y tengo mucho calor.
MÉDICO: Vamos a ver. Sí, parece que tiene fiebre.
5 Saca la lengua... ¡Oh! Está muy sucia. ¿Me quieren dar una cuchara?
CARMEN: Ahora mismo se la traigo.
MÉDICO: Gracias. Siéntate, Pilar, y abre muy bien la boca, que voy a mirarte la garganta. No, no tengas
10 miedo; no voy a hacerte daño. No creo que sean anginas. Quizá sea una indigestión. ¿Te duele el vientre aquí?
PILAR: Sí, ahí me duele un poco.
MÉDICO: ¿Y aquí?
15 PILAR: No, ahí no me duele.
MÉDICO: Vamos a ver qué temperatura tienes.
CARMEN: Mucha no tiene.

MÉDICO: Sí, es cierto. No tiene mucha. Será una indigestión. Pilar, tienes que quedarte en cama
20 todo el día y sin comer nada. En cambio, puedes beber agua de limón.

LESSON 35

PILAR: ¡Qué alegría! El agua de limón me gusta mucho.
MÉDICO: Volveré a la noche.
CARMEN: Muy bien, hasta la noche entonces. Cuidado,
25   Pilar, no saques los brazos, que puedes enfriarte.

GRAMMAR

A. **Sacar** is an orthography-changing verb. **C** before **a** or **o** is pronounced like an English 'k,' whilst before **e** it is pronounced like the 'th' of 'thin.' Consequently, to retain before **e** the hard sound of 'k,' **c** must be changed to **qu**:

Saco los billetes.	I get the tickets.
¿Quieres que saque los billetes?	Do you want me to get the tickets?
Saca los billetes.	He gets the tickets.

B. ADVERBS OF PLACE. In lesson 7 we explained the three demonstratives **este** (near the person speaking), **ese** (near the person spoken to) and **aquel** (distant from both parties). In the same way, there are three adverbs of place: **aquí** (here, near me), **ahí** (near you) and **allí** (over there):

Está aquí.	It is here (near me).
Está ahí.	It is there (near you).
Está allí.	It is over there (not near you).

NOTES

4. **Vamos a ver:** 'Let's see.'
5. **¿Me quieren dar una cuchara?:** 'Would you mind giving me a spoon?' This is a more polite way of saying **Denme una cuchara:** 'Give me a spoon.'
7. **Ahora mismo se la traigo:** 'I'll bring it to you at once.' Once again the present has been used with the idea of the future.

172   LESSON 35

8. **Siéntate**: second person singular imperative of **sentarse**.
9. **que voy a mirarte la garganta**: 'because I'm going to look at your throat.'

   no tengas miedo: 'don't be afraid.' The subjunctive is used because it is a negative imperative (see lesson 30, A, 5). Note that this is another expression using the verb **tener**.

10. **No creo que sean anginas**: 'I don't think it's tonsilitis.' The subjunctive is used after the negative of **creer**, but not after the affirmative:

    > **Creo que tienen coche.**   I think they have a car.
    > **No creo que tengan**   I don't think they have a car.
    > **coche.**

11. **Quizá sea**: 'Perhaps it is.' **Quizá(s)** may be followed by the indicative or the subjunctive. The subjunctive is used to emphasize the doubt.

12. **aquí**: used by the doctor because it is near him.

13. **ahí**: used by Pilar because it is the place the doctor is touching.

18. **Será una indigestión**: 'It's probably indigestion.' (See lesson 30, line 23.)

20. **sin comer nada**: 'without eating anything.' Notice that **sin** is followed by negative words, not as 'without' in English:

    > **sin ver a nadie**   without seeing anyone
    > **sin hacerlo nunca**   without ever doing it

21. **agua de limón**: watered-down lemon juice without sugar or with only a very little.

22. **¡Qué alegría!**: 'Good!' 'Lovely!' Literally this means 'What happiness!'

EXERCISES

I. *Answer the following questions:*

1. ¿Qué le pasa a Pilar? 2. ¿Cómo está su lengua? 3. ¿Qué quiere el médico? 4. ¿Qué va a mirar el médico? 5. ¿Le

LESSON 35

va a hacer daño a la niña? 6. ¿Tiene Pilar anginas? 7. ¿Le duele el vientre? 8. ¿Tiene mucha temperatura? 9. ¿Qué enfermedad tendrá Pilar? 10. ¿Puede comer algo?

II. *Put the verb into the correct tense and person:*

1. El te (acompañar) mañana. 2. Yo te lo (agradecer) mucho. 3. Ella (sentir) que no puedas venir. 4. No te (ahogar). 5. (Tener tú) cuidado con el sol. 6. (Llevar vosotros) la maleta. 7. Mala hierba nunca (morir). 8. Si tú (querer) presumir (tener) que sufrir. 9. Yo (sufrir) cuando lo veo. 10. Queremos que tú (llevar) la maleta.

III. *Put in* quién, dónde, por qué, cúal, cuánto, qué, cuántos, cómo, a cómo:

1. ¿ ____ de estos dos es tu coche? 2. ¿ ____ está mi cartera? 3. ¿ ____ está Vd.? Muy bien, gracias, ¿y Vd.? 4. ¿ ____ no te lavas las manos? 5. ¿ ____ son estos tomates? 6. ¿ ____ escribió esto? 7. ¿ ____ tiempo tienes? 8. ¿ ____ es esto? 9. ¿ ____ coches hay en la calle?

IV. *Give the comparative form of superiority of the adjectives in brackets:*

1. Nuestra habitación es (grande) aquella. 2. Las naranjas están (maduras) los limones. 3. Esta leche es (fresca) aquella. 4. Los filetes son (tiernos) las chuletas. 5. Estos limones son (pequeños) aquéllos. 6. Una mano está (sucia) la otra. 7. Los tomates de hoy son (verdes) los de ayer. 8. La niña está (enferma) su hermano. 9. El tiene (buena) cara que ella. 10. La pluma es (necesaria) el lápiz.

LESSON 36

VOCABULARY

ayer	yesterday
el beso	kiss
el bocadillo	sandwich
la cartera	satchel
el cuaderno	note-book
el cuello	neck
el dedo	finger
dejar	to let, allow
dentro	in, inside
el dictado	dictation
hace	ago
el jamón	ham
la mantequilla	butter
la mermelada	jam, marmalade
olvidar(se)	to forget
la oreja	ear
el pelo	hair
el pie	foot
el profesor	teacher
el recreo	playtime
solo, -a	alone
la tinta	ink
el tintero	ink-pot
último, -a	last
la vez	time

LESSON 36

¡Qué rabia tener que lavarse!

1 CARMEN: Juan, ven a lavarte, que es ya muy tarde.
  JUAN: ¿Puedo hacerlo yo solo?
  CARMEN: Hazlo si quieres, pero bien. Primero los dientes y después la cara y las manos; y no te olvides del
5 cuello y de las orejas.
  JUAN: Pero mamá, si me bañé hace dos días.
  CARMEN: Eso no importa. Hay que lavarse todos los días.
  JUAN: ¿Me lavo también el pelo?
  CARMEN: No hace falta. Lo tienes limpio. Los pies, en
10 cambio, los tienes muy sucios. ¿Cuándo te los lavaste la última vez?
  JUAN: Ayer por la tarde.
  CARMEN: Pues para hacer tan poco tiempo que te los lavaste los tienes muy sucios. Te los lavaré cuando
15 vuelvas del colegio. ¿Quieres que te ponga mantequilla y mermelada en el pan?
  JUAN: No. No. Es ya muy tarde. Tomaré sólo el café.
  CARMEN: Llévate entonces un bocadillo de jamón y lo comes en el recreo.
20 JUAN: ¿Dónde está mi cartera?
  CARMEN: Sobre la mesa del despacho de tu padre. ¿Tienes todos tus cuadernos y libros dentro?

LESSON 36

JUAN: Todos. Déjame el tintero para llenar la pluma, que no tiene tinta.

25 CARMEN: Llévate mejor un lápiz. Con la pluma te pones todos los dedos sucios.

JUAN: Pero, mamá, tengo que llevarme la pluma. El profesor no quiere que escribamos el dictado con lápiz.

30 CARMEN: Pues llévatela, pero ten cuidado.

JUAN: Sí, mamá, lo tendré; y dame un beso que me voy.

GRAMMAR

A. THE PRETERITE TENSE: FIRST CONJUGATION. The preterite is used to express an action completed in the past. In this lesson we have used the preterite tense of regular -ar verbs only:

esperar

esperé
esperaste
esperó
esperamos
esperasteis
esperaron

B. EXPRESSIONS OF TIME.

(1) Hace, derived from the verb hacer, used with a period of time and the preterite tense, means 'ago':

Me bañé hace dos días.	I had a bath two days ago.
Ella lo preparó hace una semana.	She prepared it a week ago.
Lo compramos hace cinco meses.	We bought it five months ago.
La llamé hace una hora.	I called her an hour ago.

(2) Hace que, used with a period of time and the present ense, is translated by 'for' and the perfect tense:

LESSON 36 177

Hace cinco años que lo hago.	I have done that for five years.
Hace mucho tiempo que se afeita.	He has shaved for a long time.

(3) **Desde**, used with a date in the past and the present tense, is translated by 'since' and the perfect tense:

Lo hago desde 1950.	I have done it since 1950.
Se afeita desde 1920.	He has shaved since 1920.

NOTES

1. **ven a lavarte**: 'come and wash.' The **a** after the verbs **venir** and **ir** followed by an infinitive may be translated by 'and.'

2. **¿Puedo hacerlo yo solo?**: 'Can I do it alone?' **Solo**, without an accent, is 'alone'; **sólo**, with an accent, is 'only,' the same as **solamente**:

Voy a Alicante solo.	I am going alone to Alicante.
Voy a Alicante sólo.	I am only going to Alicante.

3. **Hazlo**: 'Do so.' **Haz** is the irregular second person singular imperative of **hacer**.

   los dientes ... la cara: 'your teeth ... your face.' Here are good examples of the use of the definite article in place of the possessive.

4. **no te olvides del cuello**: 'don't forget your neck.'

   Olvidar(se) is generally used as a reflexive verb followed by **de**:

Me olvidé del libro.	I forgot the book.

6. **si**: only used to give emphasis to the sentence and not translated into English.

7. **Hay que lavarse**: 'one must wash oneself.' This is impersonal.

LESSON 36

9. **Lo tienes limpio. Los pies, en cambio, los tienes muy sucios:** 'It is clean. Your feet, on the other hand, are very dirty.' Note again the use of **tener** where we use 'to be,' and the object pronoun **los** repeating the object noun **los pies** which precedes the verb (see lesson 17, line 6.)

13. **para hacer tan poco tiempo que te los lavaste:** 'seeing that it is such a short time since you washed them.' The verb **hacer** is used for expressions of weather and time. In this particular instance there is no equivalent expression in English and a very free translation must be resorted to.

14. **cuando vuelvas del colegio:** 'when you come back from school.' The subjunctive is used because the action lies in the future (see lesson 31, B).

17. **sólo:** see line 2.

18. **Llévate:** 'Take with you.' This is the imperative of **llevarse**. Like **ir, llevar** is often used reflexively especially when it means 'to take away.'
    un bocadillo de jamón: 'a ham sandwich.' A **bocadillo** is really a roll of bread split down the middle with something inside.

23. **Déjame:** 'Let me have.'

25. **Llévate mejor un lápiz:** this is best translated by 'It would be better if you took a pencil.'
    te pones todos los dedos sucios: 'you will get your fingers all dirty.'

30. **Pues llévatela:** 'Then take it.' Notice that both the reflexive pronoun and the direct object pronoun follow the verb and are joined to it.
    ten cuidado: 'be careful.'

31. **dame:** 'give me.'

EXERCISES

I. *Put in the definite article:*
   1. escaparate; 2. costumbre; 3. calle; 4. puente; 5. taxi; 6. suerte; 7. valor; 8. pensión; 9. lugar; 10. limón.

LESSON 36   179

II. *Put the verb in brackets into the correct form:*

1. Quiero que tú (llenar) la maleta. 2. ¿Quieres que me
(morir)? 3. (Nadar tú) hasta donde está tu amigo. 4. Ella se
(preocupar) mucho. 5. Mañana (ella presumir) mucho. 6. No
(buscar tú) mi traje de baño. 7. Diles a ellos que (salir) del
coche. 8. ¿A qué hora (comer nosotros)? 9. Ella (servir) la
comida todos los días. 10. Nos gusta que tú (hacer) eso.

III. *Translate into Spanish:*

1. She is looking very well. 2. These are the greenest. 3. How
much are these lemons? 4. They are looking ill. 5. He will
get well very soon. 6. That is fresher. 7. I think she is afraid.
8. Mine is bigger. 9. Her hands are very dirty. 10. Are you
hungry?

IV. *Put into the preterite:*

1. Yo me levanto a las ocho. 2. El se preocupa mucho. 3. Tú
nadas muy bien. 4. Vd. llena el vaso. 5. Ellos se ahogan.
6. Nosotros os acompañaremos. 7. Ella pregunta eso. 8. Vosotros miráis el libro. 9. Vds. aprovechan el tiempo. 10. Ellas
toman el desayuno.

LESSON 37

VOCABULARY

abril	April
agosto	August
el café	café
el clima	climate
conocer	to know (be acquainted with)
diciembre	December
enero	January
febrero	February
húmedo, -a	damp, humid
julio	July
junio	June
llover (ue)	to rain
maravilloso, -a	marvellous
marzo	March
mayo	May
noviembre	November
octubre	October
septiembre	September
el tiempo	weather

IDIOMATIC EXPRESSIONS

otra vez	again, once more
ver el pelo	to set eyes on

LESSON 37

En el cafe

1 PEDRO: ¡Buenas tardes a todos!
ANTONIO: ¡Caramba, Pedro! ¿Dónde te metiste estos días que no te vimos el pelo?
PEDRO: Estuve en Alicante con mi mujer y unos amigos.
5 ¿Conocéis Alicante?
MANUEL: Yo sí. Viví allí seis meses el año pasado. Desde enero hasta junio.
PEDRO: ¿Qué tal tiempo hizo?

MANUEL: Muy bueno. En febrero y marzo llovió algo,
10 pero en abril y mayo el tiempo fue otra vez estupendo.
PEDRO: ¡Entonces, como ahora! ¡Chicos! ¡Qué tiempo tan maravilloso! Mejor que en verano.
ANTONIO: Lo creo, porque en verano hace allí demasiado
15 calor.
MANUEL: No estoy de acuerdo. Hay años que no hace calor ni en agosto.
ANTONIO: Pues yo estuve un año en julio y creí morir de calor.

LESSON 37

20 MANUEL: Exageras. Lo que pasa es que como el calor de
Madrid es seco no te gusta el calor húmedo de
Alicante.

ANTONIO: Puede ser que tengas razón.

PEDRO: Yo creo, como Manuel, que el clima de Alicante
25 es muy bueno todo el año. Hace dos años
estuve allí dos meses: septiembre y octubre, y
pude bañarme todos los días. Y ahora, ya véis:
¡estamos en noviembre y qué tiempo hace allí!
¡Maravilloso!

30 ANTONIO: Entonces, ¿en Alicante no hace nunca frío?

MANUEL: Pues, frío, frío, nunca. Algunos días de diciembre o enero no hace calor, pero tampoco frío.
Es un clima, como dice Carlos, estupendo.

GRAMMAR

A. THE PRETERITE TENSE: SECOND AND THIRD CONJUGATIONS.
The preterite endings of regular -er and -ir verbs are the same:

vender	abrir
vendí	abrí
vendiste	abriste
vendió	abrió
vendimos	abrimos
vendisteis	abristeis
vendieron	abrieron

N.B. When i appears between two vowels it becomes y; thus
creer:

creí
creíste
creyó
creímos
creísteis
creyeron

LESSON 37

B. Irregular Preterites.

(1) estar	(2) hacer	(3) poder
estuve	hice	pude
estuviste	hiciste	pudiste
estuvo	hizo	pudo
estuvimos	hicimos	pudimos
estuvisteis	hicisteis	pudisteis
estuvieron	hicieron	pudieron

(4) The preterite of **ser** and **ir** is the same. Care must be taken when translating as this can give rise to confusion:

> fui
> fuiste
> fue
> fuimos
> fuisteis
> fueron

It is worth noting that these irregular preterites do not have written accents.

C. Llover (to rain) is an impersonal verb used only in the third person singular and without a subject. It is radical-changing:

Llueve mucho.	It rains a lot.
¿Lloverá mañana?	Will it rain tomorrow?
¡Que llueva!	May it rain!
Llovió el domingo.	It rained on Sunday.

D. The days of the week and the months and seasons of the year are all masculine, except for **primavera** (spring) which is feminine. They are written with a small letter:

El domingo de la semana pasada.	Last Sunday (the Sunday of last week).
El mes de abril tiene treinta días.	The month of April has thirty days.
El verano del año pasado.	Last summer (the summer of last year).

LESSON 37

NOTES

2. **¿Dónde te metiste?**: 'Where have you been hiding?' (*lit*: 'Where did you put yourself?') **Te metiste** is the second person singular of the preterite of **meterse**.

5. **¿Conocéis Alicante?**: 'Do you know Alicante?' **Saber** means 'to know' in the sense of 'to know a fact,' etc.; **conocer** means 'to know' in the sense of 'to be acquainted with.'

8. **¿Qué tal tiempo hizo?**: 'What was the weather like?' **Tiempo** also means 'time'; but 'What time is it?' is translated by **¿Qué hora es?**

10. **el tiempo fue ... estupendo**: 'the weather was ... wonderful.' This could also have been expressed by **hizo un tiempo estupendo**.

14. **hace allí demasiado calor**: 'it is too hot there.'

17. **ni en agosto**: 'not even in August.'

18. **creí morir**: 'I thought I would die.' Where in English a finite verb is required, **creer** is followed by an infinitive when the subject is the same.

23. **Puede ser que tengas razón**: 'Perhaps you are right.' After the doubt expressed in **puede ser**, the following verb must be in the subjunctive.

24. **clima**: masculine, although it ends in **a**.

25. **Hace**: 'Ago.' This must not be confused with (**el**) **hace** (he does, makes).

30. **¿no hace nunca frío?**: 'is it never cold?' 'isn't it ever cold?' This could also have been expressed by **¿nunca hace frío?** (see lesson 29, line 1.)

31. **frío, frío**: 'cold, really cold.' The repetition of a noun is quite frequent in Spanish when emphasis is required; the second noun is then used as an adjective:

$$\text{café, café} \qquad \text{coffee, real coffee}$$

32. **pero tampoco frío**: the verb **hace** has been omitted between **tampoco** and **frío**.

LESSON 37

185

EXERCISES

I. *Put into the preterite:*

1. Ella presume mucho. 2. Yo escribo una carta. 3. Nosotros abriremos la puerta. 4. Vd. lee el periódico. 5. Ellos te creen. 6. Tú sufres mucho. 7. El está aquí. 8. Vd. hace muy poco. 9. Vosotros vais pronto. 10. Vds. son alegres.

II. *Translate into Spanish:*

1. My head aches. 2. She washes her hands. 3. Perhaps she has a temperature. 4. Don't be afraid. 5. Can I do it alone? 6. Come and wash your hands. 7. Did you have a bath yesterday? 8. She forgot the book. 9. That doesn't matter. 10. I had breakfast two hours ago.

III. *Put in the correct form of* ser, estar, hacer *or* tener:

1. La niña ____ enferma ahora. 2. Ella ____ mucho calor ayer. 3. No ____ calor en la habitación mañana. 4. Ella ____ pequeña. 5. Ella ____ mucho miedo hace dos días. 6. Ella ____ en casa mañana. 7. ____ la lengua muy sucia. 8. ____ ____ un día muy bueno hoy. 9. No ____ alegre ahora. 10. ____ española.

IV. *Put the verb in brackets into the correct form:*

1. ¿Te (doler) la cabeza? 2. No te (enfriar). 3. Quizá yo te (hacer) daño ayer. 4. Mañana ella no (tener) miedo. 5. Quizá le (doler) el pecho ahora. 6. Nosotros (venir) temprano esta noche. 7. Puede ser que ella (tener) hambre. 8. Yo (dar) las gracias mañana. 9. Ese vestido te (ir) bien. 10. Yo no (parecer) inglés.

LESSON 38

VOCABULARY

el anís	aniseed
el camarero	waiter
contar (ue)	to count, relate
el coñac	brandy
el desastre	disaster
el descanso	rest
enterarse	to find out, get to know
el equipo	team
especial	special
el fútbol	football
ganar	to win
el gol	goal
el jugador	player
jugar (ue)	to play
ninguno (ningún), -a	none, no
la novedad	novelty, new thing
oír (*irr.*)	to hear
el partido	match
perder (ie)	to lose
posible	possible
la sed	thirst

IDIOMATIC EXPRESSIONS

café solo	black coffee
dejar frío	to flabbergast
tener sed	to be thirsty

LESSON 38

El fútbol

1   CAMARERO: ¿Qué va usted a tomar, don Pedro?
    PEDRO: Una taza de café con leche y una copa de coñac.
    CAMARERO: ¿Y usted, don Manuel?
5   MANUEL: Un café y una copa de anís. Tráigame también un vaso de agua, por favor, que tengo sed.
    CAMARERO: ¿Cómo quiere el café, solo o con leche?
    MANUEL: Lo quiero solo.
    CAMARERO: Bien, señor.
10 PEDRO: Bueno, contadme; ¿hubo muchas novedades estos días que estuve fuera?
    ANTONIO: Nada especial; pero, ¿es que no leíste los periódicos?

    PEDRO: Ninguno. Fueron unos días de completo
15 descanso.
    MANUEL: ¿Entonces no te enteraste que el equipo de fútbol de tu pueblo jugó con el Deportivo?
    PEDRO: No, no me enteré.
    MANUEL: ¿Y no oíste tampoco la radio?
20 PEDRO: Tampoco, chico. ¿Quién ganó?

188   LESSON 38

MANUEL: El Deportivo.
PEDRO: ¿Que perdieron los míos? ¡No es posible!
¿Qué les pasó?
MANUEL: Que te lo cuente Antonio. Yo no fui al partido.
25 ANTONIO: Pues nada, hombre. Que los jugadores de tu
equipo son un desastre. Jugaron muy mal y
les metieron cuatro goles.
PEDRO: ¡Qué barbaridad! ¡Cuatro goles! Me dejas
frío.

GRAMMAR

A. **Jugar** (to play) is an orthography-changing as well as a
radical-changing verb. **G** before **a**, **o** or **u** has a hard sound,
whilst before **e** or **i** it is pronounced like the 'ch' of 'loch' as
pronounced by Scots. Consequently, to retain the hard sound
before **e** or **i**, **g** is changed to **gu**:

Juegan muy bien.	They play very well.
Quiero que juegues bien.	I want you to play well.
Jugó muy mal.	He played very badly.
Nosotros jugaremos al fútbol.	We will play football.

B. **Oír** (to hear) is an irregular verb. The tenses we have learned
so far are as follows:

Present	Subjunctive	Future	Preterite
oigo	oiga	oiré	oí
oyes	oigas	oirás	oiste
oye	oiga	oirá	oyó
oímos	oigamos	oiremos	oímos
oís	oigáis	oiréis	oísteis
oyen	oigan	oirán	oyeron

The imperative is **oye** (tú) and **oíd** (vosotros).

LESSON 38

189

NOTES

2. **copa**: a glass with a stem. **Vaso** is a large glass as for drinking water.

6. **tengo sed**: 'I'm thirsty.' This is another expression in which **tener** is used with a noun where we use 'to be' with an adjective.

10. **contad**: the familiar form of the plural imperative.
¿**hubo muchas novedades?**: 'was there much new?' **Hubo** is the preterite of the impersonal **hay** (there is, there are). It has no subject:

Hubo mucha gente.	There were many people.
Hubo un camarero.	There was one waiter.

11. **que estuve fuera**: 'that I was away.'

14. **Ninguno**: when this stands alone, it means 'none.' Used with a noun, it means 'no,' 'not any' and loses the final **o** before a masculine singular noun becoming **ningún**, in the same way as **alguno** becomes **algún**.
Fueron: 'They were.' See lesson 37, B, 4.

22. ¿**Que perdieron los míos?**: 'My team lost?' The plural is used in Spanish because Pedro is thinking more of the individual players than of the team.

23. ¿**Qué les pasó?**: 'What happened to them?'

24. **Que te lo cuente Antonio**: 'Let Antonio tell you about it.' For the third person imperative, the subjunctive is used, generally preceded by the conjunction **que**.
Yo no fui: 'I did not go.' See lesson 37, B, 4. **Yo** is used for emphasis.

27. **les metieron cuatro goles**: 'four goals were scored (put in) against them.'

28. **Me dejas frío**: 'You leave me cold,' *i.e.* 'I'm flabbergasted.'

LESSON 38

EXERCISES

I. *Put into the preterite :*

1. Ella cuenta de uno a diez. 2. El niño juega mucho. 3. Hay muchos libros en el despacho. 4. Siempre pierde. 5. Les oigo. 6. No le conozco. 7. Llueve mucho. 8. El vende limones. 9. Ella lo mete en el coche. 10. El niño come mucho.

II. *Give the opposite of :*

1. Estas naranjas son ácidas. 2. ¿Es dura esta carne? 3. Estos tomates son muy verdes. 4. El mío es mayor. 5. Ella tiene mala cara. 6. Tiene la lengua sucia. 7. El clima de Sevilla es muy seco. 8. ¿Está él fuera? 9. Ella está muy triste. 10. Este libro es muy pequeño.

III. *Put the verb in brackets into the correct form :*

1. (Quedarse tú) aquí. 2. Quiero que tú (traer) a tus amigos. 3. Me parece que tú (tener) mala cara. 4. La ensalada (estar) fresca. 5. Las ostras (costar) mucho. 6. Qué (ser) frescos los huevos. 7. Yo (creer) que la mujer (venir) mañana. 8. Queremos que nos (traer) el desayuno. 9. ¿A qué hora te (levantar)? 10. Ellos (desayunar) a las ocho.

IV. *Answer the following questions :*

1. ¿Cuáles son los meses de verano? 2. ¿Cuándo te lavas? 3. ¿Cuál es el último mes del año? 4. ¿Cuántas orejas tienes? 5. ¿Te gusta el pan con mantequilla? 6. ¿Vas al colegio o trabajas? 7. ¿Cuántos dedos tienes? 8. ¿Tomas un bocadillo a las once? 9. ¿Tienes limpias las manos? 10. ¿Cuándo te limpias los dientes?

LESSON 39

VOCABULARY

actual	present day
aquello (*n. pron.*)	that
el cartel	poster
continuar	to continue
la crisis	crisis
la crítica	review, criticism
el crítico	reviewer, critic
el decorado	scenery
distinto, -a	different
estrenar	to commence, open (of play, etc.)
excelente	excellent
la fecha	date
la flor	flower
levantar	to raise, erect
merecer	to be worthy of, deserve
el monumento	monument
la obra	work; play
la pena	trouble
el público	public
el ramo	bunch
recordar (ue)	to remember
el teatro	theatre
el tema	subject
triste	sad

IDIOMATIC EXPRESSIONS

en cartel	showing (of play, etc.)
merecer la pena	to be worth while

poca cosa	nothing important
tomar el pelo a uno	to pull someone's leg

No me tomes el pelo

1 PEDRO: Hablemos de cosas menos tristes. ¿Qué novedades hubo en el teatro?
ANTONIO: Poca cosa. Estrenaron varias obras de poca importancia que no creo que continúen mucho
5 tiempo en cartel.
PEDRO: ¿Y qué dijo la crítica de ellas?
ANTONIO: Para el crítico de mi periódico ninguna merece la pena.
MANUEL: Y tiene razón; el teatro está pasando un mal
10 momento.
ANTONIO: Pero no por falta de público. Los teatros están siempre llenos.
MANUEL: Los autores son quienes hablan de la crisis actual.
15 PEDRO: Yo no creo que haya crisis. Hay obras excelentes y los autores son buenos.
MANUEL: Desde luego, si te oyen, te levantan un monumento o te envían un ramo de flores.

LESSON 39

PEDRO: Mira, no me tomes el pelo y volvamos a nuestro
tema. ¿Hubo o no hubo novedades?

ANTONIO: Nada más que pusieron, como todos los años por
estas fechas, « Don Juan Tenorio », en algunos
teatros.

PEDRO: Eso no es ninguna novedad.

MANUEL: Y además que no lo hicieron con decorados
nuevos, sino con los mismos de siempre.

ANTONIO: ¿Recordáis el año que hizo Dalí los decorados
para el « Tenorio »? Aquello sí que fue distinto
de otras veces.

PEDRO: Es cierto. Yo fui con mi mujer y todavía recuerdo
lo mucho que nos gustó. Nunca vi el teatro tan
lleno.

GRAMMAR

In this lesson we have two more irregular preterites:

(1) **decir**	(2) **poner**
dije	puse
dijiste	pusiste
dijo	puso
dijimos	pusimos
dijisteis	pusisteis
dijeron	pusieron

NOTES

1. **Hablemos:** 'Let's talk.'
3. **Estrenaron varias obras:** 'Several plays opened.'
   Estrenar is used for doing, wearing, showing, etc., anything
   for the first time.
4. **continúen:** subjunctive after the negative of **creer** (see
   lesson 35, line 10).

H*

LESSON 39

5. **en cartel**: literally this means 'on the bill posters,' *i.e.* the play is still being shown.

6. **¿Y qué dijo la crítica de ellas?**: 'and what did the critics say about them?' **La crítica** refers to the whole body of critics.

9. **está pasando un mal momento**: 'is going through a bad period.'

11. **Pero no por falta de público**: 'But not through lack of audiences.'

13. **Los autores son quienes**: 'The authors are the ones who.'

14. **actual**: this is a false friend and does not mean 'actual.'

15. **haya**: the present subjunctive of the impersonal **hay**.

19. **volvamos**: 'let us return.' The subjunctive expresses the first person plural imperative.

21. **pusieron, como todos los años por estas fechas, « Don Juan Tenorio », en algunos teatros**: 'they presented, as every year at this time, "Don Juan Tenorio," in some theatres.' This play, by Zorrilla, is a Spanish classic, and is generally shown in the principal towns of Spain in the first weeks of November.

24. **Eso no es ninguna novedad**: 'That is nothing new.' Note the double negative (see lesson 29, line 1).

25. **no lo hicieron**: 'they didn't do it,' 'it wasn't done.' The third person plural is here used impersonally (see lesson 14, line 1).

27. **hizo Dalí**: notice the inversion of subject and verb.

28. **Aquello sí que fue distinto**: 'That was indeed different.' Aquello (that) is a neuter pronoun referring to situations very far away in time or distance. Like **esto** and **eso**, it is not used with a following noun (see lesson 11):

Esto es estupendo.	This is wonderful.
Eso es maravilloso.	That is marvellous.
Aquello es mejor.	That (over there) is better.

Sí que is used for emphasis (see lesson 11, line 3).

30. **Yo fui**: 'I went.' Remember that care must be taken with

LESSON 39 195

the preterite tenses of **ser** and **ir** as they are the same (see lesson 37, B, 4).

EXERCISES

I. *Answer the following questions:*

1. ¿Hubo muchas novedades en el teatro? 2. ¿Qué clase de obras estrenaron? 3. ¿Qué dijo la crítica de ellas? 4. ¿Están vacíos los teatros? 5. ¿Quiénes hablan de la crisis en el teatro? 6. ¿Son malas todas las obras? 7. ¿Qué pusieron por estas fechas? 8. ¿Era eso una novedad? 9. ¿Con qué clase de decorados lo hicieron? 10. ¿Con quién fue Pedro a ver los decorados de Dalí?

II. *Put into the familiar form and then answer each question:*

1. ¿Dónde tiene Vd. su coche? 2. ¿Dónde van a pasar Vds. el verano? 3. ¿Cuándo va a ir Vd. a Alicante? 4. ¿Dónde se metió Vd. que no le vimos el pelo? 5. ¿Estuvo Vd. en el teatro ayer? 6. ¿Vio Vd. el partido de fútbol? 7. ¿Escribieron Vds. a sus amigos? 8. ¿Hicieron Vds. su trabajo? 9. ¿Fueron Vds. a comprar sus libros? 10. ¿Tiene Vd. una casa en el extranjero?

III. *Answer the following questions:*

1. ¿Cuántos meses tiene el año? 2. ¿Cuál es el primer mes del año? 3. ¿Fumas? 4. ¿Cuáles son los meses de primavera? 5. ¿Con qué escribes? 6. ¿Cuántos días tiene la semana? 7. ¿Te gusta ir a la playa en verano? 8. ¿Llueve mucho en invierno? 9. ¿Cuáles son los meses de invierno? 10. ¿Es seca la ciudad de Alicante?

IV. *Put in the definite article:*

1. fiebre; 2. hambre; 3. lápiz; 4. frente; 5. diente; 6. gripe; 7. jamón; 8. vez; 9. café; 10. clima.

LESSON 40

VOCABULARY

la cena	supper, dinner
cenar	to have supper
la cuenta	sum
el chocolate	chocolate
deber (+ *inf.*)	to have to, must
deber de (+ *inf.*)	must (*probability*)
los deberes	homework
dividir	to divide
la división	division
dormir (ue)	sleep
haber	to have
el mapa	map
la merienda	afternoon snack
la montaña	mountain
la multiplicación	multiplication
multiplicar	to multiply
la pizarra	slate
la prisa	haste, hurry
el queso	cheese
la resta	subtraction
restar	to subtract
el río	river
la suma	addition
sumar	to add
todavía	yet

IDIOMATIC EXPRESSIONS

darse prisa	to make haste, hurry (up)
por lo menos	at least

Los deberes

1 CARMEN: ¿Has tomado la merienda?
JUAN: Sí, ya he merendado: pan, chocolate y queso.
CARMEN: ¿Has hecho los deberes?
JUAN: Todavía no. Tengo que salir primero a comprarme un cuaderno. He perdido mi cuaderno de cuentas.
CARMEN: No hace falta que salgas ahora. Haz las cuentas en un papel.
JUAN: ¿Dónde hay un papel?
10 CARMEN: En alguno de los cajones de la mesa del despacho.
JUAN: Hoy me han enseñado a dividir y debo hacer una división para mañana.
CARMEN: ¿Nada más tienes que hacer una división?

JUAN: No, también tengo que hacer una multiplicación
15 de tres números, dos restas y tres sumas.
CARMEN: Pues vamos a ver si multiplicas, restas y sumas bien. ¿Tienes que hacer algo más?
JUAN: Un mapa de España con los ríos y las montañas.
CARMEN: Entonces date prisa para que termines antes de
20 la hora de cenar.

198   LESSON 40

JUAN: ¿Puedo hacer las cuentas primero en mi pizarra?
CARMEN: ¿Por qué no?   Hazlas.

CARMEN: Juana, ¿han llamado?
JUANA: Sí, señora.   Debe de ser el señor.
25 CARMEN: Juan, ¿has terminado tus deberes?
JUAN: Sí, mamá.
CARMEN: Pues vamos a cenar.   Quiero que te acuestes
          temprano para que duermas por lo menos diez
          horas.

GRAMMAR

A. **Haber** (to have) is an auxiliary verb used for the formation
of compound tenses.   It must not be confused with **tener** which
is a principal verb meaning 'to have,' 'to possess.'   The present
tense is as follows:

> **he**
> **has**
> **ha**
> **hemos**
> **habéis**
> **han**

B. THE PERFECT TENSE.   This tense, very similar to the English
'I have done,' 'I have said,' etc., is formed with the present tense
of the auxiliary verb **haber** (to have) plus the past participle of
the verb in question.

The regular past participle is formed by adding a fixed ending
to the stem of the verb: **-ado** for verbs of the **-ar** group, **-ido**
for those of the **-er** and **-ir** groups.

cenar	beber	dormir
he cenado	he bebido	he dormido
has cenado	has bebido	has dormido
ha cenado	ha bebido	ha dormido

LESSON 40

199

hemos cenado	hemos bebido	hemos dormido
habéis cenado	habéis bebido	habéis dormido
han cenado	han bebido	han dormido

This tense is used for a very recent past action or for one that still affects the present. Thus **he cenado** means that I have (just) had supper, whilst **cené**, the preterite, means that I had supper at a certain hour some time ago.

| **He comprado un periódico hoy.** | I have bought a paper today. |
| **Compré un periódico ayer.** | I bought a paper yesterday. |

Remember, however, that an action begun in the past and continuing right up to the present is expressed by **hace que** and the present (see lesson 36, B):

| **Hace cinco años que le conozco.** | I have known him for five years. |

C. (1) **Deber** followed by an infinitive is equivalent to **tener que** and expresses an obligation:

| **Debo ir a la oficina.** | I must go to the office. |
| **Debes hacerlo mañana.** | You must do it tomorrow. |

(2) **Deber** followed by **de** and an infinitive indicates a probability:

| **Debe de estar en el extranjero.** | He must be (probably is) abroad. |
| **Debo de haberlo perdido.** | I must have lost it. |

NOTES

1. Meals and meal times in Spain are different from those in England. The first meal is **el desayuno**, which generally consists of a cup of white coffee and a roll or bun taken at any time between eight and ten in the morning. **La**

LESSON 40

comida, generally a substantial three course meal, is held between two and three. From five to six many people have **la merienda**, the Spanish equivalent of our afternoon tea. **La cena**, usually not so heavy a meal as **la comida**, takes place between ten and eleven at night.

7. **No hace falta que salgas**: 'There is no need for you to go out.' The subjunctive follows **no hace falta** because it is an impersonal phrase containing the idea of necessity (see lesson 30, A, 2).

16. **vamos a ver si**: 'let us see if.'

18. **mapa**: masculine, although it ends in a.

19. **date prisa**: 'make haste.' This is the imperative.

23. **¿han llamado?**: 'has someone (just) knocked?' This is the impersonal use of the third person plural.

24. **Debe de ser el señor**: 'It must be (it probably is) the master.'

EXERCISES

I. *Put into the familiar form:*

1. ¿Han cenado Vds.? 2. Vd. no ha comprado aún su coche. 3. ¿Recordarán Vds. lo que han dicho? 4. ¿Perdieron Vds. sus libros? 5. ¿Sufrieron Vds. mucho? 6. Quiero que Vd. haga la cama. 7. Vaya a la cama en seguida. 8. Quiero que traiga Vd. mucha fruta. 9. Vds. tienen que hacerlo en seguida. 10. Tengo ganas de que lean Vds. un libro.

II. *Put the following words into sentences:*

1. contar; 2. nuevo; 3. fútbol; 4. chocolate; 5. papel; 6. dormir; 7. frío; 8. llevar; 9. seco; 10. ayer.

III. *Put into the negative:*

1. Lávate la cara. 2. Id pronto. 3. Come la naranja. 4. Daos prisa. 5. Jugad al fútbol. 6. Contadme lo que pasó. 7. Haz la camâ. 8. Vete al colegio. 9. Traed un vaso de agua. 10. Léeme un libro.

LESSON 40 201

IV. *Put into the preterite :*

1. El está en la habitación. 2. Yo no puedo hacerlo. 3. El te conoce. 4. Ella se enfría. 5. Ellos desayunan. 6. Ellos pesan la fruta. 7. Yo me quedo aquí. 8. Tú vas a casa. 9. Vosotros preparáis la comida. 10. Ellos leen sus libros.

LESSON 41

VOCABULARY

anteayer	the day before yesterday
apagar	to turn off
la bombilla	electric light bulb
callar(se)	to be quiet
completamente	completely
cortar	to cut
los cubiertos	cutlery
el cuchillo	knife
encenderse (ie)	to light up
la fuente	dish
la luna	moon
el mantel	table-cloth
las natillas	custard
el postre	dessert
romper(se)	to break
la servilleta	serviette
la sopa	soup
el tenedor	fork
vago, -a	lazy

IDIOMATIC EXPRESSIONS

estar en la luna	to be day-dreaming
fumarse una clase	to miss a class, play truant
pensar en	to think about
poner la mesa	to lay the table
unos cuantos	a few

LESSON 41

La cena

1 PEDRO: ¿Qué le pasa a la luz del comedor que no se enciende?
CARMEN: Que se ha roto la bombilla. Hay que poner otra. Juana, termine de poner la mesa. Sólo ha puesto
5 usted el mantel y las servilletas.
JUANA: Aquí está todo, señora; los platos, los cubiertos, la botella de vino y los vasos.

JUAN: ¿Es verdad que muy pronto se podrá hacer un viaje a la luna?
10 PEDRO: ¿Quién te lo ha dicho?
JUAN: El profesor nos habló anteayer de eso.
PEDRO: Quizá sea posible ir a la Luna dentro de unos cuantos años.

JUAN: ¡Qué estupendo! Cuando yo sea mayor...
15 CARMEN: Cuando tú seas mayor harás lo que quieras, pero ahora eres pequeño y debes comer y callar.
PEDRO: Y cortar la carne con el cuchillo y el tenedor, que para eso los han puesto.
JUAN: También han puesto cucharas y no hay sopa.

LESSON 41

20 PEDRO: Eso es porque Juana debe de estar también en la luna.
¿Por qué te levantas de la mesa?
JUAN: Para apagar la radio.
PEDRO: Siéntate. Todavía no hemos terminado de cenar.
25 Ya la apagará la muchacha.
JUAN: ¿Qué tenemos de postre?
CARMEN: Una cosa que te gusta mucho: natillas.
JUAN: ¿Y esa fuente tan grande está llena de natillas?
CARMEN: Completamente llena.
30 JUAN: ¡Qué bien! Voy a comer tantas que mañana estaré enfermo.
PEDRO: Pero, ¿para qué quieres estar enfermo?
JUAN: Pues para no ir al colegio.
CARMEN: Este hijo es un vago y sólo piensa en fumarse las
35 clases.

GRAMMAR

PAST PARTICIPLES: EXCEPTIONS.

(1) The ending **-ido** of the past participle of **-er** and -ir verbs has an accent when it comes after **a** or **e**:

traer	**traído**
creer	**creído**

(2) In this lesson we have three irregular past participles:

dicho	of the verb	**decir**
puesto	of the verb	**poner**
roto	of the verb	**romper** (otherwise regular)

Tu amigo lo ha dicho.	Your friend has said so.
¿Dónde lo has puesto?	Where have you put it?
¿Quién lo ha roto?	Who has broken it?

LESSON 41

NOTES

3. **se ha roto la bombilla:** 'the bulb has gone (broken).'

    Note: (1) the inversion of subject and verb.
          (2) the use of the reflexive **romperse** for the intransitive 'to break.'

4. **poner la mesa:** 'laying the table.' The infinitive is used because it follows a preposition (**de**).

8. **se podrá:** 'one will be able to.' Se is impersonal; **podrá** is the irregular future of **poder**.

11. **de eso:** 'about that.'

12. **sea:** subjunctive after **quizá**.

    dentro de unos cuantos años: 'within a few years.' **Dentro de** is used not only for time but also for place:

        Está dentro de casa.   He is inside (the house).

14. **Cuando yo sea mayor:** 'When I am older.' Note the use of the subjunctive because Juan is talking about the future.

15. **harás lo que quieras:** 'you can do what(ever) you like.' Notice the subjunctive after the indefinite antecedent (see lesson 32, line 21).

16. **debes comer y callar:** a very common expression equivalent to 'Children should be seen and not heard.'

17. **cortar:** the infinitive is used here because it depends on **debes** in the previous sentence.

18. **para eso los han puesto:** 'that is why they have been put (there).' Note the impersonal use of the third person plural instead of the passive.

27. **natillas:** is feminine and is always used in the plural.

28. **esa fuente tan grande:** 'such a big dish' (*lit:* 'that dish so big').

34. **es un vago:** 'is lazy,' 'is a lazy boy.' Remember that some Spanish adjectives used to describe people can also be used as nouns:

LESSON 41

el joven   the youth
la rubia   the blonde

EXERCISES

I. *Put the infinitive in brackets into the correct tense:*

1. Hace cinco días que yo le (conocer). 2. Yo le (conocer) hace cinco días. 3. Yo (estar) en Alicante hace tres años. 4. Hace tres años que yo (estar) en Madrid. 5. Hace muchos años que yo (fumar). 6. Ella (hablar) con él hace dos días. 7. El lo (beber) hace unos minutos. 8. Yo (fumar) un cigarrillo hace cinco minutos. 9. Hace un año que ella no le (ver). 10. Hace cinco minutos que ella lo (hacer).

II. *Give the past participle of the following verbs:*

1. decir; 2. quedar; 3. creer; 4. poner; 5. estar; 6. tener; 7. meter; 8. romper; 9. fumar; 10. venir.

III. *Put into the feminine:*

1. El padre va a visitar a su hijo enfermo. 2. El profesor dice que el niño está muy sucio. 3. Don Juan no es muy rubio. 4. El alumno es muy vago. 5. El padre es muy inteligente. 6. Tu amigo tiene un perro negro. 7. Mi nieto es muy amable. 8. El abuelo escribe a su hijo. 9. Ellos son profesores. 10. El pescadero está hablando con el frutero.

IV. *Translate into Spanish:*

1. The climate of Madrid is dry. 2. Perhaps you are right. 3. I was there two years ago. 4. I am very thirsty. 5. I want you to hurry. 6. I have lived here for five years. 7. I go to bed at eleven o'clock. 8. He must go to the office. 9. She turned out the light and I put it on. 10. The maid laid the table.

LESSON 42

VOCABULARY

¡ah!	oh!
el aire	air
antiguo, -a	former
el apellido	surname
el caso	case
dormirse	to go to sleep
el ejemplo	example
encargar	to ask for, order
la enfermedad	illness
estudiar	to study
el estudio	study
famoso, -a	famous
la farmacia	chemist's (shop)
inteligente	intelligent
la medicina	medicine
nervioso, -a	nervous, jittery
el nombre	name
sabio, -a	wise
tranquilo, -a	quiet
la vida	life

IDIOMATIC EXPRESSIONS

costar un ojo de la cara	to cost the earth
¡Ojalá . . .!	Would that . . .!

Marido y mujer

1 PEDRO: ¿Se han dormido los niños?
CARMEN: Sí, ya se han dormido.   Duermen muy tranquilos.
PEDRO: Y tú, ¿cómo estás?
CARMEN: Bien, aunque he estado todo el día muy nerviosa.

5 PEDRO: ¿Por qué?
CARMEN: No lo sé.   Quizás por la enfermedad de la pequeña.
PEDRO: O será porque has estado todo el día en casa sin salir.
CARMEN: Eso no, porque esta mañana salí; fui a la farmacia
10 a comprar unas medicinas.
PEDRO: Pero eso no es igual que salir a dar un paseo y tomar el aire.   Oye, me ha dicho la muchacha que me han llamado esta tarde por teléfono. ¿Sabes quién ha sido?
15 CARMEN: No, porque, aunque Juana me dijo su nombre, no lo oí bien.   Creo que su apellido es algo así como Hernández ...
PEDRO: ¿Hernández? ¡Ah, sí! Ya sé quién es. Es un antiguo compañero de estudios que vive en Málaga.
20 CARMEN: Ahora que hablas de estudios, ¿sabes que me pre-

LESSON 42

209

ocupa lo poco que le gusta estudiar a nuestro hijo?

PEDRO: Creo que no debes preocuparte por eso. Es todavía muy pequeño. Ha habido niños muy
25   vagos que de mayores han sido sabios muy famosos.

CARMEN: No creo que ese vaya a ser el caso de nuestro hijo. Lo veo con muy pocas ganas de estudiar. Hoy, por ejemplo, se ha puesto a estudiar a las siete
30   y lo ha dejado a las siete y media.

PEDRO: Quizá sea muy inteligente y con media hora tenga bastante.

CARMEN: ¡Ojalá sea así! ¿Has comprado el regalo que te encargué esta mañana?
35 PEDRO: Sí, y me ha costado un ojo de la cara.

CARMEN: Lo creo, porque la vida está cada vez más cara.

NOTES

1. **¿Se han dormido los niños?**: 'Have the children gone to sleep?'
2. **Duermen muy tranquilos**: 'They are sleeping quietly.' An adjective (**tranquilos**) is frequently used instead of an adverb (**tranquilamente**).
4. **aunque he estado todo el día muy nerviosa**: 'although I have been very jittery all day,' 'although my nerves have been on edge all day.'
6. **No lo sé**: 'I don't know.' The **lo** (it) is not translated into English. **Sé** has an accent to distinguish it from the pronoun **se**.
7. **será**: 'it might be.' This is another example of the future used to indicate probability.
   has estado: 'you have been.' The perfect tense is used here to express an action still connected with the present.
9. **Eso no**: 'It isn't that.'

LESSON 42

salí; fui: 'I went out; I went.' Notice the change to the preterite tense because now Carmen is speaking of actions completed that morning.

11. **eso no es igual que salir:** 'that is not the same as going out.'

12. **Oye:** 'I say.' This is the irregular imperative of **oír.**

14. **¿Sabes quién ha sido?:** 'Do you know who it was?' Here the perfect tense has been used because the action is very recent and, as it affects Pedro, is linked to the present.

16. **algo así como:** 'something like' (*lit:* 'something such as').

18. **antiguo:** 'former.' This can also mean 'ancient.'

20. **Ahora que hablas de estudios:** 'Now you are speaking of studies.'

21. **lo poco:** 'how little.' The neuter article **lo** is used only before adjectives to turn them into abstract nouns:

> **lo bueno**   goodness
> **lo malo**   badness

le gusta estudiar a nuestro hijo: 'our son likes studying.'

23. **no debes preocuparte por eso:** 'you shouldn't worry about that.'

24. **Ha habido:** 'There have been.' This is the perfect form of the impersonal expression **hay** (there is, there are).

29. **se ha puesto a estudiar:** 'he began studying.' **Ponerse a** followed by an infinitive means to begin to do something.

31. **sea ... tenga:** subjunctives used after **quizá** to emphasize the doubt.

33. **¡Ojalá sea así!:** 'I wish it were so!' **Ojalá** is an exclamation signifying a wish and is therefore followed by the subjunctive. It can also be used alone:

> **Mañana lloverá.**   It will rain tomorrow.
> **¡Ojalá!**   I hope so.

34. **encargué: encargar** is an orthography-changing verb like **jugar** (see lesson 38, A).

36. **Lo creo:** 'I can believe it.'
la vida está cada vez más cara: 'the cost of living is getting higher and higher.'

LESSON 42

EXERCISES

I. *Put in the missing words:*

1. Yo no creo que ella _____ razón. 2. En Madrid no _____ mucho frío. 3. Dame un _____ de agua que _____ sed. 4. _____ Manuel está hablando con sus amigos. 5. El quiere una _____ de coñac. 6. Tienes que _____ prisa porque es muy tarde. 7. _____ mucho tiempo que le conozca. 8. A las ocho de la mañana _____ el desayuno. 9. Le vi _____ cinco días. 10. La criada _____ la mesa.

II. *Answer the following questions:*

1. ¿Qué vende el carnicero? 2. ¿Cuántos huevos hay en una docena? 3. ¿Cómo son los limones, ácidos o dulces? 4. ¿A cómo son las naranjas? 5. ¿Dónde se compran los huevos? 6. ¿Quién vende la carne? 7. ¿Le gustan a Vd. las naranjas ácidas? 8. ¿Te gusta la carne tierna o dura? 9. ¿Debe estar fresco el pescado? 10. ¿Quién vende tomates?

III. *Use a pronoun in place of the words in italics:*

1. Ella compra *tomates*. 2. El huevero vende *huevos*. 3. El médico ve *al enfermo*. 4. Ella tiene *la cara* sucia. 5. El camarero trae *los vasos*. 6. Yo me bebo *el anís*. 7. Yo vi *las naranjas* frescas. 8. Hablaremos *al profesor*. 9. Ellos recuerdan *el partido*. 10. Hace mucho tiempo que conozco *a Pedro*.

IV. *Put into the imperative (the pronoun in brackets can be omitted):*

1. (Traer) me (tú) una copa de coñac. 2. (Contar) (Vd.) hasta 10. 3. (Jugar) (vosotros) en la otra habitación. 4. No (vender) (tú) tu casa. 5. (Volver) (vosotros) pronto. 6. No (creer) (tú) lo que él dice. 7. (Lavarse) (Vds.) las manos. 8. No (hacer) (vosotros) eso aquí. 9. (Limpiar) (tú) los dientes. 10. Ir (vosotros) pronto.

LESSON 43

VOCABULARY

el abrigo	overcoat
añadir	to add
el arte	art
el autobús	bus
el cielo	sky
la colección	collection
importante	important
el maestro	master
moderno, -a	modern
el mueble	piece of furniture
el museo	museum
la nube	cloud
nublar(se)	to cloud over
el palacio	palace
el parque	park
particular	private
la pintura	painting
precioso, -a	precious, valuable
real	royal
el rey	king
el tapiz	tapestry

Una visita al Museo del Prado

1 PEDRO: Niños, ¿queréis venir con nosotros al Museo del Prado?

LESSON 43

JUAN: Yo sí. Tengo muchas ganas de conocerlo. El maestro nos ha hablado muchísimas veces de él y nunca lo he visto. ¿Está muy lejos de aquí?
CARMEN: No, está cerca del Retiro y has estado muchas veces en ese Parque.
PEDRO: Que venga la niña. Yo creo que a ella le gustará también.
CARMEN: Sí, pero que se ponga el abrigo, porque va a hacer bastante frío.

JUAN: ¡Pero si el cielo está muy azul!
PEDRO: Sí, está azul, pero se va a nublar pronto.
JUAN: ¿Cómo lo sabes?
PEDRO: Por aquellas nubes que se ven allí lejos.
JUAN: Papá, ¿qué otro Museo de pinturas hay en Madrid, además del Museo del Prado?
PEDRO: Hay muchos: el de Arte Moderno, el de Bellas Artes, el de Sorolla, etc., pero éste es el más importante.
JUAN: ¿Y no es un museo el Palacio Real?
CARMEN: Sí que lo es. También tiene cuadros muy buenos, además de preciosos muebles, relojes y tapices.
JUAN: ¿Cómo se hizo el Museo del Prado?
PEDRO: Empezó con las colecciones particulares de algunos reyes y después se han añadido más cuadros, al pasar los años.

LESSON 43

PILAR: ¿Cómo vamos a ir?
PEDRO: Iremos en autobús, porque está demasiado lejos.

NOTES

1. **Museo del Prado:** Spain's most famous picture gallery and the finest in the world for Spanish paintings.
3. **Yo sí:** 'I do.' Remember that instead of repeating the verb of a question to affirm or deny something, it is usual in Spanish to use **sí** or **no.**
4. **maestro:** here means 'master' in the sense of 'teacher.'
8. **Que venga la niña:** 'Let the girl come.' Here we have the conjunction **que** and the subjunctive used in the third person to express the imperative.
10. **va a hacer bastante frío:** 'it is going to be quite cold.'
12. **si:** used for emphasis and not translated into English.
13. **se va a nublar:** 'it is going to cloud over.' **Nublar** is generally used reflexively.
14. **lo:** refers to the idea in the previous sentence.
15. **que se ven allí lejos:** 'that can be seen far away.' Note how the reflexive is used in Spanish where we use the passive (see lesson 20, A, 3).
18. **el de Arte Moderno, el de Bellas Artes, el de Sorolla:** the Museum of Modern Art takes over from the Prado Museum and includes paintings from the last half of the 19th century. The Museum of Fine Arts is quite small but contains some of the best Spanish paintings. Sorolla was Spain's greatest impressionist.
21. **el Palacio Real:** 'the Royal Palace.' **Real** also has the meaning of 'real.'
24. **¿Cómo se hizo el Museo del Prado?:** 'How was the Prado Museum built up?'
25. **particulares:** 'private.' **Particular** is another false friend.
27. **al pasar los años:** 'as the years have gone by.'

LESSON 43

EXERCISES

I. *Answer the following questions:*

1. ¿A dónde va la familia García? 2. ¿Quién tiene ganas de conocer el Museo del Prado? 3. ¿Quién le ha hablado a Juan del Museo del Prado? 4. ¿Dónde está el Museo del Prado? 5. ¿Qué tiene que ponerse Pilar? 6. ¿Por qué tiene que ponerse Pilar el abrigo? 7. ¿Qué otros museos de pintura hay en Madrid? 8. ¿Cuál es el más importante? 9. ¿Es un museo el Palacio Real? 10. ¿Cómo van al museo?

II. *Make sentences with the following words:*

1. cuchara; 2. cortar; 3. radio; 4. dicho; 5. vago; 6. callar; 7. mantel; 8. saber; 9. luna; 10. encender.

III. *Put the words in brackets in their correct place in the following sentences; be careful because in some sentences only one form is used:*

1. ____ leyó ____ libro. (el, él). 2. Para ____, ____ casa es la mejor. (mi, mí). 3. ____ libro que está en la mesa es ____ que te dije. (aquel, aquél). 4. ____ sabes que ____ madre tiene razón. (tu, tú). 5. Lo que ____ debe hacer lo ____ muy bien. (se, sé). 6. ____ coche es de ____ niño. (ese, ése). 7. ¿____ pasa ____ no haces tus cuentas? (que, qué). 8. ____ no escribes ____ que deberé castigarte. (si, sí). 9. ____ voy a comprar cuando estoy ____. (solo, sólo). 10. ____ libro no es el que quiero. Yo quiero ____; (este, éste).

IV. *Put into the respectful form:*

1. ¿Tienes tu libro en la mano? 2. ¿Sois vosotros españoles? 3. ¿Irás mañana a casa de tu abuela? 4. ¿Tenéis vuestro coche en la calle? 5. ¿Estáis haciendo vuestros deberes? 6. Quiero que hagas esto en seguida. 7. Tú has bebido mucho. 8. Vosotros no recordáis eso. 9. No tenéis que perder nada. 10. Tú metiste el cuaderno en tu cartera.

LESSON 44

VOCABULARY

alemán, alemana	German
convertir	to become, turn into
el entierro	burial
extranjero, -a	foreign
flamenco, -a	Flemish
el fresco	fresco
guapo, -a	handsome, pretty
holandés, holandesa	Dutch
la iglesia	church
la infanta	daughter of the King of Spain, infanta
el infante	son of the King of Spain, infante
italiano, -a	Italian
la lanza	lance
la menina	maid of honour
el mundo	world
el nacimiento	birth
la palabra	word
el personaje	character, person, figure
pintar	to paint
el pintor	painter
la reina	queen
la sala	room
significar	to mean
el techo	ceiling

Los grandes pintores españoles

1 CARMEN: Aquí están los grandes maestros de la pintura española: Velázquez, Zurbarán, Goya, El Greco...
JUAN: A nosotros nos ha dicho el maestro que El Greco
5 no es español.
PEDRO: No lo es de nacimiento, pero vivió muchos años en España y fue aquí donde pintó sus mejores cuadros.
CARMEN: En una iglesia de Toledo, por ejemplo, está «El
10 entierro del Conde de Orgaz», famosísimo en todo el mundo.
JUAN: ¿Por qué está en Toledo?
PEDRO: Porque fue en esa ciudad donde vivió. Allí tenía una casa que está ahora convertida en museo.
15 JUAN: ¿De quién son los cuadros de esta sala?
PEDRO: Todos estos personajes son de Goya. Todos ellos son de la familia de Carlos IV.
PILAR: La reina es muy fea. A mí no me gusta nada, ¿y a ti?
20 JUAN: No mucho, pero tampoco el rey es muy guapo.

LESSON 44

PEDRO: Bueno, dejemos a la familia de Carlos IV y pasemos a las salas de Velázquez.
Aquí tenéis su cuadro de « Las Lanzas ». ¿Os gusta?

25 JUAN: A mí, sí. Es maravilloso.

PEDRO: Y aquí está su cuadro más famoso: «Las Meninas».

PILAR: ¿Qué quiere decir « meninas »?

CARMEN: La palabra « meninas » significa niñas al servicio de la reina o de las infantas.

30 JUAN: Mira, mamá, en este Museo hay cuadros hasta en el techo.

CARMEN: Eso no son cuadros. Cuadros son los que están pintados en una tela. Si están pintados en la pared o en el techo se llaman frescos.

35 JUAN: ¿Hay cuadros de pintores extranjeros en este Museo?

PEDRO: Muchísimos. Hay salas de pintura italiana, flamenca, alemana y holandesa; pero sobre todo este museo tiene la mejor colección del mundo
40 de pinturas españolas.

GRAMMAR

A. REFLEXIVE PRONOUNS. In lesson 16, we learned the object pronouns that are used after prepositions. The reflexive pronouns after prepositions are the same as these in the first and second persons singular and plural:

Lo hizo para mí.	He did it for me.
Lo hago para mí.	I am doing it for myself.
Una mujer preguntó por ti.	A woman asked for you.
Léelo para ti.	Read it to yourself.
Ven con nosotros.	Come with us.
Lo haremos para nosotros.	We shall do it for ourselves.

LESSON 44

Tenemos miedo de vosotros.	We are afraid of you.
Habláis de vosotros.	You are talking about yourselves.

In the third persons singular and plural, for 'himself,' 'herself,' 'itself' and 'themselves' and for the respectful form of 'yourself' and 'yourselves,' the reflexive pronoun after a preposition is **sí**:

Tengo miedo de él.	I am afraid of him.
La niña habló para sí.	The girl spoke to herself.
La madre de los niños pregunta por ellos.	The boys' mother is asking for them.
Hacen todo para sí.	They do everything for themselves.
Le vi con Vd.	I saw him with you.
¿Lee Vd. el libro para sí?	Are you reading the book to yourself?
Queremos ir de compras con Vds.	We want to go shopping with you.
Vds. pueden hacerlo para sí.	You can do it for yourselves.

If the preposition is **con** then the pronouns **mí, ti** and **sí** are joined to it and become **conmigo, contigo** and **consigo**:

Ven conmigo.	Come with me.
Le vi contigo.	I saw him with you.
Lo trajo consigo.	He (she) brought it with him(self), her(self).

After the preposition **entre**, neither **mí** nor **ti** is used, but **yo** and **tú**:

Entre tú y yo todo está bien.	Between you and me everything is all right.

B. THE PASSIVE VOICE. We have seen how the reflexive is frequently used in Spanish in preference to the passive voice.

LESSON 44

The true passive, however, is expressed by **ser** and the past participle, the word **por** being used to indicate the agent. **Estar** used with the past participle indicates that an action is finished and describes the consequent state. In both cases the past participle agrees in number and gender with the subject:

La tela es lavada por la muchacha.	The cloth is washed by the maid.
La tela está lavada.	The cloth is washed. (*state*)
Los vestidos son planchados por Carmen.	The dresses are ironed by Carmen.
Los vestidos están planchados.	The dresses are ironed. (*state*)

NOTES

1. **los grandes maestros:** 'the great masters.' Here **maestro** means 'master' in the sense of 'famous painter.'
   Adjectives are generally placed after the nouns they qualify, but some have a different meaning if placed before. **Grande** after a noun means 'big,' but before it, it means 'great,' and in this case the singular is **gran**. The plural is always **grandes**:

Es un hombre grande.	He is a big man.
Es un gran hombre.	He is a great man.
Son casas muy grandes.	They are very big houses.
Son grandes pintores.	They are great painters.

6. **lo:** refers to the previous statement: **no es español.**
7. **fue:** the preterite tense of **ser.**
10. **famosísimo:** see lesson 33, A.
20. **guapo:** a very popular word, especially in the feminine. In Spain it is customary to pay compliments (**piropos**) to pretty girls in the street and calling them **guapa** is one of the most frequent.
21. **dejemos ... pasemos:** 'let's leave ... let's pass on.'

LESSON 44   221

23. « Las Lanzas »: "'The Surrender of Breda."'   The Spanish
title comes from the serried rank of lances breaking the sky.
¿Os gusta?: 'Do you like it?'

27. ¿Qué quiere decir « meninas »?: 'What does "meninas"
mean?'

30. hasta en el techo: 'even on the ceiling.'   This is a figura-
tive use of hasta (until, as far as):

> Hasta las niñas juegan al   Even the girls play foot-
> fútbol.   ball.

37. italiana, flamenca, alemana y holandesa: names of
countries are spelt with a capital letter, but nationalities and
languages are not:

> En España se habla   In Spain Spanish is spoken.
> español.
> Hablé con un ale-   I spoke with a German
> mán ayer.   yesterday.

38. sobre todo: 'above all,' 'especially.'

EXERCISES

I. *Answer the following questions:*

1. ¿Quiénes son los grandes maestros de la pintura española?
2. ¿Es español El Greco? 3. ¿Dónde vivió El Greco muchos
años? 4. ¿Qué cuadro de El Greco está en una iglesia de
Toledo? 5. ¿A qué familia real pintó Goya? 6. ¿Es guapo el
rey Carlos IV? 7. ¿Quién pintó el cuadro de «Las Lanzas»?
8. ¿Cómo se llama el cuadro más famoso de Velázquez? 9. ¿Qué
son frescos? 10. ¿Hay cuadros de pintores extranjeros en el
Museo del Prado?

II. *Give the opposite of:*

1. aquello; 2. descanso; 3. distinto; 4. fuera; 5. ninguno;
6. triste; 7. acostarse; 8. dividir; 9. restar; 10. hacer frío.

LESSON 44

III. *Put into the third person (a) singular and (b) plural:*

1. A mí me gusta la pintura italiana. 2. ¿Te lavas las manos antes de comer? 3. Te voy a llevar al Museo del Prado. 4. Voy en seguida al colegio. 5. A nosotros no nos gusta acostarnos tarde. 6. El maestro nos ha hablado de ello. 7. A vosotros os parece fácil escribir una carta. 8. A nosotros nos ha dicho la abuela que vayamos al colegio. 9. Compramos un bocadillo de jamón. 10. ¿Te lo ha dicho tu amigo?

IV. *Put the adjective in brackets into the comparative of inferiority:*

(*e.g.* Este lápiz es menos largo que aquél.)

1. Esta habitación es (pequeña) aquélla. 2. Mi hija es (guapa) la tuya. 3. El limón es (dulce) la naranja. 4. Tu gato es (blanco) el mío. 5. Su lápiz escribe (malo) el tuyo. 6. La casa de mis padres es (alegre) la casa de mis abuelos. 7. En Madrid hace (calor) en Alicante. 8. Esta calle es (ancha) ésa. 9. Hablo el español (malo) el inglés. 10. El vestido de Pilar es (azul) el vestido de Carmen.

LESSON 45

VOCABULARY

abrigado, -a	wrapped up
la aceituna	olive
la acera	pavement
¿adónde?	where to?
la almendra	almond
el aperitivo	aperitif
el campo	country(side)
coger	to take, catch, get, grasp
ensuciar	to dirty
friolero, -a	chilly (person)
frito, -a	fried
loco, -a	mad
la mentira	lie
el piso	flat
primaveral	spring(like)
sentado, -a	sitting, seated
la sorpresa	surprise
tardar	to be late
la terraza	terrace; open-air café
la tos	cough
el vermut	vermouth
volverse	to become, turn

IDIOMATIC EXPRESSION

al sol   in the sun

La hora del aperitivo

1 PEDRO: Carlos y María nos esperan hoy a la una y media en Cibeles para tomar el aperitivo.
CARMEN: ¡Qué sorpresa! Hace mucho tiempo que no les veo. ¿Vendrás a buscarme?
5 PEDRO: No voy a poder. Vete tú sola y allí nos encontraremos. Sé puntual.
CARMEN: Sí, no tardaré. Y estrenaré mi abrigo nuevo, porque tengo algo de tos.

CARMEN: ¡Hola, María! ¡Cuánto tiempo sin verte!
10 MARÍA: No me hables. He estado ocupadísima estos días pintando todo el piso.
PEDRO: ¿Lo pintas tú?
MARÍA: No, hombre. ¡Qué cosas tienes! Lo hacen los pintores; pero ensucian tantísimo que hay que
15 estar todo el día limpiando.
CARMEN: Te creo, hija. Yo pinté la casa el año pasado y creí volverme loca.

CARLOS: ¿Nos sentamos en alguna de las terrazas de esta acera?

LESSON 45   225

20 PEDRO: Por mí, sí; pero quizás Carmen y María, que son
           tan frioleras, no quieran.
   CARMEN: No hace frío, estamos abrigadas y sentadas al sol
           estaremos muy bien.
   MARÍA: ¿Adónde vas, Carlos?
25 CARLOS: Ahí, a coger esa mesa que se ha quedado vacía,
           antes de que la ocupen.
   CAMARERA: ¿Qué van a tomar?
   CARLOS: Dos cervezas y dos vermuts. Traiga también
           aceitunas, patatas fritas y unas almendras.
30 CARMEN: Parece mentira que estemos en diciembre. Hace
           un tiempo primaveral.
   MARÍA: Es verdad. Anteayer fuimos al campo y no
           tuvimos nada de frío.

GRAMMAR

A. THE GERUND.

(1) In regular verbs the gerund is formed by adding the
ending **-ando** to the stem of **-ar** verbs, and **-iendo** to the stem
of **-er** and **-ir** verbs:

fumar	to smoke	**fumando**	smoking
tener	to have	**teniendo**	having
salir	to go out	**saliendo**	going out

The **i** of the ending **-iendo** changes to **y** if the stem of the verb
ends in a vowel:

creer	to believe	**creyendo**	believing
leer	to read	**leyendo**	reading

Radical-changing verbs which change their stem on forming the
third persons of the preterite tense undergo the same change in
the gerund:

dormir	to sleep	**durmió**	he slept	**durmiendo**	sleeping
poder	to be able	**pudo**	he could	**pudiendo**	being able
sentir	to feel	**sintió**	he felt	**sintiendo**	feeling

I*

LESSON 45

Two verbs have irregular gerunds:

decir	to say	**diciendo**	saying
ir	to go	**yendo**	going

(2) As in English, the gerund is used with the verb **estar** (to be) to form the progressive tenses, which, however, are little used:

Te estoy hablando.	I am speaking to you.
¿Qué estabas escribiendo?	What were you writing?

It has been stated that the object pronoun follows and is joined to the gerund; if, however, the gerund is preceded by a finite verb, the pronoun may either precede or follow it:

Teniéndolo, la niña salió.	Holding it, the girl went out.

La niña lo está haciendo. ⎫
La niña está haciéndolo. ⎬ The girl is doing it.

(3) When the gerund is used in English as an abstract noun, its place is taken in Spanish by the infinitive, generally used with the masculine singular definite article:

El fumar mucho es malo.	Smoking a lot is bad.
El andar es bueno.	Walking is good.

B. **Coger** (to take) is an orthography-changing verb. As explained in lesson 38, **g** before **e** or **i** is pronounced like the 'ch' of 'loch' as pronounced by Scots, whilst before **a** or **o** it has a hard pronunciation. Consequently, to retain the same pronunciation before **a** or **o**, the **g** is changed to **j**:

Me cogió el brazo.	He took my arm.
Quiero que cojan la mesa.	I want them to take that table.

NOTES

1. **nos esperan:** 'are meeting us.' In such contexts, **esperar** combines the meanings of 'to wait for' and 'to expect' and is best translated by 'to meet.'

LESSON 45

2. **Cibeles**: a very large open central space where there is a statue of the Roman goddess Cybele. It has many open air cafés which in fine weather, and it generally is fine in Spain, are thronged with people having their aperitif and something to nibble.

3. **Hace mucho tiempo que no les veo**: 'I have not seen them for a long time.' (See lesson 36, B, 2.)

5. **No voy a poder**: 'I shan't be able to.'
   Vete: the irregular singular imperative of **irse**.
   tú: used for emphasis.

9. **¡Cuánto tiempo sin verte!**: 'What a long time since I've seen you!' (*lit*: 'How much time without seeing you!')

10. **No me hables**: 'Don't remind me' (*lit*: Don't speak to me (about that)).

12. **¿Lo pintas tú?**: 'Are you painting it yourself?' Note again the use of **tú** for emphasis.

13. **¡Qué cosas tienes!**: 'What (strange) ideas you've got!' This is a very frequent and idiomatic expression.

14. **ensucian tantísimo**: 'they make such a mess.'

17. **creí volverme loca**: 'I thought I would go mad.'

18. **¿Nos sentamos?**: 'Shall we sit down? This is another instance of the use of the Spanish present for the future.

20. **Por mí, sí**: 'As far as I'm concerned, yes.'
    que son tan frioleras: 'who are such chilly people.'

22. **estamos abrigadas y sentadas al sol estaremos muy bien**: 'we are well wrapped up and sitting in the sun we'll be fine.'

25. **Ahí**: used because it is not very far away.
    coger: preceded by **a** because the verb (**voy**) is understood as this answers the question in the previous sentence.
    se ha quedado vacía: 'has become vacant.'

26. **ocupen**: subjunctive after a conjunction referring to the future.

27. **¿Qué van a tomar?**: 'What are you going to have?'

29. **aceitunas, patatas fritas y unas almendras**: it is customary in Spain to nibble appetizers (olives, chips, etc.) whilst having a drink before lunch or dinner.

LESSON 45

30. **Parece mentira:** 'It just doesn't seem true' (*lit:* 'It seems a lie').

estemos: subjunctive because the statement seems contrary to fact.

EXERCISES

I. *Put in the missing word:*

1. Ese libro me costó un ____ de la cara. 2. ¿Quieres ____ un paseo? 3. Yo ____ ganas de ir al cine. 4. ¿Quieres ____ una taza de café? 5. He estado todo el día ____ casa ____ salir. 6. No debes preocuparte ____ eso. 7. No se ____ fumar en la cama. 8. Esta carta es ____ Vd. 9. A ellos ____ gusta leer. 10. Ella nunca ____ prisa.

II. *Put into the preterite:*

1. El me lo ha dicho. 2. A ella le gustará ir. 3. Eso costará mucho dinero. 4. Le oirás hablar en el colegio. 5. Ella ha apagado la luz. 6. Nosotras la encenderemos. 7. Lo romperemos pronto. 8. Ellos lo sabrán en seguida. 9. El sastre cortará la tela. 10. El se dormirá pronto.

III. *Translate into Spanish:*

1. Is that letter for him? 2. The beds are made. 3. She is most pretty. 4. Does she like walking? 5. He is called John. 6. I want you to come with me. 7. Spanish is spoken. 8. He did it with you (fam.). 9. She is very tall. 10. Velázquez is most famous.

IV. *Finish these questions and answer them:*

1. ¿Qué haces con ...? 2. ¿Cuánto dinero ...? 3. ¿Cuánto cuesta ...? 4. ¿Dónde está ...? 5. ¿Por qué vas ...? 6. ¿Cómo está ...? 7. ¿Por qué hiciste ...? 8. ¿Cuándo vas ...? 9. ¿Cuál te gustaría ...? 10. ¿Cuántos libros ...?

LESSON 46

VOCABULARY

el ballet	ballet
cualquiera	any; anyone, anything
cuyo, -a	whose
la chaqueta	jacket
el décimo	tenth part
la dirección	address
el estreno	opening-night
el éxito	success
extraordinario, -a	extraordinary, special
la ganga	bargain
gordo, -a	fat
el gusto	taste
joven	young
el limpiabotas	shoe-black
la moda	fashion
la modista	dressmaker
la Navidad	Christmas
los pantalones	trousers
la paz	peace
perfecto, -a	perfect
precioso, -a	wonderful
el premio	prize
el sastre	tailor
el traje de chaqueta	tailored suit
el traje de noche	evening dress (for women)

IDIOMATIC EXPRESSIONS

dejar en paz	to leave alone, in peace
tener éxito	to be successful

Modistas y sastres

1 MARÍA: Llevas un abrigo precioso y de última moda. ¿Quién te lo ha hecho?

CARMEN: Una modista baratísima, cuya dirección me dio una amiga. Es un poco joven, pero tiene muchísimo gusto. Ahora me está haciendo una traje de chaqueta por mil pesetas.

MARÍA: ¿Es posible? Pero esa modista es una ganga. ¿Crees que podrá hacerme a mí un traje de noche para ir al estreno del ballet?

CARMEN: Pues no sé, porque como tiene tanto éxito, tiene muchísimo trabajo. Pero se lo preguntaré.

CARLOS: ¿Oyes, Pedro? Para tu mujer y la mía, una modista que cobra mil pesetas por hacer un vestido es una ganga.

PEDRO: A cualquier cosa llaman las mujeres una ganga.

CARMEN: Hombre, en este caso no creo que lo de ganga esté mal dicho. El traje que te está haciendo el sastre a ti te va a costar dos mil quinientas.

LESSON 46

	PEDRO:	Los sastres son siempre más caros que las modistas y además el mío es de los mejores de Madrid. Hace unas chaquetas y unos pantalones perfectos.
25	CARMEN:	Por ese precio te hago yo dos obras de arte.
	LIMPIABOTAS:	¿Desean limpiarse los zapatos?
	PEDRO:	Sí, límpiemelos a mí.
	VENDEDOR:	¿Quieren lotería?
	CARLOS:	No, gracias.
30	VENDEDOR:	Tengo décimos para la extraordinaria de Navidad.
	CARLOS:	Es igual. No queremos.
	VENDEDOR:	Llevo el premio gordo. Cómprenme ustedes.
	CARLOS:	Le estoy diciendo que no queremos. Déjenos
35		en paz.

GRAMMAR

A. **Cualquiera** (any) has the same form for masculine and feminine. It is another adjective that loses the ending when placed before the noun it qualifies; **cualquiera** and **grande** are the only ones that do this in the feminine as well as the masculine form of the singular. Remember though that **grande** means 'big' and **gran** means 'great.'

Deme un libro cualquiera.	Give me any book.
Cualquier día lo haré.	I'll do it any day.
Hazlo de cualquier manera.	Do it any way.
Es una mujer grande.	She is a big woman.
Es una gran mujer.	She is a great woman.
Es una buena mujer.	She is a good woman.

B. The relative adjective **cuyo** (whose, of whom, of which) agrees in number and gender not with the possessor but with what is possessed:

LESSON 46

La mujer cuyo abrigo me gusta.	The woman whose overcoat I like.
El museo cuyas pinturas vimos.	The museum of which we saw the paintings.

NOTES

1. **Llevas: llevar** means 'to wear' as well as 'to carry.'
   última moda: 'the latest fashion.'
2. **¿Quién te lo ha hecho?:** 'Who made it for you?' **Hecho** is the irregular past participle of **hacer.** The perfect tense is used because the coat is so obviously new.
3. **me dio una amiga:** 'a friend gave me.'
4. **Es un poco joven:** 'She is rather young.'
   tiene muchísimo gusto: 'she has very good taste.'
5. **me está haciendo:** 'she is making me.' (See lesson 45, A, 2.)
10. **como tiene tanto éxito:** 'as she is so successful' (*lit:* 'as she has so much success'). **Exito** is one of the many words in Spanish that look the same as an English word ('exit' in this case) but have a completely different meaning. Care must be taken not to jump to conclusions.
13. **¿Oyes, Pedro?:** 'Do you hear that, Pedro?'
16. **A cualquier cosa llaman las mujeres una ganga:** 'Women call anything a bargain.' Pedro does not consider the dressmaker cheap!
18. **no creo que lo de ganga esté mal dicho:** 'I don't think the word bargain is badly used.' Note the use of the subjunctive after the negative of **creer.**
22. **el mío:** 'mine.' Note the use of the definite article agreeing with **sastre** (see lesson 7).
   de los mejores de Madrid: '(one) of the best in Madrid.'
26. **¿Desean limpiarse los zapatos?:** 'Do you want your shoes cleaned?' Note the use of the reflexive followed by the definite article instead of the possessive.

LESSON 46

27. **Sí, límpiemelos a mí:** 'Yes, clean mine.'
28. **lotería:** 'lottery ticket.' There is a State lottery held three times a month in Spain. The tickets are sold in officially authorized shops but many street vendors pester people to buy from them.
30. **la extraordinaria de Navidad:** at Christmas a special lottery is held with a huge prize called **el premio gordo** or just **el gordo**.
    décimos: tenth parts of tickets, which can be bought for all lotteries.
32. **Es igual:** 'It's all the same.'

EXERCISES

I. *Put in the indefinite article:*

1. dirección; 2. Navidad; 3. pantalones; 4. autobús; 5. comunicación; 6. chocolate; 7. nube; 8. transporte; 9 cine; 10. lema.

II. *Make sentences with the following words:*

1. sano; 2. nunca; 3. rápido; 4. alto; 5. entre; 6. dinero; 7. había; 8. éxito; 9. nube; 10. pantalones.

III. *Give the opposite of:*

1. hablar; 2. inteligente; 3. rico; 4. guapo; 5. maestro; 6. antiguo; 7. encontrar; 8. limpiar; 9. apagar; 10. tener calor.

IV. *Put into the present continuous tense:*

1. El fuma un cigarrillo. 2. Ellos comen una naranja. 3. Pedro escribe una carta. 4. Carmen lee una novela. 5. Juan duerme muy bien. 6. Ella dice que él es tonto. 7. El profesor empieza la lección. 8. Ella compra en la tienda. 9. La muchacha abre la puerta. 10. El camarero sirve la mesa.

LESSON 47

VOCABULARY

acostumbrado, -a	accustomed
acostumbrarse	to get accustomed
el barrio	district, neighbourhood
la comunicación	communication
depender (de)	to depend (on)
empezar (ie)	to begin
incómodo, -a	uncomfortable
el inconveniente	disadvantage
junto, -a	together
madrileño, -a	(inhabitant) of Madrid
la manera	way, manner
el medio	means
el metro	underground
rápido, -a	quick, fast
sano, -a	healthy
el transporte	transport
el tranvía	tram
la ventaja	advantage

IDIOMATIC EXPRESSIONS

de todas (las) maneras	in any case
estar de pie	to be standing
pasado mañana	the day after tomorrow
sobre todo	especially

Los transportes en Madrid

1 MARÍA: Ayer por la tarde te vi en la Gran Vía.
CARMEN: ¡Yo a ti no! ¿Cómo no me dijiste nada?
MARÍA: No podía. Pasaba en un autobús y tú estabas de pie en la acera. ¿Qué hacías?
5 CARMEN: Esperaba a una amiga, que llegó tardísimo. ¡Qué rabia da que la gente no sea puntual!
MARÍA: Tienes razón, sobre todo estando de pie.
CARMEN: Y estando sentada lo mismo. Lo malo de esperar para mí es que me pongo muy nerviosa.
10 PEDRO: Cosa que yo no comprendo. Debías de estar ya acostumbrada a esperar.
CARMEN: Hay cosas a las que no me acostumbraré nunca.
PEDRO: Peor para ti, porque los madrileños nos pasamos

la vida esperando. Esperando el tranvía, es-
15 perando el autobús, o el taxi vacío.
CARMEN: Yo no; cojo el metro y me ahorro todo eso.
CARLOS: Estoy de acuerdo contigo. El metro es el medio de transporte mejor y más rápido.
PEDRO: Y más incómodo también.
20 CARLOS: No siempre. Eso depende de los barrios.

236 LESSON 47

MARÍA: De todas las maneras lo más cómodo es vivir en el centro, como vosotros.

CARMEN: Por las comunicaciones sí, es mejor. Pero la vida es más tranquila y más sana en un barrio
25 como el vuestro, lejos del centro.

CARLOS: Todo tiene sus ventajas y sus inconvenientes.

PEDRO: Desde luego, y el inconveniente que yo le veo a esta terraza en este momento es que se ha nublado y está empezando a hacer frío.

30 CARMEN: Es verdad. ¡Cuántas nubes hay ahora! Hace un rato el cielo estaba completamente azul.

MARÍA: Tendremos que irnos. Además, es ya muy tarde.

CARLOS: ¿Cuándo volveremos a vernos?

PEDRO: Pasado mañana. Ya sabéis que vamos juntos al
35 teatro.

GRAMMAR

A. THE IMPERFECT TENSE. In Spanish there are two simple past tenses: the preterite, which we have already explained in lessons 36 and 37, and the imperfect, which is conjugated as follows:

-ar verbs	-er verbs	-ir verbs
compraba	volvía	salía
comprabas	volvías	salías
compraba	volvía	salía
comprábamos	volvíamos	salíamos
comprabais	volvíais	salíais
compraban	volvían	salían

Note that -er and -ir verbs have the same endings.

There are only three verbs which are irregular in the imperfect: ir, ser and ver. See appendix of irregular verbs.

The imperfect expresses a continuous action in the past or a

LESSON 47

237

completed action repeated over a considerable period of time, as distinct from the preterite which expresses a single completed action:

Cuando viniste llovía. When you came it was raining.
El año pasado venía todos Last year he came every day.
los días.

NOTES

1. **por la tarde:** 'in the evening.'
   la Gran Vía: Madrid's busiest and most important street.
2. **¡Yo a ti no!:** 'I didn't see you!'
5. **Esperaba a una amiga, que llegó tardísimo:** 'I was waiting (*continuous action*) for a friend who arrived (*single completed action*) very late.' Here we have the imperfect and the preterite clearly contrasted.
   ¡Qué rabia da!: 'How annoying it is!'
6. **sea:** after expressions of feeling, the subjunctive must be used.
7. **estando de pie:** 'when one is standing.' There is no simple verb for 'to stand' in Spanish; **estar de pie** is 'to be standing' and **ponerse de pie** is 'to stand up':

   No me gusta estar de pie. I don't like standing.
   Se pusieron de pie. They stood up.
8. **Y estando sentada lo mismo:** 'And the same sitting down.' Notice that the past participle is feminine because Carmen is speaking and using the verb **estar**.
   Lo malo de: 'The worst of' (*lit:* 'The bad of'). As pointed out in lesson 42, line 21, the neuter article **lo** is used only before an adjective to turn it into an abstract noun.
9. **me pongo nerviosa:** 'I get jumpy,' 'my nerves get on edge.'
12. **a las que no me acostumbraré nunca:** 'to which I shall never get accustomed.' Notice the double negative **no .. nunca** (see lesson 29, line 1).

238 LESSON 47

13. **Peor para ti**: 'So much the worse for you.'
14. **tranvía**: masculine, although it ends in **a**.
17. **el medio de transporte mejor**: 'the best means of transport.'
21. **lo más cómodo**: 'what is most comfortable.'
30. **Hace un rato**: 'A moment ago.'
33. **¿Cuándo volveremos a vernos?**: 'When shall we see each other again?' **Volver** (to return) used with **a** and an infinitive means 'to do something again.'

EXERCISES

I. *Translate into Spanish*:

1. He is a great man. 2. Even young women smoke. 3. That book cost the earth. 4. We have supper at nine. 5. I want you to go at once. 6. The tailor made me an overcoat. 7. She found her watch yesterday. 8. This cost one hundred pesetas. 9. We shall meet them to-morrow. 10. I have slept very well.

II. *Answer the following questions*:

1. ¿Cómo se llama el mejor museo de Madrid? 2. ¿Quiénes son los grandes maestros de la pintura española? 3. ¿Fue español El Greco? 4. ¿Quién pintó a la familia de Carlos IV? 5. ¿Cómo se llaman los cuadros pintados en el techo? 6. ¿Hay cuadros extranjeros en el museo del Prado? 7. ¿Cómo se llama algún otro museo importante de Madrid? 8. ¿Cómo se llama la mujer que hace vestidos? 9. ¿Cómo se llama el hombre que hace trajes? 10. ¿Quién sirve en el café?

III. *Put into the negative*:

1. Acuéstate pronto. 2. Cenad en seguida. 3. Duerme hasta las diez. 4. Apagad las luces. 5. Cortad el pan con el cuchillo. 6. Enciende la radio. 7. Romped los platos. 8. Siéntate aquí. 9. Encargad una buena comida. 10. Estudia mucho.

IV. *Make sentences with the following words*:

1. arte; 2. moderno; 3. palabra; 4. precioso; 5. abrigo; 6. loco; 7. grande; 8. perfecto; 9. ventaja; 10. acera.

LESSON 48

VOCABULARY

el acomodador	usher
bastante	enough
la butaca	seat in stalls
la cola	queue
la delantera	front row
la entrada	(entrance) ticket
el entresuelo	dress circle
la fila	row
los gemelos (de teatro)	opera glasses
el guardarropa	cloakroom
el lema	motto
el palco	box
el paraguas	umbrella
precavido, -a	prudent, farsighted
el principal	upper circle
el punto	stop
quitar(se)	to take off
redondo, -a	round
suelto, -a	loose
la taquilla	box-office
valer (*irr.*)	to be worth
el vestíbulo	hall, foyer

IDIOMATIC EXPRESSIONS

dinero suelto	loose change
Hombre precavido vale por dos	A man who takes precautions is worth two (who do not)
Lo dijo Blas, punto redondo	Blas said so, and that's that

Vamos al teatro

1 CARMEN: ¡Qué barbaridad! ¡Cuánta gente hay en la cola de la taquilla! No vamos a tener entradas.
PEDRO: No vamos a tenerlas... porque ya las tenemos. Las saqué yo ayer.
5 CARMEN: No lo sabía. ¿Por qué no me lo dijiste?
PEDRO: Para daros una sorpresa. Ya sabéis mi lema: «Hombre precavido vale por dos».
CARLOS: ¿Son buenas las entradas?
PEDRO: No están mal. Como cuando llegué sólo tenían
10 butacas de las últimas filas, preferí sacar delantera de principal.
CARLOS: Podías haber sacado delantera de entresuelo.
PEDRO: No había.
CARMEN: Entonces haber comprado un palco. La delan-
15 tera de principal está demasiado alta.
PEDRO: Pero, Carmen; los palcos tienen cinco entradas y nosotros sólo somos cuatro.
CARMEN: Tienes razón; no sé en qué estoy pensando.
CARLOS: De todas maneras, no te preocupes; he traído los
20 gemelos de teatro y podremos ver bien.

LESSON 48

PEDRO:	Si me dais los abrigos los llevo al guardarropa.
MARÍA:	Llévate sólo mi paraguas. El abrigo prefiero no quitármelo. Tengo frío.
CARLOS:	Aquí en el vestíbulo puede ser que lo tengas, pero en la sala hará calor.
MARÍA:	Bueno, pues entonces ya me lo quitaré.
CARLOS:	¡Qué friolera eres!
PEDRO:	¿Tienes dinero suelto para la propina del acomodador?
CARMEN:	Tengo dos pesetas. ¿Tienes bastante?
PEDRO:	Sí, con eso es suficiente.
CARLOS:	Está el teatro completamente lleno.
MARÍA:	Claro, la obra es muy buena y tiene éxito.
CARMEN:	Y depende un poco también de la moda. Este año la gente va más al teatro que al cine.
PEDRO:	Pues yo entre el cine y el teatro prefiero el cine.
CARMEN:	Porque tú no tienes gusto.
PEDRO:	« Lo dijo Blas, punto redondo.»

GRAMMAR

Valer (to be worth) has the same irregularities as **salir** (see appendix of irregular verbs):

Present	*Subjunctive*	*Future*
valgo	valga	valdré
vales	valgas	valdrás
vale	valga	valdrá
valemos	valgamos	valdremos
valéis	valgáis	valdréis
valen	valgan	valdrán

The imperative is **val** (tú) and **valed** (vosotros); the preterite is regular.

LESSON 48

NOTES

2. **No vamos a tener entradas**: 'We're not going to get tickets.'

3. **ya las tenemos. Las saqué yo ayer**: 'we've already got them. I bought them yesterday.' Note the **yo** used for emphasis.

5. **lo**: neuter, referring in both sentences to **Las saqué yo ayer**, which is an action.

9. **Como cuando llegué sólo tenían**: 'As when I arrived (*action*) they only had (*state*).' Notice the clear contrast between the preterite and the imperfect. **Llegar** is an orthography-changing verb like **jugar** (see lesson 38, A).

10. **las últimas filas**: 'the back rows.'

12. **Podías haber sacado**: 'You could have got.'

13. **No había**: 'There weren't any.' **Había** is the imperfect of the impersonal **hay** (there is, there are).

14. **haber comprado**: 'you should have bought.' **Podías** is understood.

15. **alta**: 'high.' **Alto** is both 'high' and 'tall.' The difference is made clear by the use of **ser** or **estar**:

> **Es muy alto.** He is very tall.
> **Está muy alto.** It is very high.

21. **guardarropa**: masculine, although it ends in **a**.

22. **Llévate**: the imperative of **llevarse**.
    El abrigo prefiero no quitármelo: 'I prefer not to take my coat off.' Notice the object pronoun **lo** which picks up the object noun preceding the verb. Notice also the definite article with the reflexive **me** where we use the possessive adjective.

24. **lo**: refers to **frío**.

30. **bastante**: in lesson 6 we had **bastante** as an adjective meaning 'a lot of'; it can also mean 'enough,' as here.

38. **Lo dijo Blas, punto redondo**: this is another popular

LESSON 48   243

saying implying that somebody not very intelligent but in authority has said something categorically and that there is to be no more discussion.

EXERCISES

I. *Put into the present continuous tense :*

1. Pedro trabaja en esta oficina.   2. Carmen compra una docena de huevos.   3. El padre fuma un cigarrillo.   4. Te digo que no lo hagas.   5. Ella mete la pata.   6. La muchacha pone la mesa. 7. El frutero cierra la tienda.   8. El muchacho se ríe mucho. 9. El padre ve lo que pasa.   10. Su amigo se afeita.

II. *Answer the following questions :*

1. ¿Eres puntual?   2. ¿Estás acostumbrado a esperar?   3. ¿Te gusta viajar en el metro?   4. ¿Qué es mejor, vivir en el centro de una ciudad o en un barrio?   5. ¿Vas mucho al teatro? 6. ¿Cuántas entradas tiene un palco?   7. ¿Qué te gusta más, el teatro o el cine?   8. ¿Cuándo usas paraguas?   9. ¿Dónde se sacan las entradas?   10. ¿Dónde se dejan los abrigos?

III. *Put the infinitive in brackets into the correct form :*

1. Mañana (ir nosotros) al cine.   2. Ellos (venir) de París hace tres meses.   3. Hace cinco días que yo no (hablar) con ella. 4. La muchacha no (poner) la mesa ayer.   5. No quiero que (venir tú) tarde.   6. Velázquez (pintar) «Las Meninas».   7. ¿Es cara la modista que le (hacer) el abrigo a Carmen?   8. ¿(Querer Vds.) comprar lotería?   9. Cuándo (venir tú) llovía.   10. Ayer te (ver) en la calle.

IV. *Give the past participle of the following verbs :*

1. costar; 2. dar; 3. empezar; 4. llegar; 5. valer; 6. depender; 7. nublar; 8. ensuciar; 9. hacer; 10. comer.

LESSON 49

VOCABULARY

el acto	act
el actor	actor
argentino, -a	Argentinian
el bar	bar
caer (*irr.*)	to fall
calvo, -a	bald
el circo	circus
la edad	age
la escena	scene
el escenario	stage
el estudiante	student
final	last, final
el gallinero	gallery
interpretar	to act, interpret
máximo, -a	maximum, most
moverse (ue)	to move
la naturalidad	ease, naturalness
el papel	rôle, part
el patio de butacas	pit and stalls
el piso	floor, storey, level
propio, -a	own
el, la protagonista	leading character
el telón	curtain

IDIOMATIC EXPRESSIONS

bien a gusto	with enjoyment
hacer un papel	to act, play, a part
de ninguna manera	by no means, not at all

En el bar del teatro

1 PEDRO: ¿Os ha gustado este primer acto?
CARLOS: A mí, sí. La escena final, cuando cae el telón, ha sido estupenda.
CARMEN: ¿Quién es el protagonista?
5 PEDRO: Un actor argentino que ha venido a España para estrenar esta obra.
MARÍA: Lo que más me gusta de él es su naturalidad; se mueve en el escenario como en su propia casa.
PEDRO: Desde luego, trabaja muy bien, y el papel que
10 hace en la obra lo interpreta maravillosamente.
MARÍA: Nosotras vamos al tocador. ¿Qué vais a hacer vosotros?
PEDRO: Yo me tomaría un café bien a gusto.
CARLOS: Pues vamos al bar. Te invito.
15 PEDRO: ¿Este teatro no era antes más pequeño?
CARLOS: Desde luego, bastante más pequeño. Han hecho más grande el patio de butacas y le han añadido dos pisos.
PEDRO: ¿Cuántos tenía antes?

246 LESSON 49

20 CARLOS: No recuerdo bien, pero serían tres como máximo.

PEDRO: Y ahora tendrá cinco por lo menos. ¿Recuerdas nuestros tiempos de estudiantes cuando veníamos al gallinero?

CARLOS: Claro, y recuerdo también que era muy incómodo.

25 PEDRO: Sería incómodo, pero era muy divertido.

CARLOS: Porque entonces éramos jóvenes y a esa edad cualquier cosa es divertida.

PEDRO: Hablando de otra cosa; ¿sabes si Antonio ha venido al teatro?

30 CARLOS: Pues creo que sí, porque ayer me dijo que vendría. Ya sabes que no se pierde ningún estreno.

MARÍA: ¡Hola! no os encontrábamos. Estaba diciéndome Carmen que estas obras con tan pocos personajes las encuentra muy aburridas.

35 PEDRO: Lo que le pasa a Carmen es que no le gusta mucho el teatro.

CARMEN: Puede ser que sea eso. Ya sabes que yo prefiero el ballet y el circo.

PEDRO: Tienes gustos de niña pequeña.

40 CARMEN: Claro, porque lo soy. Tú, en cambio, tienes gustos de viejo.

PEDRO: Carmen, creo que me estás tomando el pelo.

CARMEN: ¡Oh! De ninguna manera. No me gustaría tener un marido calvo.

GRAMMAR

THE CONDITIONAL TENSE. The conditional is formed like the future in that the endings are the same for all verbs and in most the stem is the full infinitive:

-ar verbs	-er verbs	-ir verbs
enviaría	comería	abriría
enviarías	comerías	abrirías
enviaría	comería	abriría

LESSON 49

enviaríamos	comeríamos	abriríamos
enviaríais	comeríais	abriríais
enviarían	comerían	abrirían

Verbs which have an irregular stem in the future are also irregular in the conditional.

The conditional is used in Spanish:

(1) to express a future in the past:

Me dijo que vendría. He told me he would come.

(2) for a probability in the past:

Serían las tres cuando llegó a casa. It must have been three o'clock when he arrived home.

(3) for qualifying a statement in the past:

Era muy fea. She was very plain.

Sería muy fea, pero era muy inteligente. She might have been very plain, but she was very intelligent.

(4) for a sudden wish:

Me tomaría un café. I would like to have a coffee.

(5) for polite requests:

¿Podría decirme la hora? Would you tell me the time?

(6) for conditional sentences (see next lesson).

NOTES

2. **ha sido:** the perfect tense is used because the action is very recent.
7. **Lo que más me gusta de él:** 'What I like most about him.'
13. **Yo me tomaría:** 'I should like to have.' (See (4) above.)

LESSON 49

The **me** here is grammatically superfluous, but a dative reflexive pronoun is often used in this way in Spanish with verbs expressing the taking of food or drink.

14. **Te invito:** 'It's on me.'
16. **bastante más pequeño:** 'quite a lot smaller.'
17. **le:** 'to it.' This is the indirect object pronoun and refers to **el teatro.**
20. **serían:** see (2) above.

como máximo: 'at the most.' **Máximo** is the irregular superlative of **grande** and means 'greatest,' 'maximum.' It is not, however, used for size, which is expressed by **mayor**, the irregular comparative of **grande**, and the definite article:

> **Esta casa es la mayor.** This house is the largest.

21. **tendrá cinco por lo menos:** 'it must have five at least.' Here the future is used to express probability in the present. Compare the use of the conditional in line 20 to express probability in the past.
22. **veníamos:** 'we used to come.' Here the imperfect is used to express a repeated action in the past.
25. **Sería:** 'It might have been.' See (3) above.
26. **a esa edad:** 'at that age.' **Edad** is also used to ask how old a person is:

> **¿Qué edad tienes?** How old are you? (*lit:* What age have you?)

28. **Hablando de otra cosa:** 'Speaking of something else.'
30. **vendría:** see (1) above.
31. **Ya sabes que no se pierde ningún estreno:** 'You know he never misses an opening night.' **Perder** (to lose) used reflexively often means 'to miss':

> **He perdido mi pluma.** I have lost my pen.
> **No quiero perderme esa comida.** I don't want to miss that lunch.

Note again the double negative.

LESSON 49   249

32. **no os encontrábamos:** 'we couldn't find you.'
    Estaba diciéndome Carmen: 'Carmen was telling me.'
    The imperfect of **estar** and the gerund express a continuous
    action in the past (see lesson 45, A, 2).

35. **Lo que le pasa a Carmen:** 'The matter with Carmen.'

39. **Tienes gustos de niña pequeña:** 'You have the tastes of a
    little girl.'

42. **creo que me estás tomando el pelo:** 'I think you are
    pulling my leg.'

43. **No me gustaría tener un marido calvo:** I wouldn't like
    to have a husband who was bald.' This is a pun on **me
    estás tomando el pelo,** which literally means 'you are
    taking my hair.'

EXERCISES

I. *Put into the respectful form:*

1. A ti no te gusta fumar. 2. Te lo di para tu madre. 3. A
vosotros no os gusta el teatro. 4. ¿Es esta carta para ti? 5. Te
encontraré a las seis y no me hagas esperar. 6. ¿Te estabas
lavando las manos? 7. Quiero que lo hagas pronto. 8. Vosotros hablabais mal de mí. 9. ¿Sufristeis mucho cuando lo
hacíais? 10. ¿Sabéis que no me gusta que hagáis eso?

II. *Put in the missing word:*

1. ¿ —— habla español en España? 2. ¡ —— las niñas juegan al
fútbol! 3. ¡Cuánto tiempo —— verte! 4. Tenía tanto trabajo
que creí —— loco. 5. Parece —— estamos en diciembre.
6. ¿Desean —— los zapatos? 7. Si no estás cansado —— de
pie. 8. Ella estaba —— en la silla. 9. Me —— la vida esperando. 10. ¿A qué hora de la mañana —— al trabajo?

III. *Answer the following questions:*

1. ¿Qué te gusta más, el cine o el ballet? 2. ¿Has visto actuar a
algún actor argentino? 3. ¿Has trabajado alguna vez en una
obra teatral? 4. ¿Dónde se puede tomar café? 5. ¿Has ido
alguna vez al circo? 6. ¿Tienes algún amigo calvo? 7. ¿Has

K + E.E.P.

LESSON 49

estado en España alguna vez? 8. ¿Qué ciudad española te gustaría conocer? 9. ¿Cuesta más el cine que el teatro? 10. ¿Qué hora es?

IV. *Translate into Spanish:*

1. That pen is worth a lot. 2. Have you any loose change? 3. The water was very cold. 4. Was it raining when you came? (*fam.*) 5. What day of the week is today? 6. He was very worried. 7. That play was successful. 8. The bus queue ·was very long. 9. You should have done it before. 10. She bought the tickets yesterday.

LESSON 50

VOCABULARY

abrigarse	to wrap oneself up
acostado, -a	in bed
adelantarse	to gain (of clocks)
anunciar	to announce
arreglar	to put right, mend
atrasarse	to lose time (of clocks)
el catarro	cold, catarrh
citar	to make an appointment
el despertador	alarm clock
equivocarse	to make a mistake
el expreso	express (train)
el fumador	smoker
la lata	nuisance, bore (*lit :* tin)
la llave	key
la llegada	arrival
el negocio	business (matter)
el portal	main door
el relojero	watchmaker
la salud	health
el señorito	young gentleman; master
el sereno	night-watchman
tardar	to delay, be long
el telegrama	telegram
toser	to cough
el vicio	vice

IDIOMATIC EXPRESSION

en efecto   that is so

LESSON 50

Un hombre perfecto

1 PEDRO: Voy a poner el despertador en hora. ¿Qué hora tienes en tu reloj?

CARMEN: Las once. Pero yo creo que no son todavía. Hace unos días que se adelanta.

5 PEDRO: ¿No lo llevaste la semana pasada al relojero?

CARMEN: Sí, pero no me lo arregló bien. Entonces se atrasaba y ahora se adelanta.

PEDRO: Si ganase un premio de la lotería estas Navidades te compraría otro.

10 CARMEN: No sabía que jugabas a la lotería.

PEDRO: Compré un décimo en la oficina y quería darte una sorpresa.

JUANA: Señorito, un telegrama.

PEDRO: ¡A estas horas! ¿De quién podrá ser?

15 CARMEN: Quizá sea de tus padres anunciándonos su llegada.

PEDRO: En efecto. De ellos es. Llegan mañana en el expreso.

CARMEN: Si hiciese buen día podríamos ir con los niños a esperarlos a la estación.

PEDRO: ¿Tú crees que estará ya cerrado el portal?

20 CARMEN: Seguramente, porque en invierno los cierran a las diez y media.

PEDRO: Pues es una lata, porque he perdido la llave del portal y el sereno tarda muchísimo en llegar cuando se le llama.

25 CARMEN: Quizá el portero no esté acostado todavía y quiera abrirte la puerta. ¿Adónde vas?

PEDRO: Al café. Estoy citado con un amigo para hablar de un negocio.

CARMEN: Abrígate bien que hace frío y toses mucho.

30 PEDRO: Ya sabes que mi tos no es de catarro. Es tos de fumador.

CARMEN: Desde luego. Con razón dicen los niños que

fumas como una chimenea. Si dejases ese vicio tendrías mejor salud.
35 PEDRO: ¡Ay! Pero si dejase ese vicio sería un hombre perfecto y tú no me querrías.

CARMEN: ¿Por qué razón?
PEDRO: Porque a las mujeres no os gustan los hombres perfectos.
40 CARMEN: Creo que te equivocas. A mí me gustan los hombres perfectísimos.
PEDRO: Por eso te gusto yo.

GRAMMAR

A. THE IMPERFECT SUBJUNCTIVE. The endings of the imperfect subjunctive are the same for all verbs, and are added to a stem formed by taking the ending -ron from the third person plural of the preterite. This rule applies to all verbs, both regular and irregular:

LESSON 50

Infinitive:	-ar verbs	-er verbs	-ir verbs
Preterite:	fumaron	tuvieron	dijeron
Imperfect			
Subjunctive:	fumase	tuviese	dijese
	fumases	tuvieses	dijeses
	fumase	tuviese	dijese
	fumásemos	tuviésemos	dijésemos
	fumaseis	tuvieseis	dijeseis
	fumasen	tuviesen	dijesen

B. CONDITIONAL SENTENCES. We saw in lesson 23 that when a condition is accepted as a fact the indicative is used in both clauses:

Si bajáis, es porque queréis. If you come down, it is because you want to.

If, however, the condition is remote, the imperfect subjunctive is used in the 'if' clause and the conditional in the main clause:

Si tuviesen tiempo, lo harían. If they had time, they would do it.

Si quisieses comprarlo, lo comprarías. If you wanted to buy it, you would (buy it).

Si hiciese buen día mañana, iríamos de paseo. If it were a fine day tomorrow, we would go for a walk.

NOTES

1. **Voy a poner el despertador en hora:** 'I'm going to put the alarm clock right.'
   ¿Qué hora tienes en tu reloj?: 'What time is it by your watch?'
6. **se atrasaba:** 'it was losing.' The imperfect is used to imply continuity.
8. **Si ganase ... compraría:** 'If I won ... I should buy.' The imperfect subjunctive and the conditional used for a remote condition.

LESSON 50   255

10. **jugabas a la lotería**: 'you had a ticket for the lottery' (*lit*: 'played the lottery').

13. **Señorito**: there are many diminutives and augmentatives in Spanish which express varying degrees of love, kindness, laughter, sarcasm, etc. One of the commonest of the diminutive endings is -ito. Thus **señorito** really means 'young sir' or 'master' and as such servants use it to address the master of the house instead of the more formal **señor**.

14. **¡A estas horas! ¿De quién podrá ser?**: 'At this hour! Who could it be from?' Here the future has been used in Spanish to show greater doubt.

16. **De ellos es**: 'It is from them.'

17. **a esperarlos**: 'to meet them.' See lesson 45, line 1.

19. **el portal**: the door to a block of flats, in which most city-dwellers in Spain live. By law it must be locked at half-past ten in winter and eleven in summer. A night-watchman, **el sereno**, patrols a certain number of blocks with all the street keys to let the tenants or visitors in or out.

20. **los**: refers to **los portales**.

22. **es una lata**: 'it is a nuisance.' **Lata** literally means 'tin,' but has taken on the metaphorical meaning of 'nuisance.' **Dar la lata** means 'to annoy,' 'to make oneself a nuisance.'

23. **el sereno tarda muchísimo en llegar**: as the night-watchman is generally getting on in years and, in winter, is trying to keep warm in some cosy nook, it often happens that he does not come to open the front door for five or ten minutes.

27. **Estoy citado con**: 'I have an appointment with,' 'I have promised to meet.' Strange as it might seem, some business is done at night in cafés in Spain and it is not always an excuse for wayward husbands.

29. **Abrígate bien que hace frío**: 'Wrap yourself up well because it's cold.'

30. **mi tos no es de catarro**: 'I don't cough because I've got a cold.'

38. **a las mujeres no os gustan**: 'you women do not like.'

42. **Por eso te gusto yo**: 'That's why you like me.'

LESSON 50

EXERCISES

I. *Put in the missing word:*

1. Ella vino ___ la mañana. 2. ¿ ___ está Vd.? Muy bien ___, ¿y Vd.? 3. Me ___ mucha rabia si tengo que esperar. 4. Ella depende ___ su madre. 5. Esa obra ha ___ mucho éxito. 6. ¿Quién va a ___ las entradas? 7. ¿ ___ qué estas pensando? 8. ¿Qué clase de papel ___ el protagonista de esa obra? 9. No me gusta que me tomen el ___. 10. Me gustaría ___ un café.

II. *Put the word in brackets into the correct form:*

1. Si yo tuviese dinero (comprarse) un coche. 2. Si tú fumases menos (tener) mejor salud. 3. Si ella supiese más inglés (ir) a Londres. 4. Nosotros (comer) si tuviésemos hambre. 5. Ellos (ir) mañana si lo supiesen. 6. (Yo escribir) si tuviese una pluma. 7. Ella (saber) más si leyese más libros. 8. Si nadase yo bien (nadar) contigo. 9. Si estuviese casada (ser) muy feliz. 10. Si tuviese tiempo te lo (enseñar).

III. *Finish the following questions and answer them:*

1. ¿Cuánto dinero...? 2. ¿Dónde está...? 3. ¿Cuántos cuadros...? 4. ¿Cómo está...? 5. ¿Quién tiene...? 6. ¿De quién...? 7. ¿Cuál es...? 8. ¿Cuánto...? 9. ¿A cómo...? 10. ¿Qué tienes...?

IV. *Put into the negative form:*

1. Ensucia la pared. 2. Pinta la habitación. 3. Acostúmbrate a hacerlo. 4. Empezad a comer. 5. Llega tarde. 6. Añade una docena de huevos. 7. Cáete al río. 8. Abrígate mucho. 9. Ganad mucho dinero. 10. Acuéstate tarde.

LESSON 51

VOCABULARY

adornar	to adorn
la alegría	gaiety
aplaudir	to applaud
aún	still, yet
la banderilla	dart that is stuck into a bull
el banderillero	man who sticks *banderillas*
la barrera	barrier; best seat at bull-fight
benéfico, -a	charity (*adj.*)
bordar	to embroider
el caballo	horse
la corrida	bull-fight
la cuadrilla	group of bull-fighter's assistants
delante	in front
la mantilla	mantilla, veil
el mantón de Manila	large embroidered shawl
el matador	chief bull-fighter, matador
matar	to kill
la música	music
el oro	gold
el paseíllo	parade
el picador	picador
picar	to wound with a lance
la plata	silver
la plaza	bull-ring
la señorita	young lady; mistress
la siesta	siesta
silbar	to whistle
la suerte	each of the three parts of bull-fight
el tendido	second-best seat at bull-fight
el torero	bull-fighter
el toro	bull

K*

LESSON 51

IDIOMATIC EXPRESSIONS

| llevar la contraria (a) | to disagree (with) |
| todo el mundo | everyone |

A los toros

1 PEDRO: ¿Se ha levantado de la siesta la señorita?

JUANA: Sí, señor; ya se está arreglando.

PEDRO: Date prisa, Carmen, ya sabes que la corrida empieza a la hora en punto.

5 CARMEN: Sí, sí, en seguida termino.

MARÍA: ¿Qué entradas tenemos?

PEDRO: Tendido de sombra.

CARMEN: Debías haber sacado sol; aún no hace mucho calor.

PEDRO: De sol no había sino barreras y eran más caras que

10 los tendidos de sombra.

CARMEN: ¡Qué bien! Hemos llegado a tiempo para ver el paseíllo de las cuadrillas.

CARLOS: ¿Sabes quiénes las forman?

CARMEN: Claro, los matadores con sus picadores y banderi-

15 lleros.

CARLOS: Pero lo que no sabes es quiénes son los picadores y quiénes los banderilleros.

CARMEN: ¿Quieres tomarme el pelo? Todos los españoles lo sabemos.

20 CARLOS: Españoles puede, pero españolas . . .

CARMEN: Y españolas también. Los matadores son los tres que van delante; los picadores son los que van a caballo y los banderilleros los que ponen las banderillas.

25 CARLOS: ¡Qué barbaridad! ¡Cuánto sabes!

MARÍA: ¡Qué lástima que no sea una corrida benéfica.

PEDRO: ¿Por qué? Es una corrida muy buena de todas maneras.
MARÍA: Ya lo sé. Pero si fuese benéfica la plaza estaría adornada con mantones de Manila y las mujeres llevarían mantilla.
PEDRO: ¡Vamos! ya veo que lo que a ti te gusta de las corridas es el color, la música, la alegría, etc.
CARMEN: ¿Por qué no? Yo creo, como María, que una de las cosas más bonitas de una corrida son los trajes de luces de los toreros bordados en oro y plata.
CARLOS: Eso son cosas de mujeres. Lo mejor de los toros es la suerte de matar, « la hora de la verdad ».
CARMEN: Yo prefiero las otras dos; picar y poner las banderillas.
PEDRO: No lo comprendo. A todo el mundo le parece antipática la suerte de picar.
MARÍA: A mí, no. Y no me parece bien que la gente silbe siempre a los pobres picadores.

PEDRO: ¿Quieres que los aplaudan por simpáticos?
CARMEN: No; pero me gusta que los aplaudan cuando lo hacen bien.
CARLOS: Yo creo que lo que a ti te gusta de verdad es llevar la contraria a todo el mundo.

LESSON 51

NOTES

A bull-fight is called **una corrida de toros** or more frequently **una corrida**. It takes place in the **plaza**, the bull-ring. The seats are classified as **sol** (sun) and **sombra** (shade). **Sol** is always cheaper even when the weather is cool. The seats are separated from the arena by a barrier called the **barrera** and the seats immediately behind it, which are the best, are called **barreras**. Behind the **barreras** are the **tendidos** which are the second-best seats. When it is a charity bull-fight, **una corrida benéfica**, the ring is adorned with huge embroidered shawls, **mantones de Manila**, and many women wear the Spanish high comb and **mantilla**.

The first part of the bull-fight is the **paseíllo de las cuadrillas**, the parade of all those who take part in the bull-fight. The bull-fighters are dressed in **trajes de luces**, gold and silver embroidered silk suits covered with spangles. Generally six bulls are killed in each fight by three **matadores** or chief bull-fighters. The word **toreador** is no longer used in Spanish.

Each fight is divided into three parts called **suertes**. In the first **suerte** the bull charges the **picadores**, men on horseback armed with lances. The horses wear protective padding. After the bull has been weakened, the **picadores** withdraw and the second **suerte** begins. The **banderilleros** come out with **banderillas** or long darts which they must thrust into the bull dodging its horns as they do so. The third **suerte** is when the **matador** with his small cape and sword makes passes at the bull and finally kills it. This is therefore called « **la hora de la verdad** », 'the hour of truth.'

1. **señorita**: for this use of the diminutive, see lesson 50, line 13.
2. **ya se está arreglando**: 'she is already getting ready.'
3. **ya sabes**: 'you know very well.' Compare this idiomatic use of ya with the literal use in the previous line.
4. **a la hora en punto**: 'punctually,' 'on the dot.'

LESSON 51   261

8. **Debías haber sacado sol**: 'You should have taken (seats in the) sun.'

9. **De sol no había**: 'There weren't any seats in the sun.' **De** is here used in the sense of 'as regards,' 'with regard to.'

11. **a tiempo**: 'in time.'

12. **paseíllo**: –illo is another of the many diminutive endings in Spanish. Thus **el paseíllo** is only **el paseo pequeño**.

13. **las**: refers to **las cuadrillas**.

16. **lo que no sabes**: 'what you don't know.'

18. **¿Quieres tomarme el pelo? Todos los españoles lo sabemos**: 'Are you trying to pull my leg? We Spaniards all know that.' The neuter **lo** is used because it refers to the previous sentence.

20. **Españoles puede: ser que lo sepan** is understood: 'Maybe Spanish men know it.'

23. **a caballo**: 'on horseback.'

26. **¡Qué lástima que no sea...!**: 'What a pity that it isn't...!' The subjunctive **sea** is used because it follows an expression of feeling.

32. **¡Vamos!**: a popular exclamation of incredulity, surprise or astonishment.

37. **Eso son cosas de mujeres**: 'That is women's stuff.' **Eso** (neuter) refers to the whole idea contained in the previous sentence. For the use of a plural verb with a singular subject, see lesson 13, line 14.
    Lo mejor de los toros: 'The best of bull-fighting.' **Toros** is very often used as a general term for bull-fighting.

41. **A todo el mundo le parece antipática**: 'Everybody seems to disapprove of.'

43. **no me parece bien que la gente silbe**: 'it doesn't seem right to me that the people should whistle.' The subjunctive **silbe** is used because it follows an expression of opinion.

LESSON 51

EXERCISES

I. *Put the word in brackets into the correct form:*

1. Si (ganar) a la lotería te compraría un reloj. 2. Si lo (conocer) le hablaríamos. 3. Si (ahorrar) dinero podrías comprarte un coche. 4. Si te (sentar) a mi lado te lo contaría. 5. Te daría un premio si (jugar) con la niña. 6. Si (ser) primavera haría más calor. 7. Si te (levantar) podrías hacer los deberes. 8. Si (ser) buena la obra la aplaudiríamos. 9. Si (obedecer) a tu madre serías una buena hija. 10. Si (recordar) la dirección te la daría.

II. *Answer the following questions:*

1. ¿Cuándo tiene la gente que abrigarse? 2. ¿Si son las dos, y en tu reloj tienes las dos y diez, va atrasado tu reloj? 3. ¿Qué os gusta más, el cine o el teatro? 4. ¿Tienes más catarros en invierno que en verano? 5. ¿A qué hora llama el despertador? 6. ¿Qué es más rápido, un tren expreso o un avión? 7. ¿Juegas mucho a la lotería? 8. ¿Quién abre los portales de noche? 9. ¿Cómo se llama el hombre que arregla los relojes? 10. ¿Es fumar un vicio?

III. *Put into the imperative:*

1. No (pintar tú) ese cuadro. 2. (Acostumbrarse tú) a lavarte las manos. 3. No (empezar vosotros) ese trabajo. 4. Que (añadir ellos) media docena de huevos. 5. Que no (caerse) el niño. 6. Que (interpretar ellos) la obra bien. 7. (Abrigarse tú) bien antes de salir. 8. Que no (anunciar ellos) eso en los periódicos. 9. No (tardar Vd.) mucho porque tenemos que salir. 10. No (toser Vds.) tanto.

IV. *Give the past participle of:*

1. añadir; 2. caer; 3. encontrar; 4. estrenar; 5. equivocar; 6. toser; 7. ganar; 8. aplaudir; 9. matar; 10. silbar.

LESSON 52

VOCABULARY

el algodón	cotton
el aplauso	applause
el árbol	tree
bravo, -a	fierce, brave (of animals)
cansarse	to get tired
el capote	bull-fighter's cloak
débil	weak
la espada	sword
estropear	to spoil
la faena	task of fighting and killing the bull
la falda	skirt
el hierro	iron
la lana	wool
la madera	wood
manchar	to stain
la muleta	bull-fighter's small cloak, muleta
el país	country
el pájaro	bird
el pañuelo	handkerchief
el pase	pass
pedir (i)	to ask for
protector, -a	protective
la seda	silk
la sociedad	society
torear	to fight (bulls)

IDIOMATIC EXPRESSION

sin embargo   however, nevertheless

LESSON 52

La corrida

1 PEDRO: ¿Qué os ha parecido el primer toro?
  CARLOS: No me ha gustado mucho. El torero ha estado valiente y ha toreado bien, pero el toro no era bravo y le ha estropeado la faena.
5 PEDRO: Creo, sin embargo, que con la muleta ha toreado muy bien.
  CARMEN: Pero con el capote ha estado peor.
  MARÍA: ¿Cuál es el capote y cuál la muleta?
  CARLOS: El capote es el grande, de seda, y con él da los primeros pases el matador, y la muleta es la pequeña, de lana, y le sirve, junto con la espada, para dar los últimos pases y matar al toro.
  CARMEN: Pero lo mata con una espada de hierro, no con la de madera, ¿verdad?

15 PEDRO: Claro, si quisiese matarlo con la de madera sería un loco y, además, no podría hacerlo.
  CARMEN: Entonces, ¿por qué tiene ahora una espada de madera en la mano?
  CARLOS: Para no cansarse demasiado mientras llega la hora de matar.
20 CARMEN: Este torero me gusta menos que el otro.

LESSON 52

PEDRO: Es porque no es tan valiente como el que ha toreado primero.

CARMEN: Pues a la gente le ha gustado, porque ya veis como le aplauden.

CARLOS: Son aplausos muy débiles. No creo que le den la oreja.

MARÍA: ¿Cuándo les dan la oreja?

PEDRO: Cuando la gente la pide sacando los pañuelos.

CARMEN: ¡Ay!, me he manchado la falda.

MARÍA: No te preocupes. Como es de algodón la lavas y te quedará muy bien.

PEDRO: Bueno, María; dinos, ¿qué te ha parecido tu primera tarde de toros? ¿Te ha gustado?

MARÍA: No mucho. La fiesta me ha parecido un poco triste.

CARLOS: ¡Triste, con tanta música, sol y alegría!

MARÍA: ¿Qué quieres?, yo soy así. Otro domingo me iré al campo con los niños. Conozco un lugar, al lado del río, con muchos árboles y pájaros. Allí estaré más tranquila, sin ver morir tanto toro.

CARLOS: Tú debías haber nacido en otro país.

PEDRO: Yo creo que lo que le pasa a tu mujer es que es de la « Sociedad Protectora de Animales ».

NOTES

1. **¿Qué os ha parecido el primer toro?**: 'What did you think of the first bull?'

2. **El torero ha estado valiente ... pero el toro no era bravo**: here we have an excellent example of the use of **estar** for a transitory state (*i.e.* for that one bull the bull-fighter was daring) and of **ser** for a permanent state (*i.e.* the bull's not being fierce was one of its permanent characteristics).

266 LESSON 52

Generally the wilder and fiercer the bull the better the show.

4. **le ha estropeado la faena:** 'spoilt his (the bull-fighter's) artistic passes.'

5. **con la muleta ha toreado muy bien:** 'he used his *muleta* most skilfully.'

7. **ha estado peor:** 'he was not so good.'

8. **¿Cuál es?:** 'Which is?'

9. **con él da los primeros pases el matador:** 'with it the matador makes the first passes.' Note the inversion.

11. **le sirve:** 'he uses it' (*lit:* 'it serves him').

13. **lo:** refers to the bull.

19. **Para no cansarse demasiado mientras llega la hora de matar:** 'So as not to get overtired before the moment for killing the bull arrives.'

26. **No creo que le den la oreja:** 'I don't think they will award him the bull's ear.' When a bull-fighter has been very good, the public wave their handkerchiefs asking the president of the fight to award the matador one or both of the bull's ears as a proof of his excellence.
Note the subjunctive after the negative of **creer.**

28. **¿Cuándo les dan la oreja?:** 'When are they awarded an ear?' (*lit:* 'When do they give them the ear?')

29. **Cuando la gente la pide sacando los pañuelos:** 'When the people request it by taking out (waving) their handkerchiefs.'

31. **Como es de algodón la lavas:** 'As it is cotton you can wash it.'

32. **te quedará muy bien:** 'it will be all right' (*lit:* 'to you it will remain very well').

33. **dinos:** 'tell us.'

35. **La fiesta:** a bull-fight is by far Spain's most important spectacle or fiesta.

38. **¿Qué quieres?:** 'I can't help it.' (*lit:* What do you want (me to do about it?')
yo soy así: 'I'm like that.' Here **ser** shows that María is talking about permanent characteristics.

40. **al lado del río:** 'beside the river.'

LESSON 52   267

41. **sin ver morir tanto toro:** 'without seeing (having to see) so many bulls die.'

42. **Tú debías haber nacido en otro país:** '*You* should have been born in another country.'

EXERCISES

I. *Translate into Spanish:*

1. I met him yesterday.   2. Did you find your book?   3. He speaks very well.   4. The curtain came down after the first act. 5. Let's go to that bar.   6. She prefers going to the circus. 7. Wrap up warmly before you go out.   8. Have you the key of the main door?   9. The night-watchman closes the doors at half past ten.   10. Don't be long.

II. *Answer the following questions:*

1. ¿Cómo se llama el hombre que abre los portales de noche? 2. ¿Te abrigas cuando sales de noche?   3. ¿Has visto alguna vez una corrida de toros?   4. ¿Cuántos toros se matan en una corrida?   5. ¿Cómo van vestidos los toreros?   6. ¿Qué toreros van montados a caballo?   7. ¿Qué entradas son mejores, las de sol o las de sombra?   8. ¿Son más caros los tendidos que las barreras?   9. ¿Cuántas suertes hay en una corrida?   10. ¿En qué corridas llevan las mujeres mantilla?

III. *Put in the missing words:*

1. Ella siempre ____ la contraria.   2. Date ____ prisa que es muy tarde.   3. Hoy ____ mucho calor.   4. Creo que me estás ____ el pelo.   5. Si ____ dinero te compraría un coche.   6. Quiero que vengas a las ·cinco ____ punto.   7. El torero lo mató con una ____.   8. Me gusta mucho más pasearme ____ lado del río. 9. ¿Que te ha ____ tu primera tarde de toros?   10. Ven conmigo ____ ____ toros.

IV. *Put the verb in brackets into the correct form:*

1. (Tener tú) cuidado de no caerte.   2. ¿Dónde (encontrar tú) ese libro?   3. ¿(Estrenar) esa obra ayer?   4. El siempre me

LESSON 52

(tomar) el pelo. 5. No quiero que te (equivocar). 6. ¿Quién (ganar) el partido anoche? 7. ¿Cuánto tiempo (tardar tú) en ir a Valencia? 8. Anoche (toser tú) mucho. 9. No me (dar tú) tanto la lata. 10. El actor (interpretar) muy bien el papel ayer por la tarde.

LESSON 53

VOCABULARY

el abrazo	embrace, hug
aburrirse	to get bored
el barro	mud
la coma	comma
delgado, -a	thin
fuerte	strong
el hielo	ice
la línea	line
llorar	to cry
matarse	to kill oneself
la mayúscula	capital letter
la minúscula	small letter
nevar (ie)	to snow
querido, -a	dear, darling
recibir	to receive
seguramente	probably
el sobre	envelope
el suelo	ground
el viento	wind

IDIOMATIC EXPRESSIONS

dos puntos	colon
punto y coma	semi-colon
Muy señor mío	Dear Sir
su s.s. q.e.s.m.	yours sincerely

LESSON 53

Una carta

1 JUAN: Mamá, ¿puedo bajar un ratito a jugar a la calle?
CARMEN: No; ha estado lloviendo y nevando toda la mañana y debe de haber mucho barro.
JUAN: Podría ir a la plaza porque tiene el suelo de piedra
5 y no tendrá barro.
CARMEN: De todas maneras no debes bajar. Hace mucho viento y seguramente habrá hielo. Puedes caerte y matarte.
JUAN: Es que en casa me aburro.
10 CARMEN: Juega con tu hermana.
JUAN: ¡Pero mamá!...
PEDRO: Cállate y obedece a mamá; y no llores.
CARMEN: Voy a escribir a la abuelita y, si no lloras, te dejaré que tú le escribas también.
15 JUAN: ¿Cómo empiezo la carta?

CARMEN: Pon «Querida abuelita».
JUAN: ¿No tengo que poner «Muy señora mía»?
PEDRO: No, hombre. Eso se pone en las cartas de negocios o en las que se escriben a los que no son
20 amigos.

LESSON 53

CARMEN: Después pones dos puntos y en la línea siguiente le cuentas lo que quieras.

JUAN: ¿Tengo que poner mayúscula después de los dos puntos?

25 PEDRO: Sí, en las cartas sí. En otros casos, después de los dos puntos se pone minúscula.

JUAN: Y después de punto y coma, ¿qué se pone?

PEDRO: Minúscula también.

JUAN: No sé qué decirle.

30 CARMEN: Pero, ¡hijo! sí tienes muchas cosas que contarle.

PEDRO: Cuéntale que estás muy alto, que tu hermana está más baja que tú, pero más gordita; que el médico ha dicho que tienes que comer más porque estás muy delgado, que juegas mucho, 35 que estudias muy poco ... lo que quieras.

CARMEN: Y no te olvides de darle recuerdos para los tíos y los primitos.

JUAN: Y para terminar ¿qué pongo? ¿«Su seguro servidor que estrecha su mano»?

40 PEDRO: No, no. Eso se pone en las cartas de negocios.

CARMEN: Ponle: «Un abrazo muy fuerte de tu nietecito que te quiere mucho ...»

JUAN: ¿Crees que la recibirá mañana?

CARMEN: Seguramente. El correo va muy rápido y 45 además vamos a enviarla por avión.

PEDRO: Ahora escribe el sobre:
> Sra. Doña María González
> Alberto Javier, 14
> Sevilla

NOTES

1. **un ratito**: 'for a little while.' This is the diminutive of **un rato**.

LESSON 53

    a la calle: the preposition **a** is used because of the idea of going down to the street to play.

2. **ha estado lloviendo y nevando**: 'it has been raining and snowing.' Like **llover**, **nevar** is an impersonal verb used only in the third person singular without a subject. It is radical–changing:

> **Quiero que nieve.**   I want it to snow.
> **Nevará mañana.**   It will snow tomorrow.

3. **debe de haber**: 'there must be.' This is a supposition (see lesson 40, C, 2).

5. **no tendrá barro**: note the use of the future to express probability.

6. **Hace mucho viento**: 'It is very windy.'

7. **Puedes caerte y matarte**: 'You may fall and kill yourself.'

13. **abuelita**: the diminutive used to express affection.
    te dejaré que tú le escribas también: 'I shall let you write to her too.' **Dejar** is more commonly followed by the infinitive, but it may also be followed by **que** and the subjunctive:

> **Me deja venir.**
> **Me deja que venga.**   } He lets me come.
> **Déjeme hacerlo.**
> **Déjeme que lo haga.**   } Let me do it.

Note the emphatic use of **tú**.

16. **Pon**: the irregular second person singular imperative of **poner**.

17. **« Muy señora mía »**: '"Dear Madam."'

18. **Eso se pone en las cartas de negocios o en las que se escriben**: 'That is for business letters or those that are written.'

21. **Después pones dos puntos**: in a letter in Spanish, the colon is used; sometimes the text continues on the same line.

22. **le**: indirect object pronoun referring to **la abuelita**.
    quieras: subjunctive after an indefinite antecedent (see lesson 32, line 21).

LESSON 53 273

25. **Sí, en las cartas sí**: 'Yes, in letters you must.'
27. **¿qué se pone?**: 'what does one put?'
31. **estás muy alto**: 'you are very tall.' Estar is used here because the boy is still growing and has not yet reached his full height.

> **Está muy alto.**   He is very tall (for his age).
> **Es muy alto.**   He is very tall (a grown man).

37. **primitos**: the diminutive of **primo** (cousin).
38. **« Su seguro servidor que estrecha su mano »**: '"Your trusty servant who clasps your hand."' This is the ending for business letters; when written only the initials are used: **« s.s. q.e.s.m. »**
41. **Ponle**: 'Put (to her).'

EXERCISES

I. *Translate into Spanish:*

1. He has a smoker's cough. 2. Where are you going to? 3. My watch gains five minutes a day. 4. Don't make a mistake. 5. The ring was adorned with flowers. 6. He killed the bull at once. 7. It is a pity that she cannot speak English. 8. That skirt is made of cotton. 9. Would you like to go for a walk? 10. I am very tired.

II. *Put the verb in brackets into the correct form:*

1. Ellos (jugar) a la lotería mañana. 2. Si ellos no (fumar) (tener) mejor salud. 3. Si nosotros (poner) los libros aquí se (manchar). 4. Tú siempre me (llevar) la contraria cuando te hablo. 5. No quiero que (silbar tú) tanto. 6. Si ella (ser) mayor (ir) a Inglaterra. 7. Ella (estar) (llorar) cuando yo entré. 8. ¿(Recibir) la carta que yo te (mandar) ayer? 9. Tu madre te (decir) que le (obedecer). 10. Si Vd. (andar) mucho (cansarse).

III. *Put into the imperative form:*

1. Que (adornar ellos) la habitación. 2. (Aplaudir tú) al terminar la obra. 3. (Bordar nosotros) este pañuelo. 4. Que no (matar

LESSON 53

ellos) al toro. 5. (Picar tú) ese toro. 6. Que no (silbar) los niños. 7. No (cansarse tú) haciendo eso. 8. (Estropear tú) lo y verás lo que pasa. 9. (Pedir tú) un bocadillo de jamón. 10. No (llegar vosotros) tarde.

IV. *Put into the respectful form:*

1. Vete por pan a la panadería. 2. Esta carta es para ti. 3. A ti no te gusta hacer lo que te digo. 4. ¿Habéis comprado un coche? 5. Vuestros amigos preguntaron por vosotros. 6. Tú estabas hablando mucho con tu amigo. 7. ¿Os gusta ir al teatro? 8. Me dijiste que vendrías a las ocho. 9. Si vosotros lo hicieseis seríais ricos. 10. ¿Es tuyo ese coche?

VERB TABLES

The following tables contain one regular verb of each conjugation, all irregular verbs used in the book and an example of each type of radical-changing and orthography-changing verb.

The endings of regular verbs and the peculiarities of irregular, radical-changing and orthography-changing verbs are indicated by italic bold type.

For the formation of the perfect tense, see lesson 40, B.

		Appendix
abrigarse	*see* pagar	IV
acordar(se)	*see* acostar	III
acostar		III
advertir	*see* preferir	III
agradecer	*see* obedecer	IV
ahogarse	*see* pagar	IV
andar		II
apagar	*see.* pagar	IV
buscar	*see* sacar	IV
caer		II
cerrar	*see* merendar	III
conocer	*see* obedecer	IV
contar	*see* acostar	III
costar	*see* acostar	III
creer	*see* leer	IV
dar		II
decir		II
deshacer	*see* hacer	II
doler		III
dormir		III
encargar	*see* pagar	IV
encenderse	*see* entender	III
encontrar	*see* acostar	III
entender		III
equivocarse	*see* sacar	IV
estar		II
fumar		I
haber		II
hacer		II

VERB TABLES

indicar	*see* sacar	IV
ir		II
leer		IV
llegar	*see* pagar	IV
llover	*see* doler	III
merecer	*see* obedecer	IV
merendar		III
morir	*see* dormir	III
moverse	*see* doler	III
multiplicar	*see* sacar	IV
nevar	*see* merendar	III
obedecer		IV
oír		II
pagar		IV
parecer	*see* obedecer	IV
pedir	*see* vestir	III
pensar	*see* merendar	III
perder	*see* entender	III
picar	*see* sacar	IV
poder		II
poner		II
preferir		III
querer		II
recordar	*see* acostar	III
saber		II
sacar		IV
salir		II
sentir	*see* preferir	III
ser		II
servir	*see* vestir	III
significar	*see* sacar	IV
temer		I
tener		II
traer		II
valer		II
venir		II
ver		II
vestir		III
vivir		
volver	*see* doler	III

APPENDIX I

CONJUGATION OF REGULAR VERBS

FIRST CONJUGATION: VERBS ENDING IN -AR

FUMAR

Pres. Ind.	*Imp. Ind.*	*Preterite*
fumo	fumaba	fumé
fumas	fumabas	fumaste
fuma	fumaba	fumó
fumamos	fumábamos	fumamos
fumáis	fumabais	fumasteis
fuman	fumaban	fumaron

Future	*Conditional*
fumaré	fumaría
fumarás	fumarías
fumará	fumaría
fumaremos	fumaríamos
fumaréis	fumaríais
fumarán	fumarían

Pres. Subj.	*Imp. Subj.*	*Imperative*
fume	fumase	
fumes	fumases	fuma
fume	fumase	
fumemos	fumásemos	
fuméis	fumaseis	fumad
fumen	fumasen	

Gerund	*Past Participle*
fumando	fumado

APPENDIX I

SECOND CONJUGATION: VERBS ENDING IN -ER

TEMER

Pres. Ind.	Imp. Ind.	Preterite
temo	temía	temí
temes	temías	temiste
teme	temía	temió
tememos	temíamos	temimos
teméis	temíais	temisteis
temen	temían	temieron

Future	Conditional
temeré	temería
temerás	temerías
temerá	temería
temeremos	temeríamos
temeréis	temeríais
temerán	temerían

Pres. Subj.	Imp. Subj.	Imperative
tema	temiese	
temas	temieses	teme
tema	temiese	
temamos	temiésemos	
temáis	temieseis	temed
teman	temiesen	

Gerund	Past Participle
temiendo	temido

THIRD CONJUGATION: VERBS ENDING IN -IR

VIVIR

Pres. Ind.	Imp. Ind.	Preterite
vivo	vivía	viví
vives	vivías	viviste
vive	vivía	vivió

APPENDIX I

viv*imos*	viv*íamos*	viv*imos*
viv*ís*	viv*íais*	viv*isteis*
viv*en*	viv*ían*	viv*ieron*

Future	*Conditional*
viv*iré*	viv*iría*
viv*irás*	viv*irías*
viv*irá*	viv*iría*
viv*iremos*	viv*iríamos*
viv*iréis*	viv*iríais*
viv*irán*	v·vir*ían*

Pres. Subj.	*Imp. Subj.*	*Imperative*
viv*a*	viv*iese*	
viv*as*	viv*ieses*	viv*e*
viv*a*	viv*iese*	
viv*amos*	viv*iésemos*	
viv*áis*	viv*ieseis*	viv*id*
viv*an*	viv*iesen*	

Gerund	*Past Participle*
viv*iendo*	viv*ido*

APPENDIX II

CONJUGATION OF IRREGULAR VERBS
ANDAR

Preterite	*Imp. Subj.*
anduve	anduviese
anduviste	anduvieses
anduvo	anduviese
anduvimos	anduviésemos
anduvisteis	anduvieseis
anduvieron	anduviesen

CAER

Pres. Ind.	*Preterite*	*Pres. Subj.*
caigo	caí	caiga
caes	caíste	caigas
cae	cayó	caiga
caemos	caímos	caigamos
caéis	caísteis	caigáis
caen	cayeron	caigan

Imp. Subj.	*Gerund*
cayese	cayendo
cayeses	
cayese	
cayésemos	
cayeseis	
cayesen	

DAR

Pres. Ind.	*Preterite*	*Pres. Subj.*	*Imp. Subj*
doy	di	dé	diese
das	diste	des	dieses
da	dio	dé	diese

APPENDIX II

damos	*dimos*	demos	*diésemos*
dais	*disteis*	deis	*dieseis*
dan	*dieron*	den	*diesen*

DECIR

Pres. Ind.	*Preterite*	*Future*
digo	*dije*	*diré*
dices	*dijiste*	*dirás*
dice	*dijo*	*dirá*
decimos	*dijimos*	*diremos*
decís	*dijisteis*	*diréis*
dicen	*dijeron*	*dirán*

Conditional	*Pres. Subj.*	*Imp. Subj.*
diría	*diga*	*dijese*
dirías	*digas*	*dijeses*
diría	*diga*	*dijese*
diríamos	*digamos*	*dijésemos*
diríais	*digáis*	*dijeseis*
dirían	*digan*	*dijesen*

Imperative	*Past Participle*
	dicho
di	

decid

DESHACER

See hacer

ESTAR

Pres. Ind.	*Preterite*	*Pres. Subj.*
estoy	*estuve*	*esté*
estás	*estuviste*	*estés*
está	*estuvo*	*esté*

APPENDIX II

estamos	*estuvimos*	estemos
estáis	*estuvisteis*	estéis
están	*estuvieron*	*estén*

Imp. Subj.	*Imperative*
estuviese	
estuvieses	*está*
estuviese	
estuviésemos	
estuvieseis	estad
estuviesen	

HABER

Pres. Ind.	*Preterite*	*Future*
he	*hube*	*habré*
has	*hubiste*	*habrás*
ha	*hubo*	*habrá*
hemos	*hubimos*	*habremos*
habéis	*hubisteis*	*habréis*
han	*hubieron*	*habrán*

Conditional	*Pres. Subj.*	*Imp. Subj.*
habría	*haya*	*hubiese*
habrías	*hayas*	*hubieses*
habría	*haya*	*hubiese*
habríamos	*hayamos*	*hubiésemos*
habríais	*hayáis*	*hubieseis*
habrían	*hayan*	*hubiesen*

HACER

Pres. Ind.	*Preterite*	*Future*
hago	*hice*	*haré*
haces	*hiciste*	*harás*
hace	*hizo*	*hará*
hacemos	*hicimos*	*haremos*
hacéis	*hicisteis*	*haréis*
hacen	*hicieron*	*harán*

APPENDIX II

283

Conditional	Pres. Subj.	Imp. Subj.
haría	haga	hiciese
harías	hagas	hicieses
haría	haga	hiciese
haríamos	hagamos	hiciésemos
haríais	hagáis	hicieseis
harían	hagan	hiciesen

Imperative	Past Participle
haz	hecho

haced

IR

Pres. Ind.	Imp. Ind.	Preterite
voy	iba	fui
vas	ibas	fuiste
va	iba	fue
vamos	íbamos	fuimos
vais	ibais	fuisteis
van	iban	fueron

Pres. Subj.	Imp. Subj.	Imperative
vaya	fuese	
vayas	fueses	ve
vaya	fuese	
vayamos	fuésemos	
vayáis	fueseis	id
vayan	fuesen	

Gerund

yendo

OÍR

Pres. Ind.	Preterite	Pres. Subj.
oigo	oí	oiga
oyes	oíste	oigas
oye	oyó	oiga

APPENDIX II

oímos	oímos	*oigamos*
oís	oísteis·	*oigáis*
oyen	oyeron	*oigan*

Imp. Subj.	*Imperative*	*Gerund*
oyese		oyendo
oyeses	oye	
oyese		
oyésemos		
oyeseis	oíd	
oyesen		

PODER

Pres. Ind.	*Preterite*	*Future*
puedo	*pude*	*podré*
puedes	*pudiste*	*podrás*
puede	*pudo*	*podrá*
podemos	*pudimos*	*podremos*
podéis	*pudisteis*	*podréis*
pueden	*pudièron*	*podrán*

Conditional	*Pres. Subj.*	*Imp. Subj.*
podría	pueda	*pudiese*
podrías	puedas	*pudieses*
podría	pueda	*pudiese*
podríamos	podamos	*pudiésemos*
podríais	podáis	*pudieseis*
podrían	puedan	*pudiesen*

Imperative	*Gerund*
	pudiendo
puede	

poded

APPENDIX II

PONER

Pres. Ind.	Preterite	Future
pongo	*puse*	*pondré*
pones	*pusiste*	*pondrás*
pone	*puso*	*pondrá*
ponemos	*pusimos*	*pondremos*
ponéis	*pusisteis*	*pondréis*
ponen	*pusieron*	*pondrán*

Conditional	Pres. Subj.	Imp. Subj.
pondría	*ponga*	*pusiese*
pondrías	*pongas*	*pusieses*
pondría	*ponga*	*pusiese*
pondríamos	*pongamos*	*pusiésemos*
pondríais	*pongáis*	*pusieseis*
pondrían	*pongan*	*pusiesen*

Imperative	Past Participle
	puesto
pon	
poned	

QUERER

Pres. Ind.	Preterite	Future
qui*e*ro	*quise*	*querré*
qui*e*res	*quisiste*	*querrás*
qui*e*re	*quiso*	*querrá*
queremos	*quisimos*	*querremos*
queréis	*quisisteis*	*querréis*
qui*e*ren	*quisieron*	*querrán*

Conditional	Pres. Subj.	Imp. Subj.	Imperative
querría	quiera	*quisiese*	
querrías	quieras	*quisieses*	quiere
querría	quiera	*quisiese*	

APPENDIX II

querríamos	queramos	quisiésemos	
querríais	queráis	quisieseis	quered
querrían	quieran	quisiesen	

SABER

Pres. Ind.	Preterite	Future
sé	supe	sabré
sabes	supiste	sabrás
sabe	supo	sabrá
sabemos	supimos	sabremos
sabéis	supisteis	sabréis
saben	supieron	sabrán

Conditional	Pres. Subj.	Imp. Subj.
sabría	sepa	supiese
sabrías	sepas	supieses
sabría	sepa	supiese
sabríamos	sepamos	supiésemos
sabríais	sepáis	supieseis
sabrían	sepan	supiesen

SALIR

Pres. Ind.	Future	Conditional
salgo	saldré	saldría
sales	saldrás	saldrías
sale	saldrá	saldría
salimos	saldremos	saldríamos
salís	saldréis	saldríais
salen	saldrán	saldrían

Pres. Subj.	Imperative
salga	
salgas	sal
salga	
salgamos	
salgáis	salid
salgan	

APPENDIX II

287

SER

Pres. Ind.	Imp. Ind.	Preterite
soy	era	fui
eres	eras	fuiste
es	era	fue
somos	éramos	fuimos
sois	erais	fuisteis
son	eran	fueron

Pres. Subj.	Imp. Subj.	Imperative
sea	fuese	
seas	fueses	sé
sea	fuese	
seamos	fuésemos	
seáis	fueseis	sed
sean	fuesen	

TENER

Pres. Ind.	Preterite	Future
tengo	tuve	tendré
tienes	tuviste	tendrás
tiene	tuvo	tendrá
tenemos	tuvimos	tendremos
tenéis	tuvisteis	tendréis
tienen	tuvieron	tendrán

Conditional	Pres. Subj.	Imp. Subj.	Imperative
tendría	tenga	tuviese	
tendrías	tengas	tuvieses	ten
tendría	tenga	tuviese	
tendríamos	tengamos	tuviésemos	
tendríais	tengáis	tuvieseis	tened
tendrían	tengan	tuviesen	

TRAER

Pres. Ind.	Preterite	Pres. Subj.
traigo	traje	traiga
traes	trajiste	traigas
trae	trajo	traiga

APPENDIX II

traemos	*trajimos*	*traigamos*
traéis	*trajisteis*	*traigáis*
traen	*trajeron*	*traigan*

Imp. Subj.	*Gerund*
trajese	trayendo
trajeses	
trajese	
trajésemos	
trajeseis	
trajesen	

VALER

Pres. Ind.	*Future*	*Conditional*
valgo	*valdré*	*valdría*
vales	*valdrás*	*valdrías*
vale	*valdrá*	*valdría*
valemos	*valdremos*	*valdríamos*
valéis	*valdréis*	*valdríais*
valen	*valdrán*	*valdrían*

Pres. Subj.	*Imperative*
valga	
valgas	*val*
valga	
valgamos	
valgáis	valed
valgan	

VENIR

Pres. Ind.	*Preterite*	*Future*
vengo	*vine*	*vendré*
vienes	*viniste*	*vendrás*
viene	*vino*	*vendrá*
venimos	*vinimos*	*vendremos*
venís	*vinisteis*	*vendréis*
vienen	*vinieron*	*vendrán*

APPENDIX II

289

Conditional	Pres. Subj.	Imp. Subj.	Imperative
vendría	*venga*	*viniese*	*ven*
vendrías	*vengas*	*vinieses*	
vendría	*venga*	*viniese*	
vendríamos	*vengamos*	*viniésemos*	
vendríais	*vengáis*	*vinieseis*	venid
vendrían	*vengan*	*viniesen*	

Gerund

viniendo

VER

Pres. Ind.	Imp. Ind.	Pres. Subj.
veo	*veía*	*vea*
ves	*veías*	*veas*
ve	*veía*	*vea*
vemos	*veíamos*	*veamos*
veis	*veíais*	*veáis*
ven	*veían*	*vean*

Past Participle

visto

APPENDIX III

CONJUGATION OF RADICAL-CHANGING VERBS

ACOSTAR

Pres. Ind.	Pres. Subj.	Imperative
acuesto	acueste	
acuestas	acuestes	acuesta
acuesta	acueste	
acostamos	acostemos	
acostáis	acostéis	acostad
acuestan	acuesten	

DOLER

Pres. Ind.	Pres. Subj.	Imperative
duelo	duela	
dueles	duelas	duele
duele	duela	
dolemos	dolamos	
doléis	doláis	doled
duelen	duelan	

DORMIR

Pres. Ind.	Pres. Subj.	Imp. Subj.
duermo	duerma	durmiese
duermes	duermas	durmieses
duerme	duerma	durmiese
dormimos	durmamos	durmiésemos
dormís	durmáis	durmieseis
duermen	duerman	durmiesen

APPENDIX III 291

Imperative	*Gerund*
d**u**erme	d**u**rmiendo

dormid

ENTENDER

Pres. Ind.	*Pres. Subj.*	*Imperative*
ent**ie**ndo	ent**ie**nda	
ent**ie**ndes	ent**ie**ndas	ent**ie**nde
ent**ie**nde	ent**ie**nda	
entendemos	entendamos	
entendéis	entendáis	entended
ent**ie**nden	ent**ie**ndan	

MERENDAR

Pres. Ind.	*Pres. Subj.*	*Imperative*
mer**ie**ndo	mer**ie**nde	
mer**ie**ndas	mer**ie**ndes	mer**ie**nda
mer**ie**nda	mer**ie**nde	
merendamos	merendemos	
merendáis	merendéis	merendad
mer**ie**ndan	mer**ie**nden	

PREFERIR

Pres. Ind.	*Preterite*	*Pres. Subj.*
pref**ie**ro	preferí	pref**ie**ra
pref**ie**res	preferiste	pref**ie**ras
pref**ie**res	pref**i**rió	pref**ie**ra
preferimos	preferimos	preferamos
preferís	preferisteis	preferáis
pref**ie**ren	pref**i**rieron	pref**ie**ran

Imp. Subj.	*Imperative*	*Gerund*
pref**i**riese		pref**i**riendo
pref**i**rieses	pref**ie**res	
pref**i**riese		

APPENDIX III

prefiriésemos
prefirieseis   preferid
prefiriesen

REÍR

Pres. Ind.	Preterite	Pres. Subj.
río	reí	ría
ríes	reíste	rías
ríe	rió	ría
reímos	reímos	ríamos
reís	reísteis	ríais
ríen	rieron	rían

Imp. Subj.	Imperative	Gerund
riese		riendo
rieses	ríe	
riese		
riésemos		
rieseis	reíd	
riesen		

VESTIR

Pres. Ind.	Preterite	Pres. Subj.
visto	vestí	vista
vistes	vestiste	vistas
viste	vistió	vista
vestimos	vestimos	vistamos
vestís	vestisteis	vistáis
visten	vistieron	vistan

Imp. Subj.	Imperative	Gerund
vistiese		vistiendo
vistieses	viste	
vistiese		
vistiésemos		
vistieseis	vestid	
vistiesen		

APPENDIX IV

CONJUGATION OF ORTHOGRAPHY-CHANGING VERBS

COGER

Pres. Ind.	*Pres. Subj.*
cojo	coja
coges	cojas
coge	coja
cogemos	cojamos
cogéis	cojáis
cogen	cojan

LEER

Preterite	*Imp. Subj.*	*Gerund*
leí	leyese	leyendo
leíste	leyeses	
leyó	leyese	
leímos	leyésemos	
leísteis	leyeseis	
leyeron	leyesen	

OBEDECER

Pres. Ind.	*Pres. Subj.*
obedezco	obedezca
obedeces	obedezcas
obedece	obedezca
obedecemos	obedezcamos
obedecéis	obedezcáis
obedecen	obedezcan

APPENDIX IV

PAGAR

Preterite	Pres. Subj.
pagué	pague
pagaste	pagues
pagó	pague
pagamos	paguemos
pagasteis	paguéis
pagaron	paguen

SACAR

Preterite	Pres. Subj.
saqué	saque
sacaste	saques
sacó	saque
sacamos	saquemos
sacasteis	saquéis
sacaron	saquen

(The following two verbs are both radical-changing and orthography changing)

EMPEZAR

Pres. Ind.	Preterite	Pres. Subj.	Imperative
empiezo	empecé	empiece	
empiezas	empezaste	empieces	empieza
empieza	empezó	empiece	
empezamos	empezamos	empecemos	
empezáis	empezasteis	empecéis	empezad
empiezan	empezaron	empiecen	

APPENDIX IV

JUGAR

Pres. Ind.	Preterite	Pres. Subj.	Imperative
juego	jugué	juegue	
juegas	jugaste	juegues	juega
juega	jugó	juegue	
jugamos	jugamos	jueguemos	
jugáis	jugasteis	jueguéis	jugad
juegan	jugaron	jueguen	

KEY TO EXERCISES

Lesson 1

I. 1. Sí, es grande. 2. Sí, es vieja. 3. Sí, es nuevo. 4. Sí, es larga. 5. Sí, es pequeño. 6. Sí, es corta.

II. 1. No, no es viejo. 2. No, no es nueva. 3. No, no es grande. 4. No, no es pequeña. 5. No, no es largo. 6. No, no es corto.

III. 1. El libro no es corto. 2. La pluma no es larga. 3. El armario no es grande. 4. La mesa no es pequeña. 5. El lápiz no es viejo. 6. La caja no es nueva.

IV. 1. ¿Es grande la pluma? 2. ¿Es nuevo el libro? 3. ¿Es pequeña la caja? 4. ¿Es corto el armario? 5. ¿Es vieja la mesa? 6. ¿Es largo el lápiz?

Lesson 2

I. 1. Sí, es bonito. 2. No, no es grande. 3. Sí, es feo. 4. No, no es nueva. 5. Sí, es alto. 6. No, no es baja. 7. Sí, es bueno. 8. No, no es mala.

II. 1. Sí, son buenos. 2. No, no son grandes. 3. Sí, son feos. 4. No, no son nuevas. 5. Sí, son altos. 6. No, no son bajas. 7. Sí, son bonitas. 8. No, no son malos.

III. 1. ¿Son pequeñas las botellas? Sí, son pequeñas (No, no son pequeñas). 2. ¿Son grandes los cuadros? Sí, son grandes (No, no son grandes). 3. ¿Son grandes las sillas? Sí, son grandes (No, no son grandes). 4. ¿Son altas las puertas? Sí, son altas (No, no son altas). 5. ¿Son bajas las sillas? Sí, son bajas (No, no son bajas). 6. ¿Son grandes las cajas? Sí, son grandes (No, no son grandes). 7. ¿Son buenos los libros? Sí, son buenos (No, no son buenos). 8. ¿Son grandes las habitaciones? Sí, son grandes (No, no son grandes).

IV. 1. ¿Es bonito el libro? 2. ¿Es viejo el papel? 3. ¿Es fea la mesa? 4. ¿Es nueva la pluma? 5. ¿Es grande la mesa? 6. ¿Es viejo el cuadro? 7. ¿Es grande el vaso? 8. ¿Es vieja la silla?

V. 1. ¿Es grande el libro? Sí, es grande (No, no es grande). 2. ¿Son pequeños los vasos? Sí, son pequeños (No, no son pequeños). 3. ¿Es corta la pluma? Sí, es corta (No, no es corta). 4. ¿Son grandes las sillas? Sí, son grandes (No, no son grandes). 5. ¿Es bonito el cuadro? Sí, es bonito (No, no es bonito). 6. ¿Son bajos los armarios? Sí, son bajos (No, no son bajos). 7. ¿Es vieja la mesa? Sí, es vieja (No, no es vieja). 8. ¿Son feos los libros? Sí, son feos (No, no son feos).

Lesson 3

I. 1. Sí, son nuevos. 2. No, no son viejas. 3. Sí, son bonitos. 4. No, no son feas. 5. Sí, son bajos. 6. No, no son largos. 7. Sí, son cortos. 8. No, no son grandes.

II. 1. Sí, es pequeña. 2. No, no es grande. 3. Sí, es largo. 4. No, no es mala. 5. Sí, es buena. 6. No, no es pequeño. 7. Sí, es fea. 8. No, no es bonita.

KEY TO EXERCISES
297

III. 1. ¿Hay tres vasos en la mesa? 3. ¿Hay ocho cajas en el suelo? 3. ¿Es nuevo el cuadro? 4. ¿Son altas las puertas? 5. ¿Es corto el papel? 6. ¿Son largas las plumas? 7. ¿Hay siete cuadros en la pared? 8. ¿Hay un lápiz grande en la silla?

IV. Hay una caja en el suelo y debajo de la mesa. 2. Hay unos cuadros en las paredes. 3. Hay una silla en la habitación. 4. No hay unos vasos sobre (en) la mesa. 5. Hay solamente una mesa en la habitación. 6. ¿Cuántos libros hay en el armario? 7. ¿Es feo el cuadro? 8. ¿Son bajos los armarios?

V. Uno, dos, tres, cuatro, cinco, seis, siete, ocho, nueve, diez. Diez, nueve, ocho, siete, seis, cinco, cuatro, tres, dos, uno.

Lesson 4

I. 1. No, no es clara la habitación. 2. Sí, es bonito el cuadro. 3. No, no son grandes las ventanas. 4. Sí, son nuevos los libros. 5. Sí, está limpia la habitación. 6. No, Juan no está cerca de la puerta. 7. Sí, los libros están en el armario. 8. No, las botellas no están limpias.

II. 1. lejos de; 2. oscuro; 3. sucio; 4. sobre; 5. bajo; 6. feo; 7. malo; 8. largo; 9. pequeño; 10. viejo.

III. La habitación es muy oscura. 2. ¿Está sucia la mesa? 3. ¿Son nuevos los libros? 4. Los vasos no están limpios. 5. ¿Está Juan cerca del armario? 6. ¿Estamos todos en la habitación? 7. Juan y Pilar están cerca de la mesa. 8. El armario es muy alto.

IV. 1. feo, fea, feos, feas; 2. grande, grandes; 3. largo/a/os/as; 4. nuevo/a/os/as; 5. pequeño/a/os/as; 6. viejo/a/os/as; 7. alto/a/os/as; 8. bueno/a/os/as; 9. bonito/a/os/as; 10. corto/a/os/as; 11. bajo/a/os/as; 12. malo/a/os/as.

V. 1. La botella alta. 2. Un armario grande. 3. La habitación clara. 4. Vasos sucios. 5. La pluma nueva. 6. Los cuadros oscuros. 7. La mesa limpia. 8. Los libros grandes.

Lesson 5

I. 1. Pedro es el Sr. García. 2. Carmen González es la Sra. de García. 3. Juan es el hijo de los Srs. de García. 4. Pilar García. 5. Pedro García. 6. La madre de Juan es la Sra. de García. 7. El hermano de Pilar es Juan García. 8. El marido de Carmen es Pedro García.

II. 1. El es el padre de ella. 2. Ella es la madre de él. 3. Ella es tu hermana. 4. Carmen es la Sra. de García. 5. Carmen es la madre de él. 6. Ella es mi hermana. 7. ¿Quién eres? 8. Juan es el hermano de ella. 9. Ellas son vuestras hijas. 10. ¿Quién soy yo?

III. 1. el hijo; 2. la madre; 3. el hermano; 4. las hijas; 5. los padres; 6. la hija; 7. el padre; 8. la hermana; 9. los hermanos; 10. los hijos.

IV. 1. ellos; 2. las; 3. padres; 4. señores; 5. quiénes; 6. los; 7. hijas; 8. ellas; 9. madres; 10. hermanas.

V. 1. Juan es el hijo de Pedro. 2. Carmen es la Sra. de García. 3. Ellos son los hijos. 4. ¿Quién soy yo? 5. Ella es mi madre. 6. Tú, Juan, eres mi hermano. 7. Vosotros, Juan y Pilar, sois los hijos. 8. ¿Quién eres tú? 9. Yo soy tu hermano. 10. Vosotros sois los hijos.

KEY TO EXERCISES

Lesson 6

I. 1. Tu casa tiene seis habitaciones. 2. ¿Cuántos cuadros tienen ellos? 3. Ella está en el cuarto de estar. 4. Es una casa grande. 5. ¿Cómo es tu dormitorio? 6. El tiene diez cigarrillos. 7. ¿Tenéis vosotros un dormitorio grande? 8. ¿Está cerca de la puerta? 9. ¿Cuántas cajas tiene ella? 10. Ella tiene tres lápices y una pluma.
II. ellos; 2. uno; 3. nosotros; 4. señor; 5. padre; 6. bonitos; 7. el; 8. hijo; 9. vosotros; 10. los.
III. 1. Mis padres tienen un dormitorio grande. 2. Yo estoy en la cocina. 3. La mesa está cerca de la puerta. 4. ¿Cuántas sillas tiene el despacho? (¿Hay sillas en el despacho?) 5. ¿Cómo es el cuarto de estar? 6. El libro está sobre la mesa. 7. Ellos están en casa. 8. Juan y Pilar son hermanos. 9. ¿Tenéis un libro? 10. ¿Quién soy yo?

Lesson 7

I. 1. Esta casa es grande; ésa es pequeña y aquélla también es pequeña. 2. Aquellos juguetes son buenos; ésos y éstos son malos. 3. Esas sillas son viejas; aquéllas y éstas son nuevas. 4. Este lápiz es pequeño; ése es grande y también aquél.
II. 1. Mi plato. 2. Tu revista. 3. Sus juguetes (de él). 4. Nuestras tazas. 5. Mis padres. 6. Vuestras madres. 7. Sus hijos (de ellos o ellas). 8. Sus juguetes (de ella).
III. 1. Tú tienes un libro; es tu libro; es tuyo. 2. El tiene un libro; es su libro; es suyo. 3. Ella tiene un libro; es su libro; es suyo. 4. Nosotros tenemos un libro; es nuestro libro; es nuestro. 5. Vosotros tenéis un libro; es vuestro libro; es vuestro. 6. Ellos tienen un libro; es su libro; es suyo. 7. Yo tengo unas plumas; son mis plumas; son mías. 8. Tú tienes unas plumas; son tus plumas; son tuyas. 9. El tiene unas plumas; son sus plumas; son suyas. 10. Ella tiene unas plumas; son sus plumas; son suyas. 11. Nosotros tenemos unas plumas; son nuestras plumas; son nuestras. 12. Vosotros tenéis unas plumas; son vuestras plumas; son vuestras. 13. Ellos tienen unas plumas; son sus plumas; son suyas.
IV. Uno, dos, tres, cuatro, cinco, seis, siete, ocho, nueve, diez. Diez, nueve ocho, siete, seis, cinco, cuatro, tres, dos, uno.

Lesson 8

I. 1. Los cigarrillos de mi marido están sobre la mesa. 2. Yo estoy en casa. 3. Mi libro es pequeño. 4. El está cerca de la ventana. 5. El libro está debajo de la silla. 6. El está lejos de la mesa. 7. ¿Dónde está Juan? 8. ¿Como es tu libro? 9. ¿Dónde está? 10. Son pequeños.
II. 1. madre; 2. vosotras; 3. hija; 4. pequeña; 5. ella; 6. señora; 7. nosotras; 8. la; 9. mujer; 10. una; 11. ellas; 12. unas.
III. 1. casas; 2. cigarrillos; 3. están; 4. grandes; 5. habitaciones; 6. estamos; 7. libros; 8. mujeres; 9. estáis; 10. muñecas; 11. unos; 12. ellos.

KEY TO EXERCISES

299

IV. 1. Yo estoy en casa. 2. El está lejos de la ventana. 3. Las sillas están cerca de la ventana. 4. Los cigarrillos son pequeños. 5. Los cigarrillos están sobre el libro. 6. El libro de mi madre es grande. 7. Los cigarrillos son de Pedro; son sus cigarrillos. 8. La pelota está debajo de la mesa. 9. La muñeca está sobre la silla. 10. Yo estoy en la habitación.

Lesson 9

I. 1. Pedro fuma cigarrillos. 2. El señor García fuma un paquete todos los días. 3. En el estanco hay cigarrillos, cerillas y sellos. 4. Pedro compra los cigarrillos en el estanco. 5. No, Juan y Pilar no fuman. 6. No, los niños no compran cigarrillos. 7. Sí, exagera un poco. 8. No, la Sra. de García no fuma. 9. Sí, los niños exageran también. 10. Sí, hay muchas.

II. 1. El fuma un paquete de cigarrillos todos los días. 2. Yo no exagero. 3. El no fuma. 4. ¿Exagera ella? 5. ¿Quién fuma como una chimenea? 6. ¿Dónde compra él los cigarrillos? 7. El compra los cigarrillos en el estanco. 8. ¿Hay un hombre en la habitación? 9. ¿Hay libros en el despacho? 10. Hay sillas en el cuarto de estar.

III. 1. pequeño; 2. debajo de; 3. lejos de; 4. fea; 5. sobre; 6. poco; 7. no; 8. muchas; 9. cerca de; 10. bonitos.

IV. 1. Yo no fumo. (I do not smoke.) 2. Pedro no compra cigarrillos. (Peter does not buy any cigarettes.) 3. No exageramos mucho. (We do not exaggerate much.) 4. Vosotros no compráis muchas cosas. (You do not buy many things.) 5. ¿No exageráis? (Don't you exaggerate?) 6. ¿No tengo diez sillas? (Haven't I ten chairs?) 7. ¿No compra ella libros? (Doesn't she buy books?) 8. Juan no es mi hermano. (John is not my brother.) 9. No tenemos tres hijos. (We haven't three sons.) 10. Ellos no exageran. (They do not exaggerate.)

V. 1. ¿Fuma un cigarrillo? 2. Hay hombres que fuman dos y tres paquetes todos los días. 3. Fumar un paquete todos los días no es mucho. 4. ¿Cómo es el cuarto de estar, grande o pequeño? 5. Los dormitorios están lejos de la cocina. 6. ¿Están (ellos) en casa? 7. La pelota está debajo de la mesa. 8. ¿Son grandes las habitaciones? 9. Papá fuma como una chimenea. 10. Mal de muchos, consuelo de tontos.

Lesson 10

I. 1. Ellas leen un libro bonito. 2. Pedro fuma cigarrillos. 3. Yo exagero mucho. 4. Ellos compran un libro. 5. Tú tienes razón. 6. El no cree eso. 7. Vosotros pasáis el rato. 8. Ella es buena. 9. Tú llenas la casa. 10. Nosotros tenemos ganas de leer.

II. Pedro tiene ganas de leer un rato. 2. Está sobre la mesa del despacho. 3. Sí, es muy divertida. 4. No, no está muy bien escrita. 5. Es una novela policíaca. 6. Si el autor tiene imaginación y están bien escritas, son bonitas. 7. Fuma un paquete de cigarrillos todos los días. 8. Sí, es grande. 9. En el estanco. 10. En el estanco hay cigarrillos, cerillas y sellos.

III. ¿Son nuestros padres Carmen y Pedro? 2. ¿Están los cigarrillos sobre la mesa del comedor? 3. ¿Tienes tú un dormitorio grande con dos ventanas? 4. ¿Hay en nuestra casa nueve puertas? 5. ¿No fuman mis hijos? 6. ¿Tengo

KEY TO EXERCISES

razón? 7. ¿Compra ella muchas cosas? 8. ¿Son los niños grandes? 9. ¿Lee la madre mucho? 10. ¿Exageran ellos mucho?

IV. 1. un autor; 2. unas clases; 3. una cuestión; 4. una imaginación; 5. unas novelas; 6. una cocina; 7. un padre; 8. una habitación; 9. un hermano; 10. unas chimeneas.

V. 1. He smokes a lot of cigarettes every day. 2. Do they exaggerate a lot? 3. That detective novel is very amusing. 4. Who is right? 5. That author has a lot of imagination and writes well. 6. Where are the cigarettes? 7. Those books are very boring. 8. The thing is to kill time. 9. There is no book so bad that it has not something good in it. 10. The bane of many is the consolation of fools.

Lesson 11

I. ¿Hablan los perros? 2. No estoy de acuerdo. 3. ¿Tienen los gatos voz? 4. Eso no es muy difícil. 5. Los gatos tienen patas. 6. Los hombres tienen piernas. 7. ¡Qué rabia! 8. Siempre metes la pata. 9. ¿Qué escribes? 10. Creo que eso es muy aburrido.

II. 1. el animal; 2. el gato; 3. la mano; 4. la voz; 5. las patas; 6. los perros; 7. el autor; 8. la clase; 9. la cuestión; 10. la imaginación.

III. 1. ¿Cuántos cigarrillos tiene Pedro? Pedro tiene muchos cigarrillos. 2. ¿Por qué no hablan los animales? Porque no tienen voz. 3. ¿Es divertida una novela policíaca? Sí, es muy divertida. 4. ¿Dónde está tu libro? Está sobre la mesa. 5. ¿Qué clase de libro lees? Leo una novela policíaca. 6. ¿Está bien escrita esa novela? Sí, está muy bien escrita. 7. ¿Cómo fuma Pedro? Pedro fuma como una chimenea. 8. ¿Dónde compra Pedro los cigarrillos? En el estanco. 9. ¿Tienen voz las personas? Sí, tienen voz. 10. ¿Tienen piernas los animales? No, los animales no tienen piernas; tienen patas.

IV. 1. Unas casas bonitas. 2. Cuartos de baño. 3. ¿Cuántos? 4. Muchas. 5. Autores. 6. Novelas policíacas. 7. Clases. 8. Tenemos razón. 9. Son grandes. 10. Las novelas aburridas.

Lesson 12

I. 1. El trabaja mucho. 2. El trabajo cansa bastante. 3. Las mujeres cosen. 4. Yo lavo las manos de mi hija. 5. Nosotros limpiamos la casa. 6. Cuando llega la noche. 7. Vosotros escribís poco. 8. Tú tienes que limpiar la habitación. 9. El perro ladra mucho. 10. Ella mete la pata.

II. 1. Eso es muy fácil. 2. ¿Por qué no hablan los perros? 3. Tengo ganas de enseñar a hablar a mi gato. 4. También ladran los perros. 5. Los animales no tienen piernas; tienen patas. 6. Escribo con la mano. 7. La cuestión es pasar el rato. 8. No estoy de acuerdo. 9. Creo que tengo razón. 10. ¿Está bien escrita esta novela?

III. 1. Porque trabaja mucho. 2. En casa. 3. Sí, las mujeres hablan mucho. 4. Sí, Pedro fuma mucho. 5. No, Juan no fuma. 6. Sí, los hombres trabajan más que las mujeres. 7. No, los hombres no cosen. 8. No, los gatos no hablan. 9. Porque no tienen manos. 10. No, los animales no tienen piernas; tienen patas.

KEY TO EXERCISES
301

IV. 1. Ellas están muy cansadas. 2. ¿Trabajas mucho? 3. Ellas tienen que lavar, coser y limpiar la casa. 4. El habla con su compañero. 5. El trabajo de casa no cansa. 6. Cuando trabajan, trabajan mucho. 7. Tienen que lavarse las manos. 8. ¿Hablan mucho las mujeres? 9. Sí, hablan más que los hombres. 10. ¿Por qué está papá cansado?

Lesson 13

I. 1. Ellos tienen hambre. 2. ¿Qué hora es? 3. Son las cuatro en punto. 4. La aguja pequeña indica las horas. 5. La aguja grande indica los minutos. 6. Pilar siempre mete la pata. 7. ¡Qué rabia! 8. El enseña a su hijo. 9. Tengo la mano sobre la mesa. 10. ¿Es la hora de merendar?

II. 1. ¿Qué hora es? 2. Es la una. 3. Son las dos y cuarto. 4. Son las siete y media. 5. Son las nueve menos cuarto. 6. Tengo mucha hambre. 7. Ella mira el reloj. 8. Ellos no comprenden. 9. ¿Ves el reloj? 10. Sí, está sobre la mesa.

III. Dos y cinco; siete menos cinco; la una menos diez; tres y diez; cuatro y media; ocho menos diez; seis y cuarto; diez menos cuarto; ocho y veinte; cinco y veinticinco; nueve y media; once menos veinte.

IV. 1. fácil; 2. torpe; 3. por qué; 4. divertido; 5. aquello (eso); 6. lleno; 7. mal; 8. mujer; 9. poco; 10. hermana.

Lesson 14

I. 1. Con el Sr. Fernández. 2. Muy bien gracias, ¿y Vd.? 3. Con su amigo Pedro. 4. No puede ir por la tarde a casa del Sr. Fernández. 5. El Sr. Fernández quiere hablar de una cosa. 6. Ir a la oficina. 7. A las seis y media. 8. A las ocho menos cuarto. 9. Carlos y Pedro. 10. Sí, está de acuerdo.

II. 1. mal; 2. divertido; 3. fácil; 4. malo; 5. sucio; 6. torpe; 7. porque; 8. grande; 9. ir; 10. limpios.

III. 1. Eres bastante alto. 2. Este no es su libro. 3. ¿Cómo está Vd.? 4. ¿Puedo hablar con su marido? 5. ¡Qué tonto eres! 6. ¿Dónde estás, Pilar? 7. Juan, ¿estás en el cuarto de estar? 8. Niños, ¿qué compráis?

IV. 1. tú eres; 2. Vds. están; 3. vosotras vivís; 4. Vd. tiene; 5. vosotros estáis; 6. Vds. son; 7. tú trabajas; 8. Vds. cosen.

Lesson 15

I. 1. El compra, escribe, lee. 2. Yo fumo, vivo, creo. 3. Nosotros trabajamos, escribimos, cosemos. 4. Tú eres, hablas, vas. 5. Vosotros estáis, hacéis, podéis. 6. Ellos tienen, vienen, terminan.

II. 1. poca; 2. fácil; 3. niñas; 4. sucia; 5. limpias; 6. toda; 7. unas; 8. feas; 9. cuánta; 10. bonitas.

III. 1. Yo voy a casa. 2. Tú puedes fumar. 3. El quiere ir. 4. Vd. viene todos los días. 5. Nosotros terminamos a las ocho. 6. Vosotros podéis comprar un libro. 7. Vosotros venís ahora. 8. Vds. compran mucho. 9. Ellos leen un libro. 10. Ellas escriben poco.

KEY TO EXERCISES

IV. Yo estoy, tengo, escribo, compro, coso, quiero, vengo, voy.
tú estás, tienes, escribes, compras, coses, quieres, vienes, vas.
él está, tiene, escribe, compra, cose, quiere, viene, va.
nosotros estamos, tenemos, escribimos, compramos, cosemos, queremos, venimos, vamos.
vosotros estáis, tenéis, escribís, compráis, coséis, queréis, venís, vais.
ellos están, tienen, escriben, compran, cosen, quieren, vienen, van.

Lesson 16

I. 1. Esos libros son míos. 2. Esas casas son suyas. 3. Los cigarrillos son tuyos. 4. Esta habitación es nuestra. 5. La silla es suya. 6. Los cuadros son vuestros. 7. El despacho es vuestro. 8. La pelota es mía. 9. Las casas son tuyas. 10. Las muñecas son suyas.

II. (*a*) 1. El sale pronto de la oficina. 2. El hace un viaje. 3. El puede escribir a sus abuelos. 4. El va a su casa. 5. El viene pronto. 6. El quiere sus libros. 7. El llama a sus amigos. 8. El lee su libro. 9. El pasa el rato. 10. El tiene razón.
(*b*) 1. Ellas salen pronto de la oficina. 2. Ellas hacen un viaje. 3. Ellas pueden escribir a sus abuelas. 4. Ellas van a sus casas. 5. Ellas vienen pronto. 6. Ellas quieren sus libros. 7. Ellas llaman a sus amigas. 8. Ellas leen sus libros. 9. Ellas pasan el rato. 10. Ellas tienen razón.

III. 1. El deja a los niños con el abuelo. 2. El padre habla mucho. 3. Vosotros sois malos. 4. Nosotros estamos aburridos. 5. El niño pequeño es listo. 6. El hijo lee mal. 7. El gato maúlla. 8. El escribe bien. 9. El hombre es malo. 10. El habla con el señor.

IV. 1. ¿Llaman a la puerta? 2. El viene ahora mismo. 3. Adiós, hasta la noche. 4. ¡Hola! ¿qué tal? 5. ¿Puedo hablar con el señor Fernández? 6. El tiene que ir a la oficina. 7. Ella es lista. 8. Tú no fumas mucho. 9. Tengo que ir a casa. 10. Son las dos y media.

Lesson 17

I. 1. Vamos a casa. 2. No están muy seguros. 3. Me gusta andar. 4. Casi son las cuatro y media. 5. ¿Te (le) gusta esa idea? 6. A ella no le gusta fumar. 7. Tenemos que ir a casa ahora. 8. ¿Hay mucho sitio? 9. El perro del muchacho está debajo de la mesa. 10. El libro de tu madre está sobre (en) la mesa.

II. 1. Sus libros; 2. sus plumas; 3. su madre; 4. su perro; 5. sus habitaciones; 6. su gato; 7. sus muchachas; 8. su muñeca; 9. sus cerillas; 10. su teléfono.

III. 1. Sí, le gusta a Pedro la idea. 2. Sí, me gusta mucho viajar. 3. Sí, es muy entretenido viajar en tren. 4. Sí, los viajes en tren cansan algo. 5. Sí, viajo todo lo que puedo. 6. Ahora son las . . . 7. Sí, me gusta andar mucho. 8. Sí, tengo mucho trabajo ahora. 9. Ahora hago un ejercicio de español. 10. Sí, es bastante tarde ahora.

IV. Nueve y cuarto; una y veinticinco; siete menos cuarto; tres menos veinticinco; cinco y diez; once y media; dos menos veinte; ocho menos diez; cuatro menos diez; ocho menos cinco; cuatro y cuarto; tres y diez; doce y veinte; seis y cuarto; nueve en punto.

KEY TO EXERCISES

303

Lesson 18

I. 1. Porque no tienen voz. 2. No, los perros no maúllan; ladran. 3. No, no puede escribir. 4. Porque no tiene manos. 5. Las personas no tienen patas; tienen piernas. 6. No es fácil; es muy difícil. 7. Sí, es muy listo. 8. No, Juan no mete la pata. 9. A las ocho menos cuarto.

II. 1. Yo dejo la casa a las ocho. 2. Nosotros hacemos el trabajo. 3. Vosotros salís pronto. 4. Yo hago muchas cosas. 5. Ellos tienen poco trabajo. 6. Tú no abres la puerta. 7. El dice que va a venir. 8. Carmen invita a sus amigos. 9. Yo salgo pronto. 10. Vosotras vivís cerca.

III. 1. Yo tengo libros; los libros son míos. 2. Nosotros tenemos un amigo; el amigo es nuestro. 3. Ellos tienen sillas; las sillas son suyas. 4. Tú tienes cigarrillos; los cigarrillos son tuyos. 5. El tiene amigos; los amigos son suyos. 6. Vosotros tenéis perros; los perros son vuestros. 7. Ella tiene una pelota; la pelota es suya. 8. Vd. tiene un gato; el gato es suyo. 9. Nosotros tenemos paquetes; los paquetes son nuestros. 10. Vds. tienen una novela; la novela es suya.

IV. (a) 1. El no es puntual. 2. No son las nueve en punto. 3. No tienen poco trabajo. 4. No quiere una copa de vino. 5. Mi mujer y yo no vamos a hacer un viaje. 6. Ellos no quieren venir con nosotros. 7. No es mala idea. 8. No tengo que ir a casa. 9. No es la una de la tarde. 10. Ellos no hacen poco.
(b) 1. ¿Es él puntual? 2. ¿Son las nueve en punto? 3. ¿Tienen poco trabajo? 4. ¿Quiere una copa de vino? 5. ¿Vamos a hacer un viaje mi mujer y yo? 6. ¿Quieren venir ellos con nosotros? 7. ¿Es mala idea? 8. ¿Tengo que ir a casa? 9. ¿Es la una de la tarde? 10. ¿Hacen ellos poco?
(c) 1. ¿No es él puntual? 2. ¿No son las nueve en punto? 3. ¿No tienen poco trabajo? 4. ¿No quiere una copa de vino? 5. ¿No vamos a hacer un viaje mi mujer y yo? 6. ¿No quieren venir ellos con nosotros? 7. ¿No es mala idea? 8. ¿No tengo que ir a casa? 9. ¿No es la una de la tarde? 10. ¿No hacen ellos poco?

Lesson 19

I. 1. ¿Qué hora es? 2. Es la una y cuarto. 3. No tienes que hablar. 4. ¡Qué libro! 5. El hace mesas y sillas. 6. ¿Qué hace él? 7. Ese libro es suyo. 8. El mío es muy grande. 9. ¿Quieres un vaso de vino? 10. ¿Qué van a hacer?

II. 1. Sí, Carmen quiere ir a Alicante. 2. Le gusta la idea de dejar los trabajos de casa durante unos días. 3. Los trabajos de casa son tan aburridos. 4. El cree que sí. 5. Va a preguntar si puede faltar. 6. Va a preguntarlo mañana. 7. Todavía tiene unos días del permiso del año pasado. 8. No, ahora tienen poco trabajo. 9. Carmen va a salir de compras. 10. Necesita un vestido y unos zapatos. 11. Solamente van por dos o tres días. 12. No, tienen poco dinero. 13. Van a gastarlo en el viaje. 14. Dejan los niños con la muchacha. 15. La muchacha los entiende bien. 16. La hermana de Carmen. 17. Puede llevarlos al cine o a dar un paseo. 18. El viaje está decidido.

III. 1. Nosotros estamos aquí; nos ven y nos dan nuestro dinero. 2. Juan está aquí; lo veo y le doy su pelota. 3. Tú estás aquí; te ven y te dan tu muñeca.

304   **KEY TO EXERCISES**

4. Pilar está aquí; la veo y le doy su gato.   5. Las muchachas están aquí; las ven y les dan sus vestidos. 6. Vd. está aquí; lo veo y le doy su botella. 7. Yo estoy aquí; me ven y me dan mi paquete. 8. Vd. está aquí; lo veo y le doy su vaso. 9. Vosotros estáis aquí; os veo y os doy vuestros zapatos. 10. Vds. están aquí; los ven y les dan sus cuadros.

IV. 1. Quiero dar un paseo. 2. Me gusta la idea de dejar los trabajos de casa. 3. ¿Puedes faltar tanto tiempo de la oficina? 4. No estoy seguro. 5. Iré a tu casa mañana por la mañana. 6. Tenemos ahora poco trabajo. 7. Voy a salir de compras. 8. Solamente vamos por dos o tres días. 9. Vamos a gastar mucho. 10. Mi hermana los llevará al cine.

Lesson 20

I. 1. Van a Alicante la semana que viene. 2. Sólo cuatro o cinco días. 3. Van con los señores de Fernández. 4. Juan dice «Quiero ir con vosotros». 5. Sí, Pilar también quiere ir. 6. No, no pueden ir con ellos. 7. Tienen que quedarse en casa. 8. Tienen que quedarse con Juana. 9. Sí, Juana es la muchacha. 10. Sí, tienen que obedecerla en todo. 11. La muchacha les va a dar de comer. 12. Tiene que lavarse la cara y los dientes. 13. Sí, también tiene que hacerlo Pilar. 14. Tiene que vestirse por la mañana. 15. Tiene que doblar la ropa antes de meterse en cama. 16. Sí, la doblo (No, no la doblo). 17. No, van en tren. 18. No, en Alicante hace calor. 19. Sí, tengo frío (No, no tengo frío). 20. Les va a traer un regalo.

III. 1. La veo; 2. lo visten; 3. quieren beberla; 4. van a hacerla; 5. la ven; 6. las escribimos; 7. lo dan al hombre; 8. él los compra a la mujer; 9. se la lave; 10. me lo trae.

IV. Yo me acuesto, comprendo, ando. 2. El tiene frío, obedece, gusta. 3. Nosotros comemos, faltamos, salimos. 4. Vd. dice, se queda, sabe. 5. Tú doblas, haces, dices. 6. Ellos necesitan, traen, son. 7. Vosotros salís, os laváis, os metéis. 8. Vds. preguntan, se visten, andan.

Lesson 21

I. 1. ¿Dónde pone Juana la maleta? 2. La pone en el portaequipajes. 3. ¿Trabajas los sábados por la tarde? 4. No, yo no trabajo los sábados por la tarde. 5. ¿Hace frío donde vives? 6. No, no hace frío donde vivo. 7. ¿Tienes calor? 8. No, no tengo calor. 9. ¿Dónde está tu amigo? 10. Está en casa.

II. 1. El coche de tu amigo está en la calle. 2. Juana, por favor, ¿quiere bajar el equipaje? 3. Sí, señora, ahora mismo lo bajo. 4. ¿Dónde pone Juana la maleta? La pone arriba, en el portaequipajes. 5. El bolso de viaje, no; lo llevo yo misma. 6. ¡Qué día tan bueno hace hoy! 7. Creo que mañana va a hacer buen día. 8. No hace frío en otoño en Alicante. 9. Ellos prefieren ir a la playa en primavera. 10. En invierno hay poca gente en la playa.

III. 1. abajo; 2. hacer calor; 3. otoño; 4. largo; 5. tarde; 6. bonito; 7. pequeño; 8. mucho; 9. nada; 10. invierno.

IV. 1. Yo pongo la maleta en el coche. 2. Juana baja el equipaje. 3. Hoy hace calor. 4. Nosotros tenemos frío. 5. Ella lleva la maleta. 6. Vosotros ponéis el coche en la calle. 7. Nosotros vamos a Alicante. 8. Ella es buena. 9. Yo vivo en Madrid. 10. Me gusta fumar.

KEY TO EXERCISES 305

Lesson 22

I. 1. Yo voy a Alicante. 2. Ellas fuman todos los días. 3. Tú cierras la puerta. 4. Vd. come mucho. 5. Nosotros entramos en la habitación. 6. El lleva los libros. 7. Vds. sacan los billetes. 8. Vosotros sois buenos. 9. Ellos están aquí. 10. Yo escribo un libro.

II. 1. Yo seré feliz. 2. Tú estarás aquí. 3. El irá pronto. 4. Ellos comerán mucho. 5. Vd. entrará en la habitación. 6. Nosotras llevaremos cigarrillos. 7. Ella sacará la novela. 8. Vosotros fumaréis mucho. 9. Vds. comprarán poco. 10. Nosotros iremos mañana.

III. 1. Yo lo compraré mañana. 2. ¿A qué hora cierran la taquilla? 3. ¿Tienes frío? 4. No, hace frío, pero no tengo frío. 5. ¿Qué hora es? 6. Son las tres menos veinticinco. 7. ¿Tiene ella razón? 8. Sí, creo que tiene razón. 9. ¿Es éste su libro? 10. Sí, gracias, es el mío.

IV. 1. Ellas van de viaje. 2. Yo tengo el tuyo. 3. Estos son míos. 4. Esa es la suya. 5. Ella tiene la suya. 6. Nosotros compramos las nuestras. 7. El fuma mucho. 8. Vosotros hacéis los vuestros. 9. ¿Es éste el suyo? 10. No, es el mío.

Lesson 23

I. 1. Yo podré hacerlo. 2. Tú tendrás razón. 3. El querrá comprar un libro. 4. Faltará mucho tiempo. 5. Reiremos mucho. 6. ¿Veréis bien? 7. ¿Venderán muchas cosas? 8. Compraré cigarrillos todos los días. 9. El tren irá a Alicante. 10. Eso no importará.

II. 1. Mi madre te ve. 2. Tu madre te ve tus novelas. 3. Ellos nos hacen un favor. 4. Mis amigos me quieren mucho. 5. Ellos los ven todos los días. 6. Vosotros les compráis cosas. 7. La puerta de la habitación la cierra Pedro. 8. Ellos la abren. 9. Ellos nos invitan a un viaje. 10. Mi marido os da las gracias.

III. 1. En Albacete. 2. En la taquilla. 3. Coche restaurante. 4. Los vendedores desde el andén. 5. Faltan seis horas. 6. María lo quiere. 7. No, Carmen no fuma. 8. Los amigos comen en el coche restaurante. 9. Sí, es largo. 10. La carbonilla.

IV. 1. Nos. 2. Vosotros fumáis mucho. 3. Los trenes son largos. 4. Nosotros les hablamos. 5. Las ponen en las calles. 6. Esos hombres os llaman. 7. Ellas quieren (unas) navajas. 8. Vosotros compráis (unos) libros. 9. Nosotros tenemos frío. 10. Las mujeres hablan mucho.

Lesson 24

I. 1. Carlos quiere dos habitaciones dobles, con baño. 2. No tiene mal aspecto. 3. No, le parece bastante bueno. 4. No, no hay libres dos habitaciones dobles. 5. Sí, hay libres habitaciones individuales. 6. La pensión completa es 200 pesetas. 7. María y Carlos ocupan las individuales. 8. Carmen y Pedro ocupan la habitación doble. 9. Suben en el ascensor a las habitaciones. 10. El botones les lleva el equipaje.

KEY TO EXERCISES

II. 1. Me los da. 2. Le digo. 3. Se la doy. 4. Nos las trae. 5. No me los pueden vender. 6. Se las da. 7. Voy a dársela. 8. Nos lo va a traer. 9. Vd. se lo vende a él. 10. El nos la vende.

IV. 1. El me habla. 2. Yo le escribo. 3. Ellos los ven. 4. Nosotros le preguntamos. 5. Vd. me ve. 6. El les habla. 7. Nosotros les queremos hablar. 8. Yo lo veo. 9. Ellas le preguntan. 10. Nosotros la vemos.

Lesson 25

I. 1. Me lavo en el cuarto de baño. 2. El se afeita todos los días. 3. Se dice que son españoles. 4. Nos lavaremos las manos. 5. Vosotros tomaréis un baño. 6. Se habla español. 7. Me voy a comprar un libro. 8. Ella se arreglará. 9. Se cree que vendrán. 10 Ella se lavará.

II. 1. ¿Qué libro tienes? 2. ¿Cómo es el tuyo? 3. ¿Cuántos coches hay en la calle? 4. ¿Quién compra tabaco? 5. ¿Dónde vas tan pronto? 6. ¿Cuánto dinero tienes? 7. ¿Cómo es tu libro, grande o pequeño? 8. ¿Dónde está mi libro?

III. 1. aquel libro es mío. 2. éstos son buenos. 3. esa casa es grande. 4. aquélla es la tuya. 5. ésos son suyos. 6. este traje es bonito. 7. ése no es mío. 8. aquellos hombres son amigos. 9. ésta es bonita.

IV. 1. largo; 2. abrir; 3. salir; 4. meter; 5. aquí; 6. vender; 7. frío; 8. tomar; 9. hacer; 10. abajo.

Lesson 26

I. (a) 1. El da su libro. 2. El se arregla. 3. El se afeita. 4. El tiene sus amigos. 5. Este libro es suyo. 6. El va a su casa. 7. El suyo es muy bueno. 8. Su libro está en sus manos. 9. El no tiene el suyo. 10. El se arregla por la mañana.

(b) 1. Ellos dan sus libros. 2. Ellos se arreglan. 3. Ellos se afeitan. 4. Ellos tienen sus amigos. 5. Estos libros son suyos. 6. Ellos van a sus casas. 7. Los suyos son muy buenos. 8. Sus libros están en sus manos. 9. Ellos no tienen los suyos. 10. Ellos se arreglan por la mañana.

II. 1. Tú eres español, ¿verdad? 2. El tiene un libro, ¿verdad? 3. Ella habla bien, ¿verdad? 4. El irá, ¿verdad? 5. Eso es de Vd., ¿verdad? 6. El no puede venir, ¿verdad? 7. Ellos tienen amigos, ¿verdad? 8. Yo no iré, ¿verdad? 9. Tú tienes razón, ¿verdad? 10. Hace frío, ¿verdad?

III. 1. Les leo un libro. 2. Lo compro en la estación. 3. Yo los quiero mucho. 4. Mis amigos lo terminan. 5. Tu padre la ve. 6. Vosotros lo tomáis. 7. Carlos los invita a un viaje. 8. Nosotros lo sacamos. 9. Carlos le da el libro. 10. Ellos los ponen en la calle.

IV. (a) 1. Yo puedo hacerlo. 2. El quiere ir a casa. 3. Nosotros venimos a las seis. 4. ¿Qué compran ellos? 5. Faltan dos horas para llegar a Valencia. 6. Yo doy lo que puedo. 7. Ella se arregla por las mañanas. 8. Vosotros váis a las ocho. 9. El no es tonto. 10. Yo no parezco español.

(b) 1. Yo podré hacerlo. 2. El querrá ir a casa. 3. Nosotros vendremos a las seis. 4. ¿Qué comprarán ellos? 5. Faltarán dos horas para llegar a Valencia. 6. Yo daré lo que pueda. 7. Ella se arreglará por las mañanas. 8. Vosotros iréis a las ocho. 9. El no será tonto. 10. Yo no pareceré español.

KEY TO EXERCISES

307

Lesson 27

I. 1. Va a salir. 2. Carlos le acompaña. 3. Va a comprar algunas cosas también. 4. El ABC solamente. 5. Pedro le da el billete de 100 pesetas. 6. No, no tiene cambio. 7. Carlos lo tiene. 8. Tiene cinco pesetas. 9. Le da 3,50 de vuelta. 10. Quiere comprar tabaco y cerillas.

II. (a) 1. Yo no voy a salir pronto. 2. Ella no aprovecha para comprar unas cosas. 3. Ella no acompaña a su marido. 4. Los amigos no quieren ir a la tienda. 5. Vosotros no deseáis muchas cosas. 6. Ellos no parecen bastante pequeños. 7. Este perro no es más grande que aquél. 8. A Carmen no le parece muy caro. 9. El blanco no es más alegre que el negro. 10. Mis amigos no terminan pronto.

(b) 1. ¿Voy yo a salir pronto? 2. ¿Aprovecha ella para comprar unas cosas? 3. ¿Acompaña ella a su marido? 4. ¿Quieren ir los amigos a la tienda? 5. ¿Deseáis vosotros muchas cosas? 6. ¿Parecen ellos bastante pequeños? 7. ¿Es este perro más grande que aquél? 8. ¿Le parece muy caro a Carmen? 9. ¿Es el blanco más alegre que el negro? 10. ¿Terminan mis amigos pronto?

(c) 1. ¿No voy a salir pronto? 2. ¿No aprovecha ella para comprar unas cosas? 3. ¿No acompaña ella a su marido? 4. ¿No quieren ir los amigos a la tienda? 5. ¿No deseáis vosotros muchas cosas? 6. ¿No parecen ellos bastante pequeños? 7. ¿No es este perro más grande que aquél? 8. ¿No le parece muy caro a Carmen? 9. ¿No es más alegre el blanco que el negro? 10. ¿No terminan mis amigos pronto?

III. 1. Este es mi billete; es mío. 2. Vd. fuma un cigarrillo; es suyo. 3. Ellos tienen un periódico; es suyo. 4. Tú lees tu libro; es tuyo. 5. El quiere a sus hijos; son suyos. 6. Ella plancha su vestido; es suyo. 7. Vosotras hacéis las camas; son vuestras. 8. Nosotros vendemos telas; son nuestras. 9. Vds. tienen sus amigos; son suyos. 10. Ellas sacan sus billetes; son suyos.

Lesson 28

I. 1. Lo venden en el estanco. 2. Una cincuenta. 3. El ABC es un periódico de Madrid. 4. En el estanco. 5. Un duro tiene cinco pesetas. 6. Un sello para España cuesta una peseta. 7. Venden dos clases: tabaco rubio y tabaco negro. 8. Un sello para Inglaterra cuesta cinco pesetas. 9. El estanco está a la derecha. 10. En el estanco.

II. 1. Ellas son altas y rubias. 2. Vosotras tenéis unas amigas muy buenas. 3. Las mujeres están alegres. 4. Ellas tienen unas hijas pequeñas. 5. Las madres están en el coche. 6. Las mujeres tienen unos trajes bonitos. 7. Las abuelas son muy viejas. 8. Estas gatas negras son muy malas. 9. Las niñas pequeñas leen unos libros. 10. Las hermanas son altas.

III. La una menos cinco; las siete y veinticinco; tres; cinco y veinte; once menos diez; nueve menos veinticinco; cuatro y media; seis y diez; doce y cinco; dos y cuarto; ocho menos veinte; once menos cuarto.

IV. ¿A qué hora abren la taquilla? 2. Señor revisor, ¿llevamos retraso? 3. ¿Ves aquella ciudad? Sí, ya la veo. 4. Las navajas las venden en Albacete.

308   KEY TO EXERCISES

5. Ella se lava en el cuarto de baño. 6. Es tan grande como el mío. 7. ¿Cómo es el hotel? 8. Voy a tomar un baño. 9. ¿Te falta mucho para terminar? 10. Este vestido es mío y ése es tuyo.

Lesson 29

I. (a) 1. Toma las sillas. 2. Aféitate por la mañana. 3. Lee el libro. 4. Ven a las seis. 5. Abre la puerta. 6. Vende la tela. 7. Arréglate pronto. 8. Plancha los vestidos. 9. Pregunta al hombre. 10. Lávate después.
(b) 1. Tomad las sillas. 2. Afeitaos por la mañana. 3. Leed el libro. 4. Venid a las seis. 5. Abrid la puerta. 6. Vended la tela. 7. Arreglaos pronto. 8. Planchad los vestidos. 9. Preguntad al hombre. 10. Lavaos después.

II. 1. Esta tela es más azul que ésa. 2. Ella es más bonita que su hermana. 3. Aquel libro es peor que éste. 4. Tu amiga es más morena que tú. 5. El es peor que yo. 6. Yo no estoy mejor que él. 7. El agua de casa está más caliente que ésta. 8. Ellas son más alegres que nosotras. 9. Estos no son más baratos que esos. 10. Tenemos mejores libros que ellos.

III. 1. Sí, me gusta (No, no me gusta) la playa. 2. Hoy es lunes (martes, etc.). 3. En verano nado en el mar. 4. La semana tiene siete días. 5. Mañana es lunes (martes, etc.). 6. Soy rubio (moreno). 7. Sí, me gusta (No, no me gusta) tomar el sol. 8. Son las ... 9. Sí, (No, no) nado bien. 10. Sí, el azul me va bien; no, el azul no me va bien.

IV. 1. el jueves; 2. la estación; 3. el albornoz; 4. el andén; 5. la pensión; 6. el mar; 7. el revisor; 8. la ciudad; 9. el agua; 10. el tren.

V. (a) 1. Ella está alegre. 2. Ella se aprovecha de eso. 3. Ella se compra sus libros. 4. Parece inglesa. 5. Ella te lo agradece. 6. Es muy despistada. 7. Está segura. 8. ¿Tiene ella su libro? 9. Ella escribe sus cartas. 10. ¿Va ella a casa?
(b) 1. Ellas están alegres. 2. Ellas se aprovechan de eso. 3. Ellas se compran sus libros. 4. Parecen inglesas. 5. Ellas te lo agradecen. 6. Son muy despistadas. 7. Están seguras. 8. ¿Tienen ellas sus libros? 9. Ellas escriben sus cartas. 10. ¿Van ellas a casa?

Lesson 30

I. 1. Ella quiere que yo tome el libro. 2. Tenemos ganas de que vengas. 3. Les gusta que terminéis pronto. 4. Quiero que dejes eso. 5. Queremos que hagáis el libro. 6. Ella tiene ganas de que tú te afeites. 7. Me gusta que fumen. 8. ¿Tienes ganas de que escriban ellos? 9. ¿Quiere usted que él sufra mucho? 10. Le gusta que salgamos pronto.

III. 1. Su madre la ve. 2. El se lo da. 3. Yo los veo. 4. Llevadla. 5. Yo se lo compro. 6. Ellos se los dan. 7. Pásasela. 8. Escríbesela. 9. El y ella los comprarán. 10. Las hay mejores en el Cantábrico.

IV. 1. Nosotros nos afeitamos por la mañana. 2. Esos libros son muy buenos. 3. Los ascensores están aquí. 4. Las aguas están calientes. 5. Ellas se peinan en el cuarto de baño. 6. Estos perros son más pequeños que aquéllos. 7. Mirad el escaparate. 8. ¿Son estrechas estas telas? 9. ¿Cómo son tus amigos? 10. Se lo agradecemos mucho.

KEY TO EXERCISES

309

Lesson 31

I. 1. Hace mucho frío. 2. ¡Qué día tan bueno! 3. Eso es lo que quiero.
4. ¿Está a la izquierda o a la derecha? 5. No tengo mucho frío. 6. ¡Qué
suerte! 7. Ella te da las gracias por ello. 8. ¡Qué cuadro tan bonito!
9. Yo se lo doy. 10. Nos gusta tomar el sol.

II. 1. allí; 2. caro; 3. vender; 4. ancho; 5. izquierdo; 6. divertido; 7. peor;
8. rubio; 9. antes; 10. traer.

III. 1. No toméis la carta. 2. No compres un libro. 3. No lo hagas ahora.
4. No llenes la maleta. 5. No te preocupes de los niños. 6. No nos sirvas
una copa. 7. No escribáis una carta. 8. No os preocupéis del equipaje.
9. No vengas aquí. 10. No me planches los trajes.

IV. 1. En la panadería. 2. En la lechería. 3. Dos litros. 4. No, todavía no
tienen que comprar patatas. 5. Van a comprar dos kilos de azúcar. 6. Juana
la traerá. 7. Hablan de las cosas que tienen que comprar. 8. No, no van a
comprar cerveza. 9. No, no tienen ni de lavar ni de tocador. 10. Además
de carne comprarán pescado.

Lesson 32

I. 1. Tienen ternera y solomillo. 2. Quiere medio kilo de ternera y medio kilo
de cerdo. 3. No, son muy tiernas. 4. Tienen buen aspecto. 5. Pesan
cincuenta gramos más. 6. Son cinco pesetas más. 7. A cuarenta pesetas el
kilo. 8. Sí, son del día. 9. Tiene solamente ostras. 10. A 48 ptas. la
docena.

II. 1. El lo buscará. 2. Nosotros serviremos la comida. 3. Vosotros abriréis las
ventanas. 4. Vds. cerrarán la puerta. 5. Ella no podrá venir. 6. Yo le daré
el dinero. 7. Tú harás la comida. 8. Ellos lo sentirán. 9. Se lo agradeceré
mucho. 10. Ella te lo dirá.

III. 1. Compro sellos en el estanco. 2. Quiero una caja de cerillas. 3. Un duro
tiene cinco pesetas. 4. Quien quiere presumir tiene que sufrir. 5. Ella tiene
mucha suerte. 6. Ya no hace mucho calor. 7. Hierba mala nunca muere.
8. Yo tengo mucho calor. 9. Podéis hablar a vuestras anchas. 10. Tanto sol
va a hacerte daño.

IV. 1. Yo estoy en casa. 2. Ella está alegre ahora. 3. El no está aquí. 4. Nosotros no somos españoles. 5. Ellos están en Alicante. 6. Vds. son hombres.
7. Tú no estás en la playa. 8. Vosotras sois mujeres. 9. Vd. es ingeniero.
10. Vds. no están en el coche.

Lesson 33

I. 1. Ellas tienen algunos libros. 2. Nosotros les advertimos. 3. Creemos
que son peores. 4. Venid pronto. Estamos cansadas. 5. No creemos que
podáis ahogaros. 6. Queremos que llevéis las maletas. 7. Nos dan unos
billetes. 8. Las mujeres son muy amables. 9. Nosotros se los damos.
10. Vosotros nos acompañaréis.

II. 1. el pan; 2. la panadería; 3. la suerte; 4. la carne; 5. el billete; 6. el traje;
7. la leche; 8. el limón; 9. el calor; 10. la gente.

M—E.E.P.

KEY TO EXERCISES

III. 1. El niño es muy bonito. 2. El es pequeño y moreno. 3. Mi amigo tiene dos hijos. 4. El hombre escribe una carta a su amigo. 5. El abuelo está muy cansado. 6. El tiene un traje negro. 7. El hijo pequeño es alegre. 8. Ellos tienen un gato. 9. El padre tiene las manos pequeñas. 10. El tiene un hijo mayor.

IV. 1. Este libro es mío. 2. Ella tiene su traje. 3. Nosotros compramos nuestros cigarrillos. 4. Los cigarrillos son suyos. 5. El coche es suyo. 7. Ellas leen sus novelas. 7. Ellos tienen tu coche. 8. El lava sus manos. 9. Vosotros tenéis vuestras habitaciones. 10. Estas sillas son suyas.

Lesson 34

I. 1. Me levanto a las . . . 2. Desayuno a las . . . 3. Voy a la oficina a las . . . 4. No me levanto cuando estoy enfermo. 5. Si tengo fiebre estoy enfermo. 6. No, no desayuno en la cama (Sí, desayuno en la cama). 7. Sí, tengo hambre antes de desayunar. 8. Como a las . . . 9. Vengo de la oficina a las . . . 10. Sí, vivo cerca de mi trabajo (No, no vivo cerca de mi trabajo).

II. 1. En Alicante no hace frío. 2. Antes de comer tengo hambre. 3. Quiero que haga buen tiempo mañana. 4. La niña tiene mucho miedo. 5. El tiene la lengua muy sucia. 6. Tú tienes los ojos brillantes. 7. Mañana hará buen tiempo. 8. Carmen hace la maleta. 9. Nosotros no tenemos fiebre. 10. ¿Hace calor en Madrid?

IV. 1. desayuno; 2. comida; 3. servicio; 4. compra; 5. trabajo; 6. frío.

Lesson 35

I. Le duele la cabeza y tiene mucho calor. 2. Está muy sucia. 3. Quiere una cuchara. 4. Le va a mirar la garganta. 5. No, no le va a hacer daño. 6. No, no tiene anginas. 7. Sí, le duele un poco. 8. No, no tiene mucha. 9. Tendrá una indigestión. 10. No, no puede comer nada.

II. 1. El te acompañará mañana. 2. Yo te lo agradezco mucho. 3. Ella siente que no puedas venir. 4. No te ahogues. 5. Ten cuidado con el sol. 6. Llevad la maleta. 7. Mala hierba nunca muere. 8. Si quieres presumir tienes que sufrir. 9. Yo sufro cuando lo veo. 10. Queremos que tú lleves la maleta.

III. 1. ¿Cuál de estos dos es tu coche? 2. ¿Dónde está mi cartera? 3. ¿Cómo está Vd.? Muy bien, gracias, ¿y Vd.? 4. ¿Por qué no te lavas las manos? 5. ¿A cómo son estos tomates? 6. ¿Quién escribió esto? 7. ¿Cuánto tiempo tienes? 8. ¿Qué es esto? 9. ¿Cuántos coches hay en la calle?

IV. 1. Nuestra habitación es mayor que aquella. 2. Las naranjas están más maduras que los limones. 3. Esta leche es más fresca que aquélla. 4. Los filetes son más tiernos que las chuletas. 5. Estos limones son más pequeños que aquéllos. 6. Una mano está más sucia que la otra. 7. Los tomates de hoy son más verdes que los de ayer. 8. La niña está más enferma que su hermano. 9. El tiene mejor cara que ella. 10. La pluma es más necesaria que el lápiz.

Lesson 36

I. 1. el escaparate; 2. la costumbre; 3. la calle; 4. el puente; 5. el taxi; 6. la suerte; 7. el valor; 8. la pensión; 9. el lugar; 10. el limón.

KEY TO EXERCISES

311

II. 1. Quiero que tú lleves la maleta. 2. ¿Quieres que me muera? 3. Nada hasta donde está tu amigo. 4. Ella se preocupa mucho. 5. Mañana presumirá mucho. 6. No busques mi traje de baño. 7. Diles a ellos que salgan del coche. 8. ¿A qué hora comeremos? 9. Ella sirve la comida todos los días. 10. Nos gusta que tú hagas eso.

III. 1. Ella tiene buena cara. 2. Estos son los más verdes. 3. ¿A cómo son estos limones? 4. Ellos tienen mala cara. 5. El se pondrá bien muy pronto. 6. Ese es más fresco. 7. Creo que ella tiene miedo. 8. El mío es mayor. 9. Sus manos están muy sucias. 10. ¿Tienen Vds. hambre?

IV. 1. Yo me levanté a las ocho. 2. El se preocupó mucho. 3. Tú nadaste muy bien. 4. Vd. llenó el vaso. 5. Ellos se ahogaron. 6. Nosotros os acompañamos. 7. Ella preguntó eso. 8. Vosotros mirasteis el libro. 9. Vds. aprovecharon el tiempo. 10. Ellas tomaron el desayuno.

Lesson 37

I. 1. Ella presumió mucho. 2. Yo escribí una carta. 3. Nosotros abrimos la puerta. 4. Vd. leyó el periódico. 5. Ellos te creyeron. 6. Tú sufriste mucho. 7. El estuvo aquí. 8. Vd. hizo muy poco. 9. Vosotros fuisteis pronto. 10. Vds. fueron alegres.

II. 1. Me duele la cabeza. 2. Ella se lava las manos. 3. Quizá tenga fiebre. 4. No tengas miedo. 5. ¿Puedo hacerlo solo? 6. Ven a lavarte las manos. 7. ¿Te bañaste ayer? 8. Ella olvidó el libro. 9. Eso no importa. 10. Desayuné hace dos horas.

III. 1. La niña está enferma ahora. 2. Ella tenía mucho calor ayer. 3. No hará calor en la habitación mañana. 4. Ella es pequeña. 5. Ella tenía mucho miedo hace dos días. 6. Ella estará en casa mañana. 7. Tiene la lengua muy sucia. 8. Hace un día muy bueno hoy. 9. No está alegre ahora. 10. Soy española.

IV. 1. ¿Te duele la cabeza? 2. No te enfríes. 3. Quizá yo te hice daño ayer. 4. Mañana ella no tendrá miedo. 5. Quizá le duela el pecho ahora. 6. Nosotros vendremos temprano esta noche. 7. Puede ser que ella tenga hambre. 8. Yo daré las gracias mañana. 9. Ese vestido te va bien. 10. Yo no parezco inglés.

Lesson 38

I. 1. Ella contó de uno a diez. 2. El niño jugó mucho. 3. Hubo muchos libros en el despacho. 4. Siempre perdió. 5. Les oí. 6. No le conocí. 7. Llovió mucho. 8. El vendió limones. 9. Ella lo metió en el coche. 10. El niño comió mucho.

II. 1. Estas naranjas son dulces. 2. ¿Es tierna esta carne? 3. Estos tomates son muy maduros. 4. El mío es menor. 5. Ella tiene buena cara. 6. Tiene la lengua limpia. 7. El clima de Sevilla es muy húmedo. 8. ¿Está él dentro? 9. Ella está muy alegre. 10. Este libro es muy grande.

III. 1. Quédate aquí. 2. Quiero que tú traigas a tus amigos. 3. Me parece que tú tienes mala cara. 4. La ensalada está fresca. 5. Las ostras cuestan mucho. 6. Que sean frescos los huevos. 7. Yo creo que la mujer vendrá mañana. 8. Queremos que nos traigan el desayuno. 9. ¿A qué hora te levantas? 10. Ellos desayunan a las ocho.

312 KEY TO EXERCISES

IV. 1. Los meses de verano son julio, agosto y septiembre. 2. Me lavo cuando me levanto. 3. El mes de diciembre. 4. Tengo dos orejas. 5. Sí, me gusta el pan con mantequilla. (No, no me gusta . . .) 6. Trabajo. (Voy al colegio.) 7. Tengo diez dedos. 8. Sí, tomo un bocadillo a las once. (No, no tomo un bocadillo . . .) 9. Sí, las tengo limpias. (No, las tengo sucias.) 10. Me limpio los dientes después de las comidas.

Lesson 39

I. 1. No, no hubo muchas novedades en el teatro. 2. Estrenaron obras de poca importancia. 3. Que ninguna merece la pena. 4. No, siempre están llenos. 5. Los autores. 6. No, hay obras excelentes. 7. Pusieron ◆Don Juan Tenorio◆ en algunos teatros. 8. No, no era ninguna novedad. 9. Con los de siempre. 10. Fue con su mujer.

II. 1. ¿Dónde tienes tu coche? 2. ¿Dónde váis a pasar el verano? 3. ¿Cuándo vas a ir a Alicante? 4. ¿Dónde te metiste que no te vimos el pelo? 5. ¿Estuvisteis en el teatro ayer? 6. ¿Viste el partido de fútbol? 7. ¿Escribisteis a vuestros amigos? 8. ¿Hicisteis vuestro trabajo? 9. ¿Fuisteis a comprar vuestros libros? 10. ¿Tienes una casa en el extranjero?

III. 1. El año tiene doce meses. 2. El primer mes del año es enero. 3. No, no fumo. (Sí, fumo.) 4. Los meses de primavera son abril, mayo y junio. 5. Con una pluma. Con un lápiz. 6. La semana tiene siete días. 7. Sí, (No, no) me gusta ir a la playa en verano. 8. Sí, en invierno llueve mucho. 9. Los meses de invierno son enero, febrero y marzo. 10. No, es húmeda.

IV. 1. la fiebre; 2. el hambre; 3. el lápiz; 4. la frente; 5. el diente; 6. la gripe; 7. el jamón; 8. la vez; 9. el café; 10. el clima.

Lesson 40

I. 1. ¿Habéis cenado? 2. Tú no has comprado aún tu coche. 3. ¿Recordaréis lo que han dicho? 4. ¿Perdisteis vuestros libros? 5. ¿Sufristeis mucho? 6. Quiero que hagas la cama. 7. Vete a la cama en seguida. 8. Quiero que traigas mucha fruta. 9. Tenéis que hacerlo en seguida. 10. Tengo ganas de que leáis un libro.

III. 1. No te laves la cara. 2. No vayáis pronto. 3. No comas la naranja. 4. No os déis prisa. 5. No juguéis al fútbol. 6. No me contéis lo que pasó. 7. No hagas la cama. 8. No vayas al colegio. 9. No me traigáis un vaso de agua. 10. No me leas un libro.

IV. 1. El estuvo en la habitación. 2. Yo no pude hacerlo. 3. El te conoció. 4. Ella se enfrió. 5. Ellos desayunaron. 6. Ellos pesaron la fruta. 7. Yo me quedé aquí. 8. Tú fuiste a casa. 9. Vosotros preparasteis la comida 10. Ellos leyeron sus libros.

Lesson 41

I. 1. Hace cinco días que le conozco. 2. Le conocí hace cinco años. 3. Yo estuve en Alicante hace tres años. 4. Hace tres años que estoy en Madrid. 5. Hace muchos años que fumo. 6. Ella habló con él hace dos días. 7. Lo bebió hace unos minutos. 8. Fumé un cigarrillo hace cinco minutos. 9. Hace un año que ella no lo ve. 10. Hace cinco minutos lo hizo.

KEY TO EXERCISES

313

II. 1. dicho; 2. quedado; 3. creído; 4. puesto; 5. estado; 6. tenido; 7. metido; 8. roto; 9. fumado; 10. venido.

III. 1. La madre va a visitar a su hija enferma. 2. La profesora dice que la niña está muy sucia. 3. Doña Juana no es muy rubia. 4. La alumna es muy vaga. 5. La madre es muy inteligente. 6. Tu amiga tiene una perra negra. 7. Mi nieta es muy amable. 8. La abuela escribe a su hija. 9. Ellas son profesoras. 10. La pescadera está hablando con la frutera.

IV. 1. El clima de Madrid es seco. 2. Quizá tengas razón. 3. Estuve allí hace dos años. 4. Tengo mucha sed. 6. Quiero que te des prisa. 6. Hace cinco años que vivo aquí. 7. Me acuesto a las once. 8. El tiene que ir a la oficina. 9. Ella apagó la luz y yo la encendí. 10. La muchacha puso la mesa.

Lesson 42

I. 1. Yo no creo que ella tenga razón. 2. En Madrid no hace mucho frío. 3. Dame un vaso de agua que tengo sed. 4. Don Manuel está hablando con sus amigos. 5. El quiere una copa de coñac. 6. Tienes que darte prisa porque es muy tarde. 7. Hace mucho tiempo que le conozco. 8. A las ocho de la mañana tomo el desayuno. 9. Le vi hace cinco días. 10. La criada pone la mesa.

II. 1. El carnicero vende carne. 2. Hay doce huevos. 3. Los limones son ácidos. 4. Las naranjas son a 12 pesetas el kilo. 5. En el puesto de los huevos. 6. El carnicero la vende. 7. No me gustan las naranjas ácidas. (Sí, me gustan.) 8. Me gusta la carne tierna. 9. El pescado debe estar fresco. 10. El frutero los vende.

III. 1. Ella los compra. 2. El huevero los vende. 3. El médico lo ve. 4. Ella la tiene sucia. 5. El camarero los trae. 6. Yo me lo bebo. 7. Yo las vi frescas. 8. Le hablaremos. 9. Ellos lo recuerdan. 10. Hace mucho tiempo que le conozco.

IV. 1. Tráeme una copa de coñac. 2. Cuente hasta 10. 3. Jugad en la otra habitación. 4. No vendas tu casa. 5. Volved pronto. 6. No creas lo que él dice. 7. Lávense las manos. 8. No hagáis eso aquí. 9. Límpiate los dientes. 10. Id pronto.

Lesson 43

I. 1. Al Museo del Prado. 2. Juan tiene muchas ganas de conocerlo. 3. El maestro le ha hablado muchísimas veces de él. 4. Está cerca del Retiro. 5. Tiene que ponerse el abrigo. 6. Porque va a hacer bastante frío. 7. Hay el de Arte Moderno, el de Bellas Artes, el de Sorolla, etc. 8. El más importante es el Museo del Prado. 9. Sí, que lo es. 10. Irán en autobús.

III. 1. El leyó el libro. 2. Para mí, mi casa es la mejor. 3. Aquel libro que está en la mesa es aquél que te dije. 4. Tú sabes que tu madre tiene razón. 5. Lo que se debe hacer lo sé muy bien. 6. Ese coche es de ese niño. 7. ¿Qué pasa que no haces tus cuentas? 8. Si no escribes sí que deberé castigarte. 9. Sólo voy a comprar cuando estoy solo. 10. Este libro no es el que quiero. Yo quiero éste.

IV. 1. ¿Tiene Vd. su libro en la mano? 2. ¿Son Vds. españoles? 3. ¿Irá mañana a casa de su abuela? 4. ¿Tienen Vds. su coche en la calle?

KEY TO EXERCISES

5. ¿Están Vds. haciendo sus deberes? 6. Quiero que haga esto en seguida. 7. Vd. ha bebido mucho. 8. Vds. no recuerdan eso. 9. No tienen que perder nada. 10. Vd. metió el cuaderno en su cartera.

Lesson 44

I. 1. Son Velázquez, El Greco y Goya. 2. No, no lo es de nacimiento. 3. En Toledo. 4. El entierro del Conde de Orgaz. 5. A la familia de Carlos IV. 6. No, no es guapo. 7. Lo pintó Velázquez. 8. Las Meninas. 9. Cuadros pintados en la pared o en el techo. 10. Sí, hay cuadros de pintores extranjeros en el Museo del Prado.

II. 1. esto; 2. trabajo; 3. igual; 4. dentro; 5. alguno; 6. alegre; 7. levantarse; 8. multiplicar; 9. sumar; 10. hacer calor.

III. (a) 1. A él (ella) le gusta la pintura italiana. 2. ¿Se lava (él o ella) las manos antes de comer? 3. Le va a llevar al Museo del Prado. 4. Va en seguida al colegio. 5. A él (o ella) no le gusta acostarse tarde. 6. El maestro le ha hablado de ello. 7. A él (o ella) le parece fácil escribir una carta. 8. A él (o ella) le ha dicho la abuela que vaya al colegio. 9. Compra un bocadillo de jamón. 10. ¿Se lo ha dicho su amigo?

(b) 1. A ellos (ellas) les gusta la pintura italiana. 2. ¿Se lavan las manos antes de comer? 3. Les van a llevar al Museo del Prado. 4. Van en seguida al colegio. 5. A ellos (ellas) no les gusta acostarse tarde. 6. El maestro les ha hablado de ellos. 7. A ellos (ellas) les parece fácil escribir una carta. 8. A ellos (ellas) les ha dicho la abuela que vayan al colegio. 9. Compran un bocadillo de jamón. 10. ¿Se lo han dicho a sus amigos?

IV. 1. Esta habitación es menos grande que aquella. 2. Mi hija es menos guapa que la tuya. 3. El limón es menos dulce que la naranja. 4. Tu gato es menos blanco que el mío. 5. Su lápiz escribe peor que el tuyo. 6. La casa de mis padres es menos alegre que la casa de mis abuelos. 7. En Madrid hace menos calor que en Alicante. 8. Esta calle es menos ancha que ésa. 9. Hablo el español peor que el inglés. 10. El vestido de Pilar es menos azul que el vestido de Carmen.

Lesson 45

I. 1. Ese libro me costó un ojo de la cara. 2. ¿Quieres dar un paseo? 3. Yo tengo ganas de ir al cine. 4. ¿Quieres tomar una taza de café? 5. He estado todo el día en casa sin salir. 6. No debes preocuparte de eso. 7. No se debe fumar en la cama. 8. Esta casa es para Vd. 9. A ellos les gusta leer. 10. Ella nunca tiene prisa.

II. 1. El me lo dijo. 2. A ella le gustó ir. 3. Eso costó mucho dinero. 4. Le oíste hablar en el colegio. 5. Ella apagó la luz. 6. Nosotras la encendimos. 7. Lo rompimos pronto. 8. Ellos lo supieron en seguida. 9. El sastre cortó la tela. 10. Eso costó mucho dinero.

III. 1. ¿Es esa carta para él? 2. Las camas están hechas. 3. Ella es bonitísima. 4. ¿Le gusta andar a ella? 5. Se llama Juan. 6. Quiero que vengas conmigo. 7. Se habla español. 8. Lo hizo contigo. 9. Ella es muy alta. 10. Velázquez es famosísimo.

KEY TO EXERCISES

315

Lesson 46

I. 1. una dirección; 2. una Navidad; 3. unos pantalones; 4. un autobús; 5. una comunicación; 6. un inconveniente; 7. una nube; 8. un transporte; 9. un cine; 10. un lema.

III. 1. callar; 2. torpe; 3. pobre; 4. feo; 5. alumno; 6. moderno; 7. perder; 8. ensuciar; 9. encender; 10. tener frío.

IV. 1. El está fumando un cigarrillo. 2. Ellos están comiendo una naranja. 3. Pedro está escribiendo una carta. 4. Carmen está leyendo una novela. 5. Juan está durmiendo muy bien. 6. Ella está diciendo que él es tonto. 7. El profesor está empezando la lección. 8. Ella está comprando en la tienda. 9. La muchacha está abriendo la puerta. 10. El camarero está sirviendo la mesa.

Lesson 47

I. 1. El es un gran hombre. 2. Hasta las mujeres jóvenes fuman. 3. Ese libro costó un ojo de la cara. 4. Cenamos a las nueve. 5. Quiero que vayas en seguida. 6. El sastre me hizo un abrigo. 7. Ella encontró su reloj ayer. 8. Esto costó cien pesetas. 9. Los encontraremos mañana. 10. He dormido muy bien.

II. 1. El Museo del Prado. 2. Velázquez, Zurbarán, Goya, El Greco . . . 3. No lo fue de nacimiento. 4. Goya. 5. Frescos. 6. Sí, hay muchos. 7. El Museo de Arte Moderno. 8. Se llama modista. 9. Se llama sastre. 10. En el café sirven los camareros.

IV. 1. No te acuestes pronto. 2. No cenéis en seguida. 3. No duermas hasta las diez. 4. No apaguéis las luces. 5. No cortéis el pan con el cuchillo. 6. No enciendas la radio. 7. No rompáis los platos. 8. No te sientes aquí. 9. No encarguéis una buena comida. 10. No estudies mucho.

Lesson 48

I. 1. Pedro está trabajando en esta oficina. 2. Carmen está comprando una docena de huevos. 3. El padre está fumando un cigarrillo. 4. Te estoy diciendo que no lo hagas. 5. Ella está metiendo la pata. 6. La muchacha está poniendo la mesa. 7. El frutero está cerrando la tienda. 8. El muchacho se está riendo mucho. 9. El padre está viendo lo que pasa. 10. Su amigo se está afeitando.

II. 1. Sí, soy puntual. (No, no soy puntual.) 2. Sí, lo estoy. (No, no lo estoy.) 3. Sí, me gusta (No, no me gusta) viajar en el metro. 4. Es mejor vivir en el centro (un barrio) de una ciudad. 5. Sí, voy mucho al teatro. (No, no voy mucho al teatro.) 6. Un palco tiene cinco entradas. 7. Me gusta más el teatro (el cine) que el cine (el teatro). 8. Uso paraguas cuando llueve. 9. Las entradas se sacan en la taquilla. 10. Los abrigos se dejan en el guardarropa.

III. 1. Mañana iremos al cine. 2. Ellos vinieron de París hace tres meses. 3. Hace cinco días que yo no hablo con ella. 4. La muchacha no puso la mesa ayer. 5. No quiero que vengas tarde. 6. Velázquez pintó «Las Meninas». 7. ¿Es cara la modista que le hizo el abrigo a Carmen? 8. ¿Quieren Vds. comprar lotería? 9. Cuando venías llovía. 10. Ayer te vi en la calle.

316 KEY TO EXERCISES

IV. 1. costado; 2. dado; 3. empezado; 4. llegado; 5. valido; 6. dependido; 7. nublado; 8. ensuciado; 9. hecho; 10. comido.

Lesson 49

I. 1. A Vd. no le gusta fumar. 2. Se lo di para su madre. 3. A Vds. no les gusta el teatro. 4. ¿Es esta carta para Vd.? 5. Le encontraré a las seis y no me haga esperar. 6. ¿Se estaba lavando las manos? 7. Quiero que lo haga pronto. 8. Vds. hablaban mal de mí. 9. ¿Sufrieron mucho cuando lo hacían? 10. ¿Saben que no me gusta que hagan eso?

II. 1. ¿Se habla español en España? 2. ¡Hasta las niñas juegan al fútbol! 3. ¡Cuánto tiempo sin verte! 4. Tenía tanto trabajo que creí volverme loco. 5. Parece que estamos en diciembre. 6. ¿Desean limpiarse los zapatos? 7. Si no estás cansado ponte de pie. 8. Ella estaba sentada en la silla. 9. Me paso la vida esperando. 10. ¿A qué hora de la mañana vas al trabajo?

III. 1. Me gusta más el cine (el ballet). 2. Sí, he visto actuar a algún (No, no he visto actuar a ningún) actor argentino. 3. Sí, he trabajado alguna vez (No, no he trabajado ninguna vez) en una obra teatral. 4. En un café. 5. Sí, he ido muchas veces. (No, no he ido ninguna vez.) 6. No, no tengo ninguno. (Sí, tengo alguno.) 7. Sí, he estado. (No, no he estado.) 8. Me gustaría conocer . . . 9. No, no cuesta más. 10. Son las . . .

IV. 1. Esa pluma vale mucho. 2. ¿Tiene Vd. cambio? 3. El agua estaba muy fría. 4. ¿Estaba lloviendo cuando viniste? (¿Llovía cuando viniste?) 5. ¿Qué día de la semana es hoy? 6. El estaba muy preocupado. 7. Esa obra tuvo éxito. 8. La cola del autobús era muy larga. 9. Debías haberlo hecho antes. 10. Ella sacó las entradas ayer.

Lesson 50

I. 1. Ella vino por la mañana. 2. ¿Cómo está Vd.? Muy bien gracias, ¿y Vd.? 3. Me da mucha rabia si tengo que esperar. 4. Ella depende de su madre. 5. Esa obra ha tenido mucho éxito. 6. ¿Quién va a sacar las entradas? 7. ¿En qué estás pensando? 8. ¿Qué clase de papel interpreta el protagonista de esa obra? 9. No me gusta que me tomen el pelo. 10. Me gustaría tomar un café.

II. 1. Si yo tuviese dinero me compraría un coche. 2. Si tú fumases menos tendrías mejor salud. 3. Si ella supiese más inglés iría a Londres. 4. Nosotros comeríamos si tuviésemos hambre. 5. Ellos irían mañana si lo supiesen. 6. Yo escribiría si tuviese una pluma. 7. Ella sabría más si leyese más libros. 8. Si nadase yo bien nadaría contigo. 9. Si estuviese casada sería muy feliz. 10. Si tuviese tiempo te lo enseñaría.

IV. 1. No ensucies la pared. 2. No pintes la habitación. 3. No te acostumbres a hacerlo. 4. No empecéis a comer. 5. No llegues tarde. 6. No añadas una docena de huevos. 7. No te caigas al río. 8. No te abrigues mucho. 9. No ganéis mucho dinero. 10. No te acuestes tarde.

Lesson 51

I. 1. Si ganase a la lotería te compraría un reloj. 2. Si lo conociese le hablaríamos. 3. Si ahorrases dinero podrías comprarte un coche. 4. Si te sentases a mi

KEY TO EXERCISES 317

lado te lo contaría. 5. Te daría un premio si jugases con la niña. 6. Si fuese primavera haría más calor. 7. Si te levantases podrías hacer los deberes. 8. Si fuese buena la obra la aplaudiríamos. 9. Si obedecieses a tu madre serías una buena hija. 10. Si recordase la dirección te la daría.

II. 1. En el invierno. 2. No, no va atrasado. Va adelantado. 3. Nos gusta más el cine (el teatro). 4. Sí, en invierno tengo más catarros. 5. El despertador llama a las ... 6. Un avión es más rápido que un tren expreso. 7. Sí, juego mucho a la lotería. (No, no juego mucho a la lotería.) 8. El sereno los abre. 9. El hombre que arregla los relojes se llama relojero. 10. Sí, fumar es un vicio.

III. 1. No pintes ese cuadro. 2. Acostúmbrate a lavarte las manos. 3. No empecéis ese trabajo. 4. Que añadan media docena de huevos. 5. Que no se caiga el niño. 6. Que interpreten la obra bien. 7. Abrígate bien antes de salir. 8. Que no anuncien eso en los periódicos. 9. No tarde mucho porque tenemos que salir. 10. No tosan Vds. tanto.

IV. 1. añadido; 2. caído; 3. encontrado; 4. estrenado; 5. equivocado; 6. tosido; 7. ganado; 8. aplaudido; 9. matado; 10. silbado.

Lesson 52

I. 1. Me encontré con él ayer. 2. ¿Encontraste el libro? 3. El habla muy bien. 4. Cayó el telón después del primer acto. 5. Vayamos al bar. 6. Ella prefiere ir al circo. 7. Abrígate bien antes de salir. 8. ¿Tienes la llave del portal? 9. El sereno cierra los portales a las diez y media. 10. No tardes.

II. 1. El sereno. 2. Si hace frío, sí. 3. Sí, he visto una corrida de toros. (No, no he visto ninguna corrida.) 4. Se matan seis toros. 5. Con trajes de luces. 6. Los picadores. 7. Las de sombra. 8. No, son más baratos. 9. En una corrida hay tres suertes. 10. En las corridas benéficas.

III. 1. Ella siempre lleva la contraria. 2. Date mucha prisa que es muy tarde 3. Hoy hace mucho calor. 4. Creo que me estás tomando el pelo. 5. Si tuviese dinero te compraría un coche. 6. Quiero que vengas a las cinco en punto. 7. El torero lo mató con una espada. 8. Me gusta mucho más pasearme al lado del río. 9. ¿Qué e ha parecido tu primera tarde de toros? 10. Ven conmigo a los toros.

IV. 1. Ten cuidado de no caerte. 2. ¿Dónde encontraste ese libro? 3. ¿Estrenaron esa obra ayer? 4. El siempre me toma el pelo. 5. No quiero que te equivoques. 6. ¿Quién ganó el partido anoche? 7. ¿Cuánto tiempo tardas en ir a Valencia? 8. Anoche tosías mucho. 9. No me des tanto la lata. 10. El actor interpretó muy bien el papel ayer por la tarde.

Lesson 53

I. 1. El tiene tos de fumador. 2. ¿Adónde vas? 3. Mi reloj adelanta cinco minutos al día. 4. No te equivoques. 5. La plaza estaba adornada con flores. 6. Mató al toro en seguida. 7. Es una pena que ella no hable inglés. 8. Esa falda está hecha de algodón. 9. ¿Te gustaría dar un paseo? 10. Estoy muy cansado.

II. 1. Ellos jugarán a la lotería mañana. 2. Si ellos no fumasen tendrían mejor salud. 3. Si nosotros pusiésemos los libros aquí se mancharían. 4. Tú

318 KEY TO EXERCISES

siempre me llevas la contraria cuando te hablo. 5. No quiero que silbes tanto. 6. Si ella fuese mayor iría a Inglaterra. 7. Ella estaba llorando cuando yo entré. 8. ¿Recibiste la carta que te mandé ayer? 9. Tu madre te dice que le obedezcas. 10. Si Vd. anda mucho se cansará.

III. 1. Que adornen ellos la habitación. 2. Aplaude al terminar la obra. 3. Bordemos este pañuelo. 4. Que no maten al toro. 5. Pica ese toro. 6. Que no silben los niños. 7. No te canses haciendo eso. 8. Estropéalo tú y verás lo que pasa. 9. Pide un bocadillo de jamón. 10. No lleguéis tarde.

IV. 1. Vaya Vd. por pan a la panadería. 2. Esta carta es para Vd. 3. A Vd. no le gusta hacer lo que le digo. 4. ¿Han comprado Vds. un coche? 5. Sus amigos preguntaron por Vds. 6. Vd. estaba hablando mucho con su amigo. 7. ¿Les gusta ir al teatro? 8. Vd. me dijo que vendría a las ocho. 9. Si Vds. lo hicieran serían ricos. 10. ¿Es suyo ese coche?

VOCABULARY

a, to
abajo, below; down
el abrazo, embrace, hug
abrigado, -a, wrapped-up
abrigarse, to wrap up
el abrigo, overcoat
abril, April
abrir, to open
la abuela grandmother
el abuelo grandfather; pl.
  grandparents
aburrido, -a, boring
aburrirse, to get bored
el aceite, oil
la aceituna, olive
la acera, pavement
ácido, -a, acid, sour
el acomodador, usher
acompañar, to accompany
acordarse (ue), to remember
acostado, -a, in bed
acostar (ue), to put to bed;
  acostarse, to go to bed
acostumbrado, -a, accus-
  tomed
acostumbrarse, to get
  accustomed
el acto, act
el actor, actor
actual, present day
el acuerdo, agreement; estar
  de acuerdo, to agree
adelantarse, to gain (of
  clocks)
además (de), besides

adiós, good-bye
¿adónde? where to?
adornar, to adorn
afeitarse, to shave oneself
agosto, August
agradable, pleasant
agradecer, to be grateful
  (for), thank (for)
el agua (f.), water
la aguja, hand (of clock)
¡ah! oh!
ahí, there
ahogarse, to drown
ahora, now; ahora mismo,
  this very minute, at once
ahorrar, to save
el aire, air
el albornoz, bathing wrap
alegre, gay
la alegría, happiness, gaiety
alemán, alemana, German
la alfombra, carpet
algo (pron.), something, anything; (adv.) somewhat,
  rather
el algodón, cotton
alguno (algún), -a, some,
  any
la almendra, almond
alto, high, tall
allá, there
allí, there
amable, kind
americano, -a, American
el amigo, friend

320 VOCABULARY

ancho, -a, wide

anchas: a sus anchas, at one's ease

andar (*irr*.), to walk

el andén, platform

las anginas, tonsilitis

el animal, animal

el anís, aniseed

anteayer, the day before yesterday

antes, before(hand); antes de (que), before

antiguo, former

antipático, -a, unlikable, unattractive

anunciar, to announce

añadir, to add

el año, year

apagar, to turn off

el apellido, surname

el aperitivo, aperitif

aplaudir, to applaud

el aplauso, applause

aprovechar, to take advantage of

aquel, -ella (*adj.*), that; aquél, -élla (*pron.*), that one; aquello(*n.pron.*), that

aquí, here

el árbol, tree

la arena, sand

argentino, -a, Argentinian

el armario, cupboard, wardrobe

arreglar, to put right, mend; arreglarse, to get oneself ready

arriba, above, on top, up

arrugado, -a, creased, wrinkled

el arte, art

el ascensor, lift

así, so, in that way, thus

el aspecto, appearance; tener buen (mal) aspecto, to look (un)attractive

atrasarse, to lose time (of clocks)

aun, even, still

aún, still, yet

aunque, although

el autobús, bus

el autor, author

el avión, aeroplane; por avión, by air

avisar, to warn; avisar un taxi, to engage a taxi

¡ay! oh!

ayer, yesterday

el azúcar, sugar

azul, blue

bajar, to take down; to go down, come down

bajo, -a, low, short

el balcón, balcony

el ballet, ballet

la banderilla, dart that is stuck into a bull

el banderillero, man who sticks *banderillas*

bañarse, to bath, bathe

el baño, bath, bathe

el bar, bar

barato, -a, cheap

la barbaridad: ¡Qué barbaridad! How awful! Dear me!

barrer, to sweep

la barrera, barrier; best seat at a bull-fight

VOCABULARY

el barrio, district, neighbourhood
el barro, mud
bastante, quite; a lot of, enough
beber, to drink
benéfico, -a, charity (*adj.*)
el beso, kiss
bien, well
el billete, ticket; bank-note
blanco, -a, white
la boca, mouth
el bocadillo, sandwich
el bolso, bag
la bombilla, electric light bulb
bonito, -a, pretty, nice
bordar, to embroider
de bote en bote, overcrowded, chock-a-block
la botella, bottle
el botones, messenger boy, 'buttons'
bravo, -a, fierce, brave
el brazo, arm
brillante, bright
bueno, -a, good
buscar, to look for
la butaca, seat in stalls

el caballo, horse
la cabeza, head
cada, each
caer (*irr*), to fall
el café, coffee; café; café solo, black coffee
la caja, box
el cajón, drawer
caliente, hot
el calor, heat; hacer calor, to be hot (of weather)

calvo, -a, bald
callado, -a, quiet, silent
callar(se), to be quiet
la calle, street
la cama, bed
el camarero, waiter
el cambio, change; en cambio, on the other hand
el campo, country(side)
cansado, -a, tired
cansar, to tire; cansarse, to get tired
el capote, bull-fighter's cloak
la cara, face; tener buena (mala) cara, to look well (ill), (un)attractive
¡Caramba! Good heavens!
la carbonilla, coal dust, soot
la carne, meat
la carnicería, butcher's shop
el carnicero, butcher
caro, -a, dear, expensive
la carta, letter
el cartel, poster; en cartel, showing (of play, etc.)
la cartera, satchel
la casa, house, home; en casa, at home
casado, -a, married
casi, nearly
el caso, case
el catarro, cold, catarrh
la cebolla, onion
la cena, supper, dinner
cenar, to have supper
la ceniza, ash
el centímetro, centimetre
el centro, centre
cerca de, near
el cerdo, pig, pork

VOCABULARY

la cerilla, match
la cerveza, beer
cerrar (ie), to close
el cielo, sky
cierto, -a, true
el cigarrillo, cigarette
cinco, five
el cine, cinema
el circo, circus
citar, to make an appointment
la ciudad, city, town
claro, -a, clear, light; claro (que sí), of course
la clase, type, kind; class
el clima, climate
cobarde, coward
cobrar, to take, receive (money)
la cocina, kitchen
el coche, car
coger, to take, catch, get, grasp
la cola, queue
la colección, collection
el colegio, school
la coliflor, cauliflower
el color, colour
la coma, comma
el comedor, dining-room
comer, to eat
la comida, meal, lunch
como, like; as; ¿cómo? how? what . . . like?
cómodo, -a, comfortable
el compañero, companion
completamente, completely
completo, -a, complete, full
la compra, purchase; ir, salir de compras, to go shopping

comprar, to buy
comprender, to understand
la comunicación, communication
con, with
conmigo, with me
conocer, to know (be acquainted with)
conservar, to keep
consigo, with him, her, you
el consuelo, consolation
contar (ue), to count, relate
contigo, with you
continuar, to continue
convertir, to become, turn into
el coñac, brandy
la copa, glass
cortar, to cut
la cortina, curtain
corto, -a, short
la corrida, bull-fight
la cosa, thing
coser, to sew
costar (ue), to cost; costar un ojo de la cara, to cost the earth
la costumbre, habit, custom
creer, to think, believe
la crisis, crisis
la crítica, review, criticism
el crítico, reviewer, critic
el cuaderno, note-book
la cuadrilla, group of bullfighter's assistants
el cuadro, picture
¿cuál? which
cualquiera, any; anyone, anything

VOCABULARY 323

cuando, when; **¿cuándo?** when?

¿cuánto? how much? *pl.* how many?; **unos cuantos,** a few

el **cuarto** room; quarter; el **cuarto de baño,** bathroom; el **cuarto de estar,** sitting-room

cuatro, four

los **cubiertos,** cutlery·

la **cuchara,** spoon

el **cuchillo,** knife

el **cuello,** neck

la **cuenta,** bill, sum

la **cuestión,** question, problem

el **cuidado,** care; **¡Cuidado!** Careful!

cuyo, -a, whose

la **chaqueta,** jacket

el **chico,** boy

la **chimenea,** fireplace, chimney

el **chocolate,** chocolate

la **chuleta,** chop

el **daño,** harm; **hacer daño,** to harm, hurt

dar (*irr.*), to give; **dar de comer,** to feed

de, of

debajo de, under

deber (+*inf.*), to have to, must; **deber de** (+*inf.*) must (*probability*)

los **deberes,** homework

débil, weak

decidido, -a, decided

el **décimo,** tenth part

decir (*irr.*), to say, tell

el **decorado,** scenery

el **dedo,** finger

dejar, to leave; to let, allow; **dejar frío,** to flabbergast

delante, in front

la **delantera,** front row

delgado, -a, thin

los **demás,** the others, the rest

demasiado, too (much, many)

el **demostrativo,** demonstrative

dentro, in, inside

depender (de), to depend (on)

el **dependiente,** shop assistant

la **derecha,** right

el **desastre,** disaster

desayunar, to have breakfast

el **desayuno,** breakfast

el **descanso,** rest

desde, from, since; **desde luego,** of course

desear, to want, desire

deshacer (*irr.*), to undo, unpack

el **despacho,** study

el **despertador,** alarm clock

despistado, -a, absent-minded

después, afterwards; **después de,** after

el **día,** day; **buenos días,** good morning

diciembre, December

el **dictado,** dictation

el **diente,** tooth

VOCABULARY

diez, ten
difícil, difficult
el dinero, money; **dinero suelto,** loose change
la dirección, address
a su disposición, at your service
distinto, -a, different
divertido, -a, amusing
dividir, to divide
la división, division
doblar, to fold
doble, double
doce, twelve
la docena, dozen
doler (ue), to hurt, ache
domingo, Sunday
¿dónde? where?
dormir (ue), to sleep; **dormirse,** to go to sleep
el dormitorio, bedroom
dos, two
dulce, sweet
durante, during, for (of time)
duro, -a, hard, tough
el duro, five peseta coin *or* note

la edad, age
en efecto, that is so
el ejemplo, example
el, the
él, he
eléctrico, -a, electric
ella, she
ellos, -as, they
empezar (ie), to begin
en, in, on, at; **en coche,** by car
encantado, -a, delighted
encargar, to ask for, order
encenderse (ie), to light up

encontrar, to find; to meet
enero, January
la enfermedad, illness
enfermo, -a, ill, sick
enfriarse, to catch a chill
la ensalada, salad
enseñar, to teach
ensuciar, to dirty
entender (ie), to understand
enterarse, to find out, get to know
el entierro, burial
entonces, then
la entrada, (entrance) ticket
entrar, to enter, go in, come in
entre, between, among
el entresuelo, dress circle
entretenido, -a, entertaining
enviar, to send (for)
el equipaje, luggage
el equipo, team
equivocarse, to make a mistake
el escaparate, shop window
la escena, scene
el escenario, stage
escribir, to write
escrito, -a, written
ese, -a (*adj.*), that; **ése, -a** (*pron.*), that one; **eso** (*n. pron.*), that
la espada, sword
la espalda, back
español, -a, Spanish
especial, special
esperar, to wait for; to expect
la esquina, corner
la estación, station
el estanco, State-controlled shop

VOCABULARY 325

estar (*irr.*), to be; estar bien, to be comfortable, all right

este, -a (*adj.*), this; éste, -a (*pron.*), this one; esto (*n. pron.*) this

estrecho, -a, narrow

estrenar, to commence, open; to do, wear for the first time

el estreno, opening night

estropear, to spoil; estropearse, to go bad

el estudiante, student

estudiar, to study

el estudio, study

estupendo, -a, excellent, marvellous, wonderful

exactamente, exactly

exacto, -a, exact

exagerar, to exaggerate

excelente, excellent

el éxito, success; tener éxito, to be successful

el expreso, express (train)

extranjero, -a, foreign

el extranjero, foreigner; abroad; en el extranjero, abroad

extraordinario, -a, extraordinary

fácil, easy

la faena, task of fighting and killing the bull

la falda, skirt

la falta, lack; hacer falta, to be needed, lacking

faltar, to be missing; to be absent; to lack

la familia, family

famoso, -a, famous

la farmacia, chemist's shop

el favor, favour; por favor, please

febrero, February

la fecha, date

feo, -a, ugly

la fiebre, fever, temperature

la fiesta, public holiday, feast day, fiesta

la fila, row, line

el filete, fillet; steak

final, last, final

el final, end

flamenco, -a, Flemish

la flor, flower

la frente, forehead

fresco, -a, fresh

el fresco, fresco

el frío, cold

friolero, -a, chilly (person)

frito, -a, fried

la fruta, fruit

el frutero, fruiterer

la fuente, dish

fuera, away

fuerte, strong

el fumador, smoker

fumar, to smoke; fumarse una clase, to miss a class, play truant

el fútbol, football

el gallinero, gallery

ganar, to win

las ganas, desire, wish; tener ganas de (+*inf.*), to want, wish (to do something)

la ganga, bargain

la garganta, throat

VOCABULARY

gastar, to spend
el gato, cat
los gemelos (de teatro), opera
  glasses
la gente, people
el gerente, manager
el gol, goal
  gordo, -a, fat; *see also*
  premio
  gracias, thanks, thank you;
  muchas gracias, many
  thanks, thank you very
  much
el gramo, gramme
  grande, big, large; great
la gripe, influenza
  guapo, -a, handsome, pretty
el guardarropa, cloakroom
  guisar, to cook, stew
  gustar, to please
el gusto, taste; bien a gusto,
  with enjoyment

  haber (*irr.*), to have
la habitación, room
  hablar, to speak
  hace, ago
  hacer (*irr.*), to do; to make;
  hacer calor (frío), to be
  hot (cold) (of weather);
  hacer un papel, to act a
  part
  hacia, towards
el hambre (*f.*), hunger; tener
  hambre, to be hungry
  hasta, until; hasta luego,
  until later, so long
  hay, there is, there are; hay
  que, one must
la hermana, sister

el hermano, brother
el hielo, ice
la hierba, grass; hierba mala,
  weed
el hierro, iron
la hija, daughter
el hijo, son; *pl.* children
  ¡hola! hullo!
  holandés, holandesa,
  Dutch
el hombre, man
la hora, hour; time
el hotel, hotel
  hoy, today
el huevero, egg-seller
el huevo, egg
  húmedo, damp, humid
el humo, smoke

la idea, idea
la iglesia, church
  igual, equal, the same
  igualmente, also, equally
la imaginación, imagination
la importancia, importance
  importante, important
  importar, to matter
  incluido, -a, included
  incómodo, -a, uncomfort-
  able
el inconveniente, disadvant-
  age
la indigestión, indigestion
  indicar, to indicate, show
  individual, individual, single
la infanta, daughter of the
  king of Spain, infanta
el infante, son of the king of
  Spain, infante
el ingeniero, engineer

VOCABULARY

327

inteligente, intelligent
interpretar, to act, interpret
el invierno, winter
invitar, to invite
ir (*irr*.), to go; ir bien, to suit, go well with
italiano, -a, Italian
la izquierda, left

el jabón, soap
el jamón, ham
el jerez, sherry
joven, young
jueves, Thursday
el jugador, player
jugar (ue), to play
el juguete, toy
julio, July
junio, June
junto, -a, together

el kilo, kilo (= 2·2 lbs.)

la, the; her, it, you
el lado, side; al otro lado, on the other side
ladrar, to bark
la lámpara, lamp
la lana, wool
la lanza, lance
el lápiz, pencil
largo, -a, long
la lástima, pity
la lata, nuisance (*lit*: tin)
lavar, to wash
le, (to) him, her, it, you
la leche, milk
la lechería, dairy
la lechuga, lettuce
leer, to read

lejos (de), distant, far off, far (from)
el lema, motto
la lengua, tongue
levantar, to raise, erect; levantarse, to get up
libre, free, vacant
el libro, book
el limón, lemon
el limpiabotas, shoe-black
limpiar, to clean
limpio, -a, clean
la línea, line
listo, -a, clever
el litro, litre (= 1·75 pints)
lo, the; him, it, you; so; lo que, what
loco, -a, mad
la lotería, lottery
luego, then, afterwards, soon
el lugar, place
la luna, moon; estar en la luna, to be day-dreaming
lunes, Monday
la luz, light

llamar, to call, to knock
la llave, key
la llegada, arrival
llegar, to arrive; cuando llega la noche, when night falls
llenar, to fill
lleno, -a, full
llevar, to take; to carry; to wear; llevar la contraria (a), to disagree (with)
llorar, to cry
llover (ue), to rain

VOCABULARY

la madera, wood
la madre, mother
madrileño, -a, (inhabitant) of Madrid
maduro, -a, ripe
el maestro, master, maestro
mal, badly, bad
el mal, misfortune, evil
la maleta, case, suitcase
malo, -a, bad
mamá, mummy
manchar, to stain
la manera, way, manner; de ninguna manera, by no means, not at all; de todas (las) maneras, in any case
la mano, hand
el mantel, tablecloth
la mantequilla, butter
la mantilla, mantilla, veil
el mantón de Manila, large embroidered shawl
la mañana, morning; mañana, tomorrow
el mapa, map
el mar, sea
maravilloso, -a, marvellous
el marido, husband
los mariscos, shell-fish
martes, Tuesday
marzo, March
más, more
el matador, matador, chief bull-fighter
matar(se), to kill (oneself)
maullar, to mew
máximo, -a, maximum, most
mayo, May

mayor, bigger
la mayúscula, capital letter
me, me
la medicina, medicine
el médico, doctor
medio, -a, half
el medio, means
la mejilla, cheek
mejor, better
la memoria, memory
la menina, maid of honour
menor, smaller
menos, less; to (of time); por lo menos, at least
la mentira, lie
merecer, to be worthy of, deserve
merendar (ie), to have an afternoon snack
la merienda, afternoon snack
la merluza, hake
la mermelada, jam, marmalade
el mes, month
la mesa, table
meter, to put (in); meterse, to get (into)
el metro, metre (= 1 yard, 3 ins.); underground
mi, my
mí, me
el miedo, fear; tener miedo, to be afraid
mientras, while
miércoles, Wednesday
la minúscula, small letter
el minuto, minute
el mío, la mía, mine
mirar, to look (at)
mismo, -a, same, very; self

VOCABULARY

la moda, fashion
moderno, -a, modern
la modista, dressmaker
molestar, to annoy, be annoying
el momento, moment; **de un momento para otro,** from one moment to the next
el monumento, monument
moreno, -a, brown, tanned
morir (ue), to die
moverse (ue), to move
el mozo, young man; porter
mucho, -a, much, a lot of; *pl.* many
la muchacha, girl; servant
el mueble, piece of furniture
la mujer, woman, wife
la muleta, bull-fighter's small cloak
la multiplicación, multiplication
multiplicar, multiply
el mundo, world
la muñeca, doll
el museo, museum
la música, music
muy, very

el nacimiento, birth
nada, nothing
nadar, to swim
nadie, nobody
la naranja, orange
las natillas, custard
la naturalidad, ease, naturalness
la navaja, folding *or* pocket knife
la Navidad, Christmas

necesario, -a, necessary
necesitar, to need
el negocio, business (matter)
negro, -a, black
nervioso, -a, nervous, jittery
nevar, to snow
ni . . . ni, neither . . . nor
la nieta, grand-daughter
el nieto, grandson
ninguno (ningún), -a, none, no
la niña, girl, child
el niño, boy, child
no, no, not
la noche, night; **de noche,** at night; **buenas noches,** good evening, good night
el nombre, name
nos, us
nosotros, -as, we
la novedad, novelty, new thing
la novela, novel, story
noviembre, November
la nube, cloud
nublar(se), to cloud over
nuestro, -a, our
el nuestro, la nuestra, ours
nueve, nine
nuevo, -a, new
el número, number
nunca, never

o, or
obedecer, to obey
la obra, work; play
octubre, October
ocupado, -a, occupied
ocupar, to occupy
ocho, eight
la oficina, office

VOCABULARY

oír (*irr.*), to hear

¡Ojalá! Would that ...!

el ojo, eye

la ola, wave

olvidar(se), to forget

once, eleven

la oreja, ear

el oro, gold

os, you

oscuro, -a, dark

la ostra, oyster

el otoño, autumn

otro, -a, another, other

el padre, father; *pl.* parents

pagar, to pay

el país, country

el pájaro, bird

la palabra, word

el palacio, palace

el palco, box (at theatre)

el pan, bread

la panadería, baker's shop

los pantalones, trousers

el pañuelo, handkerchief

papá, daddy

el papel, (piece of) paper; rôle, part

el paquete, packet

para, for; (in order) to

el paraguas, umbrella

parar, to stop

parecer, to seem

la pared, wall

el parque, park

la parte, part; en todas partes, everywhere

particular, private

el partido, match

pasado, -a, past; el año pasado, last year; pasado mañana, the day after tomorrow

pasar, to pass; pasar la vida, to spend one's life; pasar el rato, to pass the time, kill time; pasarle a uno, to happen to one, be wrong with one

el pase, pass (in bullfighting)

el paseíllo, parade

el paseo, walk; dar un paseo, to go for a walk

la pata, leg (of animals and furniture); meter la pata, to put one's foot in it

la patata, potato

el pátio de butacas, pit and stalls

la paz, peace; dejar en paz, to leave alone, in peace

el pecho, chest

pedir (i), to ask for

peinarse, to comb one's hair

el pelo, hair; tomar el pelo a uno, to pull someone's leg; ver el pelo, to set eyes on

la pelota, ball

la pena, pity; trouble; merecer la pena, to be worth while

pensar (en), to think (about)

la pensión, board and lodging; pensión completa, full board

peor, worse

pequeño, -a, small

perder (ie), to lose

perfecto, -a, perfect

VOCABULARY

331

el periódico, newspaper
el permiso, permission
permitir, to permit, allow
pero, but
la persona, person; *pl.* people
el personaje, character, person, figure
el perro, dog
pesar, to weigh
la pescadería, fishmonger's shop
el pescadero, fishmonger
el pescado, fish
la peseta, peseta
el picador, picador
picar, to wound with a lance
el pico, odd amount
el pie, foot; de pie, standing
la piedra, stone
la pierna, leg (of person)
pintar, to paint
el pintor, painter
la pintura, painting
el piso, flat; floor, storey, level
la pizarra, slate
planchar, to iron
la plata, silver
el plato, plate
la playa, beach
la plaza, market-place, public square; bull-ring
la pluma, pen
pobre, poor
poco, -a, little; *pl.* few
poder (ue) (*irr.*), can, may, to be able; puede ser, perhaps, maybe
policíaco, -a, detective, police (*adj.*)
poner (*irr.*), to put; poner

la mesa, to lay the table;
ponerse, to become, get;
ponerse de pie, to stand up
por, by; because of; por la mañana, in the morning; ¿por qué? why?
porque, because
el portaequipajes, luggage rack
el portal, main door
el portero, doorman
posible, possible
el postre, dessert
precavido, -a, prudent, far-sighted
el precio, price
precioso, -a, precious, valuable; wonderful
preferir, to prefer
preguntar, to ask
el premio, prize; premio (gordo), first prize of lottery
preocuparse, to worry
preparar, to prepare
presumir, to be vain, proud
la primavera, spring
primavera, spring(like)
primero, -a, first
el primo, la prima, cousin
el principal, upper circle
la prisa, haste, hurry; darse prisa, to hurry (up), make haste
el profesor, teacher
pronto, soon, early
la propina, tip
propio, -a, own
a propósito, by the way

VOCABULARY

el, la **protagonista**, leading character

protector, -a, protective

próximo, -a, next, nearest

el **público**, public

el **pueblo**, village

el **puente**, bridge; **hacer puente**, to take a day off between two holidays

la **puerta**, door

pues, then

el **puesto**, stall

el **punto**, dot; **punto redondo**, full stop; **punto y coma**, semi-colon; **dos puntos**, colon; **en punto**, sharp, exactly (of time)

puntual, punctual

que, who, which, that; than; **¿qué?** what? how?; **¡qué!** what (a)! how!

quedar, to remain, be left; **quedarse**, to stay, remain

querer (*irr.*), to want; to love

querido, -a, dear, darling

el **queso**, cheese

quien, who; **¿quién?** who?; **¿de quién?** whose?

quitar(se), to take off

quizá(s), perhaps

la **rabia**, rage; **¡Qué rabia!** How annoying!

la **radio**, radio

el **ramo**, bunch

rápidamente, quickly

rápido, -a, quick

el **rato**, moment, some time, while; **pasar el rato**, to pass the time, kill time

la **razón**, reason; **tener razón**, to be right

real, royal

recibir, to receive

recordar (ue), to remember

el **recreo**, playtime

el **recuerdo**, souvenir

redondo, -a, round

el **regalo**, present, gift

la **reina**, queen

reír(se) (i), to laugh

el **reloj**, watch, clock

el **relojero**, watchmaker

la **resaca**, undertow, undercurrent

la **resta**, subtraction

restar, to subtract

el **restaurante**, restaurant

el **retraso**, delay; **llevar retraso**, to be late, delayed (of transport)

el **revisor**, ticket inspector

la **revista**, magazine

el **rey**, king

rico, -a, rich

el **río**, river

rojo, -a, red

romper, to break

la **ropa**, clothes

rubio, -a, fair, blond(e)

sábado, Saturday

saber (*irr.*), to know

sabio, -a, wise

sacar, to take out, put out; **sacar un billete**, to buy, take, a ticket

la **sala**, room

VOCABULARY

salir (*irr*.), to go out
la salud, health
sano, -a, healthy
la sardina, sardine
el sastre, tailor
seco, -a, dry
la sed, thirst; tener sed, to be thirsty
la seda, silk
en seguida, at once
seguido, -a, one after the other, following
segundo, -a, second
seguramente, probably
seguro, -a, sure
seis, six
el sello, stamp
la semana, week; la semana que viene, next week
sentado, -a, sitting, seated
sentarse, to sit down, sit up
sentir (ie), to feel; to be sorry
el señor, gentleman; sir, Mr
la señora, lady, wife; Mrs
la señorita, young lady; mistress
el señorito, young gentleman; master
septiembre, September
ser, to be
el sereno, night-watchman
el servicio, service
la servilleta, serviette
servir (i), to serve
si, if, whether
sí, yes
siempre, always
la siesta, siesta
siete, seven

siguiente, next, following
significar, to mean
silbar, to whistle
la silla, chair
el sillón, arm-chair
simpático, -a, charming, likable, friendly
sin, without; sin embargo, nevertheless
sino, but
el sitio, place, room
sobre, on, over; sobre todo, especially
el sobre, envelope
la sobrina, niece
el sobrino, nephew
la sociedad, society
el sol, sun; al sol, in the sun
solamente, only
solo, -a, alone
sólo, only
el solomillo, surloin
soltero, -a, unmarried
la sombra, shade, shadow
la sopa, soup
la sorpresa, surprise
su, his, her, its, your, their
subir, to go up
sucio, -a, dirty
el suelo, floor, ground
suelto, -a, loose
la suerte, luck; each of three parts of a bull-fight; tener suerte, to be lucky
suficiente, enough, sufficient
sufrir, to suffer
la suma, addition
sumar, to add
suyo, -a, his, hers, its, yours, theirs

VOCABULARY

el tabaco, tobacco
también, also
tampoco, neither
tal: ¿Qué tal estás? How are you?
tan, so; tan ... como, as ... as, so ... as
tanto, -a, so much; *pl.* so many
el tapiz, tapestry
la taquilla, booking-office, box-office
tardar, to be late; to delay, be long
tarde, late
la tarde, afternoon, early evening
el taxi, taxi
la taza, cup
te, you
el teatro, theatre
el techo, ceiling
la tela, cloth, material
el teléfono, telephone
el telegrama, telegram
el telón, curtain
el tema, subject
la temperatura, temperature, fever
temprano, early
el tendido, second best seat at bull-fight
el tenedor, fork
tener (*irr.*), to have; tener frío, to be cold; tener que, to have to, must
terminar, to end, finish
la ternera, calf, veal
la terraza, terrace; open-air café

ti, you
la tía, aunt
el tiempo, time; weather
la tienda, shop
tierno, -a, tender
el timbre, bell (of telephone, door, etc.)
la tinta, ink
el tintero, ink-pot
tinto, red (of wine)
el tío, uncle
el tocador, cloakroom
todavía, still, yet
todo, -a, all, every; del todo, completely
tomar, to take; tomar el sol, to sunbathe
el tomate, tomato
tonto, -a, foolish
torear, to fight bulls
el torero, bull-fighter
el toro, bull
corpe, stupid, clumsy
la tos, cough
toser, to cough
el total, total, all
trabajar, to work
el trabajo, work
traer (*irr.*), to bring
el traje, suit; traje de baño, bathing-costume; traje de chaqueta, tailored suit; traje de noche, evening dress (for women)
tranquilo, -a, quiet
el transporte, transport
el tranvía, tram
el trayecto, distance
el tren, train
tres, three

VOCABULARY

335

triste, sad
tu, your
tú, you
el tuyo, la tuya, yours

último, -a, last, final
único, -a, only, unique
un(o), -a, a, an; one; *pl.* some, a few
usted, you

vacío, -a, empty
vago, -a, lazy
valer (*irr.*), to be worth
valiente, brave
el valor, value
varios, -as, several
el vaso, glass
el vendedor, seller
vender, to sell
venir (*irr.*), to come; venir bien, to suit, agree with
la ventaja, advantage
la ventana, window
la ventanilla, train window
ver (*irr.*), to see
el verano, summer
la verdad, truth; ¿(no es) verdad? isn't it? (etc.)
verde, green
el vermut, vermouth
el vestíbulo, hall, foyer

el vestido, dress
vestir (i), to dress; vestirse, to get dressed
la vez, time; otra vez, once more, again
viajar, to travel
el viaje, journey
el viajero, passenger
el vicio, vice
la vida, life
viejo, -a, old
el viento, wind
el vientre, stomach
viernes, Friday
el vino, wine
la visita, visit
vivir, to live
volver (ue), to return; volverse, to become, turn
la voz, voice
la vuelta, change (of money)
vuestro, -a, your
el vuestro, la vuestra, yours

y, and
ya, already; ya está bien, that's enough
yo, I

la zanahoria, carrot
el zapato, shoe

INDEX

(*Figures in bold type refer to lessons ; letters refer to grammar sections, figures in parentheses to their sub-divisions ; other figures refer to notes.*)

Adjectives, **1**, B; **2**, C; position, **1**, B; **10**, 12; **44**, 1; poss., **5**, C; **8**, 7; demonstrative, **7**, A; interrogative, **10**, 8; comparative, **12**; (irregular) **28**, 12 and 27; **33**, 22 and 23; superlative, **33**, A; (irregular) **49**, 20; as nouns, **10**, 5; **27**, 21; **42**, 22; as advs., **42**, 4.

Adverbs, **31**, A; **35**, B; position, **3**, 12.

Agreement: adjs., **1**, B; **2**, C; poss. prons., **7**, C (2); verb and subject, **13**, 14.

alguno, **27**, B.

Apocopation: numerals, **3**, B; **22**, B; adjs., **27**, B; **38**, 14; **44**, 1; **46**, A.

Article, definite, **1**, A; **2**, B; **10**, 12; **15**, 18; **25**, 4; **26**, 11; contraction, **2**, 27; **15**, 6; with adjs., **10**, 5; **42**, 21; for poss. adj., **8**, 7; (with reflexive), **20**, A (2).

Article, indefinite, **3**, B; **15**, 1; omission, **33**, 25.

Auxiliaries, **22**, 8; **40**, A.

bastante, **6**, 27 and 29.
Bull-fight, **51**; **52**.

cada, **13**, 14.
como, **9**, 3; cómo, **6**, 18.

Comparative: equality, **25**; inequality, **12**; inferiority, **27**, A.

Conditional, **49**.

Conditional sentences, **19**, 15; **23**, 10; **50**, B.

conocer and saber, **37**, 5.

creer, **35**, 10; **37**, 18; **41** (1).

cuál, **25**, 14.

cualquiera, **46**, A.

cuyo, **46**, B.

dar, **28**, 10.
Days of the week, **18**, B.
deber (de), **40**, C.
decir, **18**, A; **33**, B; **39** (1); **41** (2); **45**, A (1).
dejar, **53**, 13.
demasiado, **33**, 7.
Demonstratives, **7**.
Diminutives, **50**, 13; **51**, 12.
doler, **34**, 3.
don, doña, **34**, 21.

en, **3**, C; **8**, 3.
estanco, **9**, 12.
estar, **4**, A; **37**, B (1); and ser, **4**, C; **5**, B; **48**, 15; **52**, 2; **53**, 31; (with cómo) **6**, 30; + past participle, **44**, B; + gerund, **45**, A (2).
Exclamations, **9**, 3; **21**, 10; **33**, 25; + subj., **42**, 33.

INDEX

337

faltar, 19, B.
Future, 14, 18; 22, A; 30, 23.

Gender, 1, A and B; predominance of masculine, 4, B.
Gerund, 45, A,
grande, 19, 21; 44, 1.
Greetings, 14, 5; 18, 3.
gustar, 17, B.

haber, 40, A.
hacer, 15; 24; 37, B (2).
hay, 3, A; 38, 10; 39, 15; 42, 23; 48, 13; hay que, 31, 19.

Imperative, 23, A; 30, A (4 and 5); 34, A; 38, 24; 39, 19.
Imperfect indicative, 47; contrasted with preterite, 47, 5; 48, 9.
Impersonal: 3rd person pl., 14, 1; se, 20, A (3); uno 30, 21.
Impersonal expressions, 30, A (2); 31, 19.
Infinitive, 30, 15; 34, A; 37, 18; 45, A (3).
Interrogative, 1, C; 5, 20; 7, 13; 10, 8; 25, 14.
ir, 14, A (2); 31, 1; 33, 1; 37, B (4); 45, A; irse, 20, 1.

Letters, 28, 14; 53.

llevarse, 36, 18.
llover, 37, C.

Meals, 13, 20; 40, 1.
Measurement, 26, 11; 31, 5.
Months, 37.
morir, 29, 31.

Negative, 1, D; 15, 16; 23, 5; double, 29, 1; imperative, 30, A (5); sin, 35, 20.
ninguno, 38, 14.
Nouns, 1, A; 2, A; 27, 21; 42, 21; replaced by adjs., 10, 5.
Numerals, 3; 3, B; 22, B.

oír, 38, B.
Orthography-changing verbs, 20, C; 35, A; 38, A; 45, B.

para, 19, 5; para que, 30, A (3).
Passive, 20, A (3); 44, B.
Past participle, 40, B; 41; 44, B.
Perfect, 40, B.
Personal a, 16, A.
peseta, 24, 16.
Plural, 2; 3, B.
poder, 14, 9; 23, B; 37, B (3).
poner, 21, A; 32, 4; 34, B; 39 (2); 41 (2); 53, 15.
por, 19, 7; 44, B.
Possessive adjectives, 5, C; 8, 7.
Possessive pronouns, 7, C.
Present indicative: first conj., 9, A; second conj., 10; third conj., 11; use, 14, 18; 36, B (2 and 3).
Present subjunctive, 30, A.
Preterite: first conj., 36, A; second and third conjs., 37, A; with hace, 36, B (1); contrasted with imperfect, 47; 47, 5; 48, 9.
Price, 26, 11; 33, 12.
Progressive, 45, A (2)
Pronouns, demonstrative, 7, B; neuter, 11, 2; 39, 28.
Pronouns, interrogative, 5, 20; 7, 13; 10, 8; 25, 14.

338 INDEX

Pronouns, object: indirect, 17, A; direct, 19, A; after prepositions, 16, B; 44, A; repeating noun, 17, 6; position with gerund, 45, A (2).

Pronouns, possessive, 7, C.

Pronouns, reflexive, 20, A; 44, A.

Pronouns, relative, 9, 8; 22, C.

Pronouns, subject, 4, B; 4, 6; 14, B.

Pronunciation, 1, 2, 3 and 4; 35, A; 38, A; 45, B.

que, 10, 12; 37, 24; qué, 9, 3; 10, 8; 25, 14.

querer, 23, B; 30, A (1).

Radical-changing verbs, 13, A; 20, B; 21, B; 23, C; 30, B; 45, A (1).

Reflexive, 20, A; 41, 3; 44, A; 49, 13.

romper, 41, (2).

saber, 17, C; and conocer, 37, 5.

salir, 16, C.

señor, señora, 5, 2; 20, 4.

ser, 5, A; 37, B (4); and estar, 4, C; 5, B; 48, 15; 52, 2; 53, 31; (with cómo) 6, 18; +past participle, 44, B.

si, 10, 14; 23, 24; 36, 6.

sí, 10, 14; 15, 16; 23, 5; sí que, 11, 3.

sin, 35, 20.

sino, 23, 9.

sobre, 3, C.

Subjunctive: present, 30, A; imperfect, 50, A; uses, 30, A; 31, B; 32, 21; 34, 18; 35, 10 and 11; 37, 23; 38, 24; 39, 19; 45, 30; 47, 6.

Superlative, 33, A; 49, 20.

tan, 17, 12; 25.

tener, 6, A; 23, B; 33, 21; use, 10, 19; tener que, 12, 8.

Time, 13, C; 19, 7; 36, B.

traer, 20, D; 41.

valer, 48.

venir, 14, A (1); 29, 19.

ver, 13, B.

Verbs: see *auxiliaries, conditional, imperative, orthography-changing, passive, radical-changing, reflexive;* also particular verbs and tenses.

Weather, 20, E.

Word order, 3, 12; 7, 1; 39, 27.

ya, 22, 5.